Martina Peucker **Staatsorganisationsrecht**

JURIQ Erfolgstraining

Herausgegeben von JURIQ© Juristisches Repetitorium, Köln

Staatsorganisationsrecht

von
Regierungsrätin Dr. Martina Peucker
Lehrbeauftragte an der Hochschule Fresenius in Köln

CFM
C. F. Müller Verlag
Heidelberg

Bibliografische Information der Deutschen Nationalbibliothek
Die Deutsche Nationalbibliothek verzeichnet diese Publikation in der Deutschen Nationalbibliografie; detaillierte bibliografische Daten sind im Internet über <http.//dnb.d-nb.de> abrufbar.

ISBN 978-3-8114-7038-5

www.cfmueller-verlag.de

Satz: TypoScript, München
Illustrationen: Mattfeldt & Sänger, München
Druck: Offizin Andersen Nexö, Leipzig

Printed in Germany

Liebe Leserinnen und Leser,

die neue Reihe „JURIQ Erfolgstraining" zur Klausur- und Prüfungsvorbereitung verbindet sowohl für Studienanfänger als auch für höhere Semester die Vorzüge des klassischen Lehrbuchs mit meiner Unterrichtserfahrung zu einem umfassenden Lernkonzept aus Skript und Online-Training.

In einem ersten Schritt geht es um das **Erlernen** der nach Prüfungsrelevanz ausgewählten und gewichteten Inhalte und Themenstellungen. Einleitende Prüfungsschemata sorgen für eine klare Struktur und weisen auf die typischen Problemkreise hin, die Sie in einer Klausur kennen und beherrschen müssen. Neu ist die **visuelle Lernunterstützung** durch

- ein nach didaktischen Gesichtspunkten ausgewähltes Farblayout
- optische Verstärkung durch einprägsame Graphiken und
- wiederkehrende Symbole am Rand

= Definition zum Auswendiglernen und Wiederholen

= Problempunkt

= Online-Wissens-Check

Illustrationen als „Lernanker" für schwierige Beispiele und Fallkonstellationen steigern die Merk- und Erinnerungsleistung Ihres Langzeitgedächtnisses.

Auf die Phase des Lernens folgt das **Wiederholen und Überprüfen** des Erlernten im **Online-Wissens-Check**: Wenn Sie die im Internet unter **http://skripte.juriq.de/login** kostenlos verfügbaren Wiederholungsfragen beantworten, erhalten Sie ein direktes Feedback zum eigenen Wissensstand und kontrollieren Ihren individuellen Lernfortschritt – so können Sie spielerisch Ihre staatsrechtlichen Kenntnisse überprüfen!

Schließlich geht es um das **Anwenden und Einüben** des Lernstoffes anhand von Übungsfällen verschiedener Schwierigkeitsstufen, die im Gutachtenstil gelöst werden. Die JURIQ **Klausurtipps** zu gängigen Fallkonstellationen und häufigen Fehlerquellen weisen Ihnen dabei den Weg durch den Problemdschungel in der Prüfungssituation.

Das **Lerncoaching** jenseits der rein juristischen Inhalte (nach Seite XIII) ist als zusätzlicher Service zum Informieren und Sammeln gedacht: Ein erfahrener Psychologe stellt u.a. Themen wie Motivation, Leistungsfähigkeit und Zeitmanagement anschaulich dar, zeigt Wege zur Analyse und Verbesserung des eigenen Lernstils auf und gibt Tipps für eine optimale Nutzung der Lernzeit und zur Überwindung evt. Lernblockaden.

Auf geht's nun – ich wünsche Ihnen viel Freude und Erfolg beim Erarbeiten des Stoffs!

Und noch etwas: Das Examen kann jeder schaffen, der sein juristisches Handwerkszeug beherrscht und kontinuierlich anwendet. Jura ist kein „Hexenwerk". Setzen Sie nie ausschließlich auf auswendig gelerntes Wissen, sondern auf Ihr Systemverständnis und ein solides methodisches Handwerk. Und schreiben Sie uns, wenn Sie Hilfe brauchen oder sonst etwas loswerden möchten. Dazu sind wir da, und zwar unter der Adresse: JURIQ GmbH, Bachemer Str. 33, 50931 Köln, E-Mail: team@juriq.de.

Berlin, im Februar 2009 *Martina Peucker*

Inhaltsverzeichnis

Literaturverzeichnis

Degenhart, Christoph	Staatsrecht I. Staatsorganisationsrecht, 24. Aufl. 2008
Degenhart, Christoph	Klausurenkurs im Staatsrecht, 4. Aufl. 2007
Hesse, Konrad	Grundzüge des Verfassungsrechts der Bundesrepublik Deutschland, 20. Aufl. 1999
Hillgruber, Christian/ Goos, Christoph	Verfassungsprozessrecht, 2. Aufl. 2006
Kirchhof, Paul/Kreuter-Kirchhof, Charlotte	Staats- und Verwaltungsrecht Bundesrepublik Deutschland, 47. Aufl. 2009 (Textsammlung)
v. Mangold, Hermann/ Klein, Friedrich/Starck, Christian	Das Bonner Grundgesetz, Bd. 2, 5. Aufl. 2005
Maunz, Theodor/Dürig, Günter	Grundgesetz, Loseblatt-Kommentar, 53. Aufl. 2009
Meyer, Hubert	Kommunales Parteien- und Fraktionenrecht, 1990
Sachs, Michael	Grundgesetz, Kommentar, 5. Aufl. 2009

Tipps vom Lerncoach

Warum Lerntipps in einem Jura-Skript?

Es gibt in Deutschland ca. 1,6 Millionen Studierende, deren tägliche Beschäftigung das Lernen ist. Lernende, die stets ohne Anstrengung erfolgreich sind, die nie kleinere oder größere Lernprobleme hatten, sind eher selten. Besonders juristische Lerninhalte sind komplex und anspruchsvoll. Unsere Skripte sind deshalb fachlich und didaktisch sinnvoll aufgebaut, um das Lernen zu erleichtern.

Über fundierte Lerntipps wollen wir darüber hinaus all diejenigen ansprechen, die ihr Lern- und Arbeitsverhalten verbessern und unangenehme Lernphasen schneller überwinden wollen.

Diese Tipps stammen von *Frank Wenderoth*, der als Diplom-Psychologe seit vielen Jahren in der Personal- und Organisationsentwicklung als Berater und Personal Coach tätig ist und außerdem Jurastudierende in der Prüfungsvorbereitung und bei beruflichen Weichenstellungen berät.

Wie lernen Menschen?

Die Wunschvorstellung ist häufig, ohne Anstrengung oder ohne eigene Aktivität „à la Nürnberger Trichter" lernen zu können. Die modernen Neurowissenschaften und auch die Psychologie zeigen jedoch, dass Lernen ein aktiver Aufnahme- und Verarbeitungsprozess ist, der auch nur durch aktive Methoden verbessert werden kann. Sie müssen sich also für sich selbst einsetzen, um Ihre Lernprozesse zu fördern. Sie verbuchen die Erfolge dann auch stets für sich.

Gibt es wichtigere und weniger wichtige Lerntipps?

Auch das bestimmen Sie selbst. Die Lerntipps sind als Anregungen zu verstehen, die Sie aktiv einsetzen, erproben und ganz individuell auf Ihre Lernsituation anpassen können. Die Tipps sind pro Rechtsgebiet thematisch aufeinander abgestimmt und ergänzen sich von Skript zu Skript, können aber auch unabhängig voneinander genutzt werden.

Verstehen Sie die Lerntipps „à la carte"! Sie wählen das aus, was Ihnen nützlich erscheint, um Ihre Lernprozesse noch effektiver und ökonomischer gestalten zu können!

Lernthema 1
Lernprozesse und Lernmotivation

Gerade beim Lernen setzen wir uns schnell unter hohen Leistungsdruck, haben hohe Erwartungen an uns. Das Ziel, also die Prüfung, ist weit entfernt, wir sehen häufig nicht, was wir schon erreicht haben, sondern nur das, was wir noch nicht geschafft haben – gemessen an der noch großen Distanz bis zum Ziel „Examen". Es dauert häufig viele Wochen bis Monate bis wir eine Rückmeldung in Form einer Zensur erhalten. Das fördert leider nicht unsere unmittelbare Lernmotivation und unser aktuelles Lernverhalten.

Unser Gehirn lernt durch Erfolge und durch Misserfolge und möchte gerade in unangenehmen Stresssituationen (langweiliger Stoff, Leistungsdruck) „pfleglich" behandelt werden. Durch positive Rückmeldungen, Anerkennung und Belohnungen werden wir darin bekräftigt, bestimmte Tätigkeiten weiter (intensiver, besser) auszuüben. Diesen Umstand können Sie nutzen.

Durch entsprechende Zielsetzungs-, Feedback- und Verstärkungsmechanismen kann man sich motivieren bzw. auch neu eingeübte Lernprozesse verstärken. Sie können Lernfortschritte und Erfolge auch nach kurzen Lernphasen und Zeitabschnitten deutlicher wahrnehmen.

Lerntipps

Planen Sie herausfordernde aber realistische Ziele!

Ein Ziel befindet sich am Ende eines Weges. Am besten Sie planen Etappenziele. Stellen Sie sich z. B. vor, was genau Sie nach vier Wochen, einer Woche, an diesem Tag, bis zur ersten Pause erreicht haben wollen. Fragen Sie sich, woran Sie Ihr erfolgreiches Lernen festmachen wollen. Und wie Sie den Erfolg überprüfen (lassen) wollen. Setzen Sie sich klare, anspruchsvolle aber realistische Lernziele anhand eines individuellen Lernplanes. Fordern Sie sich ruhig (positiver leistungsförderlicher Stress), aber erzeugen Sie keinen zu hohen Erwartungsdruck und damit so genannten leistungshemmenden Dis-Stress. Nutzen Sie einen Wochenplaner – mit Stundenplan wie in der Schule – und machen Sie sich eine Tagesplanung einschließlich Pausen, Freizeitaktivitäten, Haushalt etc.

Setzen Sie sich positive Anreize!

Da Sie sich gut kennen, werden Sie recht leicht eigene Vorstellungen zur Belohnung entwickeln. Sie können sich materiell verstärken, z. B. mit dem Download eines neuen Songs oder dem Kauf neuer Schuhe, die Sie schon immer haben wollten. Da diese Art von Verstärkern schnell an finanzielle Grenzen stoßen können, sollten Sie sie für besondere Gelegenheiten nutzen. Andere Verstärker können Lesen, Fernsehen, Klavier spielen, Musik hören, ein Nickerchen, der Kneipenbesuch, das Kino, Sport und sogar der ungeliebte Abwasch sein. Machen Sie doch erst einmal eine Ideensammlung, welche Verstärker für Sie attraktiv sein könnten.

Körperliche Betätigung ist ein optimaler Verstärker!

Körperliche Aktivitäten sind für Lernende eine optimale Verstärkungsmöglichkeit. Als Ausgleich zum langen Sitzen braucht es in besonderem Maße Bewegung. Bewegung ist dann Abwechslung, Erholung und Ausgleich. Wenn Sie sich körperlich bewegen, wird einerseits das Stresshormon Adrenalin abgebaut, andererseits wird das „Glückshormon" Serotonin verstärkt ausgeschüttet. Sportliche Betätigung führt zu körperlicher Ermüdung und fördert einen besseren Schlaf.

Belohnen Sie sich mit Konzept!

Mit Ihren Verstärkern und Belohnungen sollten Sie am besten abwechslungsreich und erfinderisch sein. Es sollte kleine und größere Belohnungen geben, gemessen an dem Anspruchsniveau der Zielsetzungen oder der Dauer der Lernphasen. Hier orientieren Sie sich an der Zielplanung. Das Anspruchsniveau ist ganz individuell zu betrachten. Die Belohnungen sollten direkt nach Zielerreichung erfolgen können, also z. B. nach eineinhalb Stunden, fünf geschriebenen Seiten, sieben bearbeiteten Fällen, am Ende eines erfolgreichen Tages.

Überprüfen Sie Ihren Erfolg und verhalten Sie sich konsequent!

Ist das angestrebte Ziel erreicht, muss sofort die Belohnung eingetauscht werden, damit das Gehirn den Zusammenhang zwischen Zielerreichung in der Sache und gutem Gefühl abspeichert. Ist das Ziel nicht erreicht, dann darf es keine Belohnung geben. Es ist dann wichtig, sich genauer damit zu beschäftigen, warum Sie das Ziel nicht erreicht haben. Dadurch nehmen Sie eine Analyse vor, aus der Sie die erforderlichen Veränderungen ableiten können.

Keine Belohnung – was dann?

Falls Sie sich über längere Zeit (mehrere Tage) nicht mehr belohnen konnten, dann sollten Sie eine Analyse vornehmen. Wahrscheinlich werden Sie sehr schnell merken, an welchen Stellen Schwächen oder Stärken Ihres Lernsystems zu finden sind. Die Analyse sollte sich sachlich an Ihrem Lernsystem und auch an Ihrem Lernverhalten orientieren. Es sollte keine „persönliche Selbstgeißelung" sein. Das setzt Ihr Gehirn unter negativen emotionalen Stress, und das können Sie beim Lernen und in der Phase der Prüfungsvorbereitung am wenigsten gebrauchen.

Reflektieren Sie Ihr Lernverhalten bei Misserfolg!

Eine Kurzanalyse und Reflexion soll Ansatzpunkte für mögliche Veränderungen liefern. Dafür einige Leitfragen:

- Ist mein eigener Leistungsanspruch zu hoch?
- Habe ich insgesamt (zeitmäßig) zu wenig gearbeitet?
- Zuviel an Ablenkung?
- Wie habe ich es geschafft, das Lernen zu vermeiden?
- Nehme ich mein Lernen ernst genug?
- Mache ich es mir zu bequem?
- Mangelnde Konsequenz in der Planung und im Einhalten des Lernpensums, der Belohnung?
- Bin ich zu großzügig im Belohnen?
- Gab es unerwartete Ereignisse, die mich behindert haben?
- Habe ich zuviel gearbeitet? Warum?
- Bin ich zu erschöpft? Woran liegt das?
- Habe ich zu wenig behalten und verstanden trotz vieler Arbeit?
- Ist der Stoff zu schwer?
- Gab es (emotional) hemmende Gründe (in der Familie, bei Freunden, wegen Geldsorgen)?
- Wer oder was könnte mir bei Schwierigkeiten helfen?

Erkennen Sie Ihr persönliches Vermeidungsverhalten!

Sie kennen das vielleicht: Bevor es mit dem Lernen losgeht – Zeitung lesen, noch einmal zur Toilette gehen, Blumen gießen, etwas aus dem Kühlschrank holen, noch schnell etwas einkaufen gehen ... Wir versuchen unangenehme Tätigkeiten vor uns her zu schieben. Hierdurch vermeiden wir, uns in eine vermeintlich aversive Situation zu begeben. Durch das Vermeidungsverhalten entziehen wir uns der Arbeit und belohnen uns für Verzögerungen. Das hat zur Folge, dass wir lernen, die primär angestrebte Tätigkeit immer öfter zu vermeiden. Betrachten Sie Ihr Vermeidungsverhalten und seine Auswirkungen einmal genauer! Kurzfristig hilft es, vermeintlichen Stress (Aversion) abzubauen, langfristig kann das Ganze Ihnen wirklich über den Kopf wachsen.

Bauen Sie Vermeidungsverhalten Schritt für Schritt ab!

Der riesige Berg an Arbeit, der vor uns liegt, lässt uns häufig ausweichen. Man geht Dinge nicht an, weil man die Befürchtung hat, den Überblick zu verlieren oder sie insgesamt nicht bewältigen zu können („Wie soll ich das denn alles schaffen?"). Hier entsteht negativer Stress für unser Gehirn. Damit ist Vermeidungsverhalten erst einmal (emotional) vernünftig. Nur in der Sache kommen Sie nicht weiter.

Folgende Tipps können weiterhelfen:

- Bei Lernproblemen das Pensum anfänglich bewusst reduzieren.
- Den Lernstoff in für Sie überschaubare Lerneinheiten portionieren.
- Die einzelnen Lerneinheiten in angenehme Mengen- und Zeiteinheiten unterteilen.
- Besonders angenehme Anfangstätigkeiten finden.
- Strenge Disziplin, d. h. striktes, selbst auferlegtes Verbot von Vermeidungsverhalten.
- Sitzen bleiben. Wenn Sie nicht mit der Arbeit beginnen können, notieren, was Sie eigentlich arbeiten wollen, was Ihnen schwierig erscheint, welche Aspekte behindern, welche vielleicht sogar Freude machen könnten.

1. Teil
Einführung

Staatsorganisationsrecht begegnet Ihnen jeden Tag in der Zeitung oder bei den Fernseh- 1
nachrichten: Ein Gesetz wird verabschiedet, ein Minister tritt zurück oder der Bundestag wird gewählt. Regelungsbereich des Staatsorganisationsrechts ist also die **Kreation, Organisation und Zuständigkeit der Staatsorgane** und ihre **Rechtsbeziehungen** untereinander. Somit wird es dem öffentlichen Recht zugerechnet.

Standort des Staatsorganisationsrechts

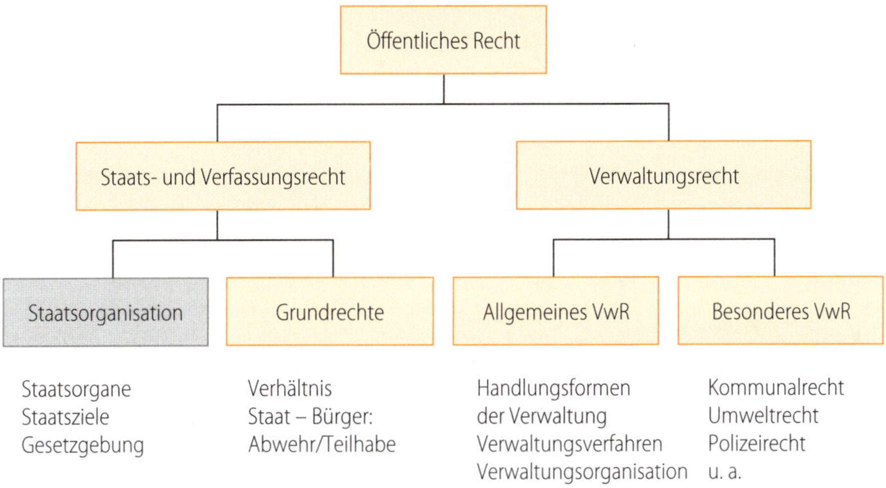

In der Klausur können staatsorganisatorische Fragestellungen in verschiedenen Varianten auftauchen: Entweder in der rein staatsorganisationsrechtlichen Klausur oder auch bei verwaltungsrechtlichen Sachverhalten bzw. bei der Prüfung der Verletzung von Grundrechten.

Es sind hierbei zwei Aufgabenstellungen möglich: Es wird nach der Rechtmäßigkeit eines bestimmten Handelns gefragt oder nach Erfolgsaussichten einer Klage. Im letzten Fall müssen Sie auf prozessuale Fragen eingehen, die ebenfalls in diesem Skript behandelt werden.

2. Teil
Staatsstrukturprinzipien und Staatszielbestimmungen

2 In den Art. 20 und 20a bekennt sich das Grundgesetz zu einer Reihe von grundlegenden Verfassungssätzen. Es sind dies das **Demokratieprinzip** (Art. 20 Abs. 2 GG), das **Rechtsstaatsprinzip**, das **republikanische Prinzip** (Art. 20 Abs. 1 GG), das **Sozialstaatsprinzip** (Art. 20 Abs. 1 GG), das **Bundesstaatsprinzip** (Art. 20 GG), der **Gewaltenteilungsgrundsatz** (Art. 20 Abs. 2 S. 2 GG) sowie das **Staatsziel Umweltschutz** (Art. 20a GG).

Als Prinzipien haben diese Verfassungssätze die Funktion, den Staatsorganen die generelle Richtung ihrer Tätigkeit vorzugeben. Ihre Konkretisierung erfahren sie in mehreren Stufen: im Grundgesetz (Art. 21 ff. GG), in einfachen Gesetzen sowie durch die gesetzesanwendende und –ausfüllende Verwaltung und Rechtsprechung.

Bedeutung haben die grundlegenden Prinzipien damit vor allem für den Gesetzgeber, der an erster Stelle dazu berufen ist, sie konkretisierend zur Entfaltung zu bringen. Für Verwaltung und Rechtsprechung können sie bei der Auslegung von Gesetzen bedeutsam werden, für die Verwaltung auch bei der Ausübung von Ermessensspielräumen, die ihr der Gesetzgeber eingeräumt hat. Dem Bürger vermitteln die grundlegenden Prinzipien **keine subjektiven Rechte**.

Die Staatsstrukturprinzipien bilden das Fundament für das staatliche und verfassungsrechtliche System der Bundesrepublik Deutschland. Ebenso wie für die Menschenwürde (Art. 1 Abs. 1 GG) gilt für sie die sog. **Ewigkeitsklausel des Art. 79 Abs. 3 GG** – sie sind im Grundgesetz unantastbar.

3 **Beispiel** Bundesrat und Bundestag beschließen mit Zweidrittel-Mehrheit ein Gesetz zur Änderung des Grundgesetzes, durch das die folgende Vorschrift in die Verfassung eingefügt wird: „Bundesgesetze können auch von der Bundesregierung beschlossen werden. Auf die von der Bundesregierung beschlossenen Gesetze finden die Artikel 76 bis 78 GG keine Anwendung". Bei verfassungsändernden Gesetzen beschränkt sich die Prüfung der materiellen Verfassungsmäßigkeit auf die Kontrolle von Verstößen gegen Art. 79 Abs. 3 GG. Danach könnte unzulässigerweise die grundsätzliche **Mitwirkung der Länder bei der Gesetzgebung** berührt sein, vgl. Art. 79 Abs. 3 Alt. 2 GG. Die Vorschrift konkretisiert das bundesstaatliche Prinzip. Sie intendiert den Schutz eines Kernbereichs von Mitwirkungsbefugnissen der Länder. Durch die beschlossene Grundgesetzänderung wird hier die Mitwirkung der Länder in das Belieben der Bundesregierung gestellt und damit in den genannten Kernbereich eingegriffen. Zusätzlich könnte in unzulässiger Weise der **Grundsatz der Gewaltenteilung** berührt sein, vgl. Art. 79 Abs. 3 Alt. 3 i.V.m. Art. 20 Abs. 2 S. 2 GG. Der Grundsatz der Gewaltenteilung soll eine wirksame gegenseitige Kontrolle von Exekutive, Legislative und Judikative gewährleisten. Hier kann sich die Bundesregierung aufgrund des Gesetzes ihre Rechtsgrundlage selbst schaffen. Eine wirksame Kontrolle durch das Parlament ist nicht mehr möglich. Damit liegt auch ein Verstoß gegen den Grundsatz der Gewaltenteilung gem. Art. 79 Abs. 3 Alt. 3 i.V.m. Art. 20 Abs. 2 S. 2 GG vor. Schließlich könnte auch ein Verstoß gegen das **Demokratieprinzip** vorliegen, Art. 79 Abs. 3 Alt. 3

i.V.m. Art. 20 Abs. 1, Abs. 2 S. 2 GG. Das Demokratieprinzip gewährleistet auch den Schutz von Minderheiten und damit den Schutz der Opposition. Hier verliert die Opposition jede Einwirkungsmöglichkeit auf den Gang der Gesetzgebung, so dass auch das Demokratieprinzip unzulässigerweise berührt ist. Das Gesetz verstößt folglich in mehrfacher Hinsicht gegen die Ewigkeitsklausel des Art. 79 Abs. 3 GG. Eine Rechtfertigung des Eingriffs durch die Zweidrittel-Mehrheit scheidet aus, da die Prinzipien aus Art. 79 Abs. 3 GG der Disposition des jeweiligen Inhabers entzogen sind. Damit liegt ein Verstoß gegen Art. 79 Abs. 3 GG vor. ■

A. Das Demokratieprinzip, Funktion und Recht der Parteien

Das Grundgesetz enthält in Art. 20 Abs. 1 die Grundentscheidung für den demokratischen Staat. Dabei bedeutet Demokratie unter dem Grundgesetz im wesentlichen Parteiendemokratie. Die Rolle der politischen Parteien im demokratischen System ist durch Art. 21 GG ausdrücklich anerkannt. 4

I. Das Demokratieprinzip

Gem. Art. 20 Abs. 2 S. 2 GG wird die Staatsgewalt vom Volk „in Wahlen und Abstimmungen" und durch besondere Organe der Gesetzgebung, der vollziehenden Gewalt und der Rechtsprechung ausgeübt. Durch **Wahlen** wird die personelle Zusammensetzung der Volksvertretungen bestimmt. Unter **Abstimmungen** sind Volksentscheide und Volksbegehren als Ausdruck unmittelbarer Demokratie zu verstehen. 5

Art. 20 Abs. 2 S. 2 GG ordnet selbst aber keine Wahlen und Abstimmungen an. Ob und in welcher Form Wahlen und Abstimmungen stattfinden, ergibt sich vielmehr aus den nachfolgenden Bestimmungen des Grundgesetzes. Diese konzipieren die Demokratie auf Bundesebene als mittelbare Demokratie: Das Volk wählt den Bundestag, hat aber keine Möglichkeit, durch Abstimmungen direkt auf die Richtung der Politik Einfluss zu nehmen.

Der Grundsatz, dass „alle Staatsgewalt vom Volke ausgeht" ist wegen der Ewigkeitsklausel in Art. 79 Abs. 3 GG unabänderlich.

Beispiel Der Bundestag und Bundesrat beschließen mit Zweidrittel-Mehrheit ein Gesetz zur Änderung des Grundgesetzes, das ab sofort die in Art. 39 Abs. 1 S. 1 GG auf vier Jahre festgelegte Legislaturperiode um vier Jahre verlängert. Es ist zu fragen, ob mit der Verlängerung der Legislaturperiode von vier auf acht Jahre das **Demokratieprinzip** verletzt ist, so dass die Ewigkeitsgarantie des Art. 79 Abs. 3 GG eingreift. Die Herrschaft auf Zeit ist einer der Kerninhalte demokratischer Strukturen. 6

Für eine Verlängerung der Legislaturperiode spricht das Erfordernis dauerhafter und kontinuierlicher Parlamentsarbeit. Die Landtagswahlen üben Druck auf die Regierungsfraktionen aus, unpopuläre Entscheidungen nicht zu treffen. Die achtjährige Dauer einer Legislaturperiode dient also letztlich der Stabilisierung und Erhöhung der Durchsetzungsfähigkeit der Regierung. Gegen die Verlängerung der bereits **laufenden Legislaturperiode** spricht allerdings, dass die Wahl der Volksvertreter im Hinblick auf eine zeitliche Beschränkung (hier vier Jahre) erfolgt ist. Die Legitimation der Abgeordneten leitet sich aus dem Wahlakt ab. Insofern fehlt den Abgeordneten die Legitimation, ihr eigenes Mandat zu verlängern.

Für die Verlängerung der **kommenden Wahlperioden** auf acht Jahre würde sprechen, dass auf Länderebene auch eine längere Wahlperiode existiert, nämlich fünf Jahre. Allerdings könnte bei einer Wahlperiode von acht Jahren eine Höchstgrenze überschritten sein. Diese ist im Grundgesetz zwar nicht festgelegt. Allerdings besteht bei einer derart langen Legislaturperiode nur eine stark eingeschränkte Möglichkeit der Kontrolle durch die Wähler. Die Stabilität einer Regierung ist auch herstellbar, indem Entscheidungen richtig vermittelt werden – gerade dies ist Aufgabe der Politik in einer Demokratie. Das Volk ist unmittelbare Quelle der Legitimation des Parlaments, nicht „störender Faktor" bei Wahlen. Im Ergebnis verstößt das Gesetz daher gegen das Demokratieprinzip gem. Art. 20 Abs. 1, Abs. 2 GG und ist somit nach der Ewigkeitsgarantie des Art. 79 Abs. 3 GG unzulässig. Eine Rechtfertigung des Eingriffs durch die Zweidrittel-Mehrheiten scheidet aus, da die Prinzipien aus Art. 79 Abs. 3 GG der Disposition des jeweiligen Inhabers entzogen sind. Ein solches Gesetz wäre also materiell verfassungswidrig. ■

1. Die Kernelemente des Demokratieprinzips

a) Die Volkssouveränität

7 Gem. Art. 20 Abs. 2 S. 1 GG geht in der Bundesrepublik Deutschland alle Staatsgewalt vom Volke aus. Das hierdurch zum Ausdruck kommende Prinzip der Volkssouveränität bedeutet, dass sich die Ausübung von Staatsgewalt auf den Willen des Volkes zurückführen lassen muss. Das Volk muss einen effektiven Einfluss auf die Ausübung von Staatsgewalt durch die Organe der Gesetzgebung, der vollziehenden Gewalt und der Rechtsprechung haben:

Mit der Stimmabgabe bei den **Parlamentswahlen** betätigt sich der Bürger als Glied des Staatsorgans Volk im „status activus"[1] (zur Bundestagswahl s. Rn. 84 ff.). Der Bundestag wiederum wählt den Bundeskanzler, der die einzelnen Regierungsmitglieder ernennt, s. Rn. 165, 171. Hier lässt sich die Legitimationskette bis zum Volk zurückverfolgen. Das gilt ebenso für die Exekutive: Die vom Parlament beschlossenen Gesetze sind Maßstab der vollziehenden Gewalt, s. Rn. 31 ff. Zudem gewährleistet die grundsätzliche Weisungsgebundenheit der Verwaltung im Verhältnis zur Regierung die Legitimation durch das Volk. Bei der Judikative kommt die Volkssouveränität durch die Richterwahl zum Ausdruck: So werden gem. Art. 94 Abs. 1 S. 2 GG die Verfassungsrichter zur Hälfte vom Bundestag und zur Hälfte vom Bundesrat gewählt. Über die Ernennung der obersten Bundesrichter entscheidet gem. Art. 95 Abs. 2 GG der zuständige Bundesminister gemeinsam mit dem Richterwahlausschuss, der aus den zuständigen Landesministern und Abgeordneten des Bundestages besteht. Gem. Art. 28 Abs. 1 S. 1 GG sind die Grundsätze der demokratischen Organisation und Legitimation von Staatsgewalt auch für die verfassungsmäßige Ordnung in den Ländern verbindlich.[2]

Demokratische Legitimation beruht also sowohl auf **Personalentscheidungen** (Wahl, Ernennung etc.), als auch auf **sachlichen Anweisungen** (Gesetze, Weisungen etc.). Nach dem BVerfG ist für die Beurteilung, ob dabei ein hinreichender Gehalt an demokratischer Legitimation erreicht wird, das Zusammenwirken der verschiedenen Legitimationsformen entscheidend.[3]

1 *BVerfGE* 8, 104, 115 f.
2 *BVerfGE* 47, 253. 272.
3 *BVerfGE* 83, 60 ff., *Degenhart* Staatsrecht I Rn. 23 ff.

> **Hinweis**
>
> Das Volk, von dem nach Art. 20 Abs. 2 S. 1 GG alle Staatsgewalt ausgeht, ist die Gesamtheit der deutschen Staatsangehörigen sowie der ihnen nach Art. 116 Abs. 1 GG gleichgestellten Personen. Denkbar wäre zwar auch, alle auf Dauer der deutschen Staatsgewalt Unterworfenen und damit insbesondere auch die in Deutschland dauerhaft lebenden Ausländer an der Staatsgewalt teilhaben zu lassen. Nach der Konzeption des Grundgesetzes setzt Teilhabe jedoch den Erwerb der deutschen Staatsangehörigkeit voraus. Für die Verwirklichung der demokratischen Freiheitsidee kommt somit dem **Staatsangehörigkeitsrecht** wesentliche Bedeutung zu.[4]

b) Mehrheitsentscheidung und Minderheitenschutz

Kernelemente des Demokratieprinzips sind Mehrheitsentscheidung und Minderheitenschutz. 8
Bei den Mehrheiten im Bundestag wird zwischen **einfacher Mehrheit** (Mehrheit der Stimmen der Anwesenden), **absoluter Mehrheit** (Mehrheit der Stimmen der gesetzlichen Mitglieder) und **qualifizierten Mehrheiten** mit einem bestimmten Quorum unterschieden.[5]

Mehrheitsbegriffe des GG		
	bezogen auf die abgegebenen Stimmen (relative Mehrheit)	**bezogen auf die gesetzliche Mitgliederzahl (absolute Mehrheit)**
Mehr als die Hälfte (einfache Mehrheit)	• Beschluss im Bundestag, Art. 42 Abs. 2 S. 1 GG • Beschluss der Bundesregierung, § 24 Abs. 2 GOBReg	• „Kanzlermehrheit“, Art. 63 Abs. 1 S. 1 GG • Beschluss im Bundesrat, Art. 52 Abs. 3 GG • Überstimmung eines einfachen/qualifizierten Einspruchs des Bundesrats, Art. 77 Abs. 4 GG
Besonderes Quorum (qualifizierte Mehrheit)	• Ausschluss der Öffentlichkeit im Bundestag mit 2/3-Mehrheit, Art. 42 Abs. 1 S. 2 GG • Überstimmung eines qual. Einspruchs des Bundesrats mit 2/3-Mehrheit, Art. 77 Abs. 4 S. 2 GG	• 2/3-Mehrheit in Bundestag und Bundesrat bei Verfassungsänderungen, Art. 79 Abs. 3 GG • Einsetzung eines Untersuchungsausschusses auf Antrag von 1/4 der Mitglieder des Bundestags, Art. 44 Abs. 1 S. 1 GG • Antrag auf abstrakte Normenkontrolle durch 1/3 der Mitglieder des Bundestags, Art. 93 Abs. 1 Nr. 2 GG

4 *Degenhart* Staatsrecht I Rn. 3.
5 *Degenhart* Staatsrecht I Rn. 603.

Der Minderheitenschutz garantiert der Minderheit Beteiligungs- und Mitwirkungsrechte an den Entscheidungsprozessen und somit die Chance, bei der nächsten Wahl selbst Mehrheit zu werden.

2. Die Zulässigkeit plebiszitärer Bürgerbeteiligung nach dem Grundgesetz

9 Das Grundgesetz verfolgt das Prinzip der **repräsentativen Demokratie**, nach dem das Volk mittelbar durch Wahlen zu den Volksvertretungen Einfluss ausübt. Allerdings geht aus Art. 20 Abs. 2 S. 2 GG hervor, dass das Grundgesetz einer unmittelbaren Einflussnahme durch Abstimmungen prinzipiell nicht entgegensteht. Vorgesehen sind Abstimmungen für den Fall der Neugliederung des Bundesgebiets, Art. 29 Abs. 2 GG.

In allen anderen Fällen beschließen nach dem Grundgesetz die Organe der Gesetzgebung – Bundestag und Bundesrat, vgl. Art. 76 ff. GG – über eine Gesetzesvorlage. Volksabstimmungen sind im Gesetzgebungsverfahren auf Bundesebene nicht geregelt.

10 Anders sieht es bei den **Ländern** aus. Sie haben einen weiten Freiraum, ihre verfassungsmäßige Ordnung zu gestalten. Zwar muss nach dem **Homogenitätsgebot** des Art. 28 Abs. 1 GG die verfassungsmäßige Ordnung der Länder den **demokratischen Grundsätzen des Grundgesetzes** entsprechen. Darüber hinaus ist es aber ihrem Ermessen überlassen, ob sie den Erlass von Gesetzen dem Parlament vorbehalten oder daneben ein Volksgesetzgebungsverfahren vorsehen. Art. 28 Abs. 1 S. 2 GG, der für die Länder eine aus demokratischen Wahlen hervorgegangene Volksvertretung fordert, wäre nur dann berührt, wenn die Aufgaben und Befugnisse der Volksvertretung so weit reduziert würden, dass ihre Funktion ausgehöhlt würde.

Die Länder haben von diesem Gestaltungsrecht Gebrauch gemacht. Landesverfassungen jüngeren Datums kennen ein dreistufiges Verfahren mit **Volksinitiative, Volksbegehren, Volksentscheid**. Daneben gibt es noch die rein konsultative Volksbefragung ohne jegliche Bindungswirkung.

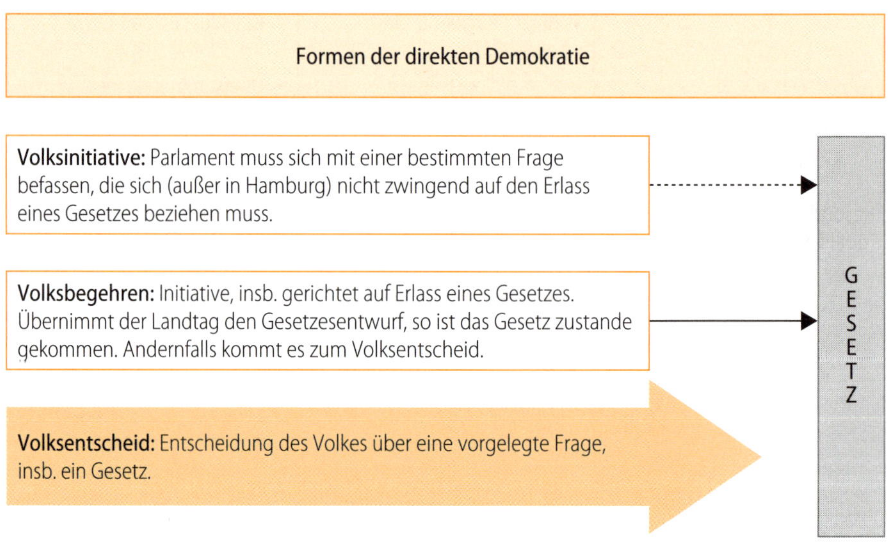

Auch auf **Bundesebene** ist die aktuelle Gestaltung der parlamentarischen Demokratie nicht unveränderbar. Allerdings könnten Formen der direkten Demokratie nur mit einer Verfassungsänderung eingeführt werden. Wegen der Erwähnung der Abstimmungen in Art. 20 Abs. 2 GG stünde Art. 79 Abs. 3 GG dem nicht entgegen.[6]

6 Vgl. zum Ganzen *Degenhart* Staatsrecht I Rn. 101 ff.

3. Übungsfall Nr. 1

„Das Volksabstimmungsgesetz" 11

Der Entwurf eines Volksabstimmungsgesetzes sieht in Art. 1 vor, dass das Volk das unmittelbare Recht der Gesetzgebung durch die Vorlage von Gesetzentwürfen in Volksbegehren und durch die Abstimmung über Gesetze in Volksentscheiden ausübt. Art. 2 regelt, dass im Falle einer Abstimmung das Gesetz zustande kommt, wenn es die Mehrheit der abgegebenen Stimmen erhält und sich mindestens 15 Prozent der Stimmberechtigten an der Abstimmung beteiligt haben (Quorum).

Während der Bundestag das Volksabstimmungsgesetz beschließt, geht die Mehrheit im Bundesrat von der Verfassungswidrigkeit des Gesetzes aus und verweigert ihre Zustimmung. Der Bundespräsident ist jedoch der Auffassung, dass die Einführung direkter Demokratie längst überfällig ist. Daher fertigt er das Gesetz aus. Es tritt nach ordnungsgemäßer Verkündung in Kraft.

Nehmen Sie gutachtlich zur formellen und materiellen Verfassungsmäßigkeit des Gesetzes Stellung.

Lösung 12

A. Formelle Verfassungsmäßigkeit des Gesetzes zur Volksbeteiligung

I. Gesetzgebungszuständigkeit des Bundes

Problematisch in formeller Hinsicht ist, ob der Bund zuständig ist, ein solches Gesetz zu erlassen. Grundsätzlich sind die Länder für die Gesetzgebung zuständig, Art. 30, 70 Abs. 1 GG. Der Bund ist nur dann kompetent, wenn ihn die Verfassung ausdrücklich hierzu ermächtigt. Kompetenzgrundlagen bilden regelmäßig die Art. 71 ff. GG, für Steuern Art. 105 GG, für das Wahlrecht Art. 38 Abs. 3 GG, für das Parteienrecht Art. 21 Abs. 3 GG. Hinsichtlich des Volksabstimmungsgesetzes ist keine der genannten Kompetenzgrundlagen einschlägig.

1. Eine Kompetenz könnte sich aus der Erwähnung des Begriffs „Abstimmungen" in Art. 20 Abs. 2 S. 2 GG ergeben. Problematisch ist, dass Art. 20 Abs. 2 S. 2 GG auch „Wahlen" erwähnt, hierzu in Art. 38 Abs. 3 GG aber eine ausdrückliche Kompetenzzuweisung an den Bund geregelt ist. Auch Art. 29 Abs. 4 S. 2 GG regelt die Gesetzgebungskompetenz des Bundes für Volksentscheide bei Länderneugliederungen explizit. Somit hätte es auch im Falle der „Abstimmungen" einer Zuständigkeitsregelung im Grundgesetz bedurft.

2. Grundsätzlich sind die Kompetenzregelungen des Grundgesetzes abschließend. Nach Art. 30, 70 Abs. 1 GG sind die Länder zuständig, soweit das Grundgesetz dem Bund keine Gesetzgebungskompetenz verleiht. Dennoch sind Materien denkbar, die zwar nicht dem Bund zugewiesen sind, deren Regelung durch die Länder jedoch nicht oder nicht sinnvoll möglich ist. Diese Ausnahmen sind aber vorsichtig und restriktiv anzuwenden, um die Grundregel der Art. 30, 70 Abs. 1 GG nicht auszuhöhlen. Drei Fallgruppen sind anerkannt: Natur der Sache, kraft Sachzusammenhang und ungeschriebene Annexkompetenz.

» Zu den ungeschriebenen Gesetzgebungskompetenzen s. Rn. 199 ff. «

In Betracht kommt eine Gesetzgebungszuständigkeit kraft Natur der Sache. Denn das Gesetzgebungsverfahren des Bundes betrifft die innere Funktionsweise und einen elementaren Aspekt der Staatlichkeit des Bundes. Gegen die Bejahung der Bundeszuständigkeit spricht zunächst die restriktive Auslegung der ungeschriebenen Gesetzgebungskompetenzen, da es sich hier nicht um eine eingrenzbare Materie handelt, sondern um die generelle Volksbeteiligung an der Gesetzgebung.

Andererseits verlöre der Bund die für den Bundesstaat konstitutive Eigenschaft als selbstständige staatliche Handlungsebene, würde die Regelung des Gesetzgebungsverfahrens den Ländern überantwortet. Daher kann das Gesetzgebungsverfahren des Bundes begriffsnotwendig nur vom Bund selbst geregelt werden. Es liegt eine ungeschriebene Bundeskompetenz kraft Natur der Sache vor.

II. Gesetzgebungsverfahren

» Zum Gesetzgebungsverfahren s. Rn. 205 ff. «

Das Gesetzgebungsverfahren ist hinsichtlich der Beteiligung des Bundesrates nach Art. 77 GG problematisch. Es ist daher zu prüfen, welche Rechtsfolgen sich gegebenenfalls aus dem Fehlen einer Zustimmung ergeben.

Das Fehlen der Zustimmung des Bundesrates führt zur formellen Verfassungswidrigkeit des Gesetzes, wenn das Grundgesetz eine Zustimmung des Bundesrates zwingend verlangt – wenn das Gesetz also zustimmungspflichtig ist. Daran fehlt es vorliegend. Insbesondere begründet auch Art. 79 Abs. 2 GG keine Zustimmungsbedürftigkeit. Verfassungsändernde Gesetze bedürfen zwar der Zustimmung des Bundesrates, aber das Gesetz zur Volksbeteiligung nimmt gerade keine Verfassungsänderung vor. Es handelt sich daher nur um ein Einspruchsgesetz. Als solches bedarf es nicht der Zustimmung des Bundesrates. Das Fehlen der Zustimmung des Bundesrates ist daher unschädlich.

III. Zwischenergebnis

Das Volksabstimmungsgesetz ist formell ordnungsgemäß zu Stande gekommen.

JURIQ-Klausurtipp

Lesen Sie keine Probleme in den Sachverhalt! Nicht gefragt war hier das Standardproblem des Prüfungsrechts des Bundespräsidenten, s. dazu Rn. 185 f. Die Prüfungskompetenz des Bundespräsidenten ist nur dann relevant, wenn der Bundespräsident die Ausfertigung eines Gesetzes verweigert hat.

B. Materielle Verfassungsmäßigkeit des Gesetzes zur Volksbeteiligung

I. Die verfassungsrechtliche Zulässigkeit von Volksabstimmungen

Das Volksabstimmungsgesetz wäre materiell verfassungswidrig, wenn das Grundgesetz die Einführung von Volksabstimmungen verbietet.

1. Verstoß gegen Art. 20 Abs. 2 S. 2 GG

Nach Art. 20 Abs. 2 S. 2 GG wird die Staatsgewalt vom Volk „in Wahlen und Abstimmungen" ausgeübt. Ein explizites Verbot von Volksbegehren und Volksentscheiden findet sich in der Verfassung nicht. Im Gegenteil sieht Art. 20 Abs. 2 S. 2 GG zumindest „Abstimmungen" grundsätzlich vor. In Art. 29 Abs. 2 und Abs. 3 GG ist sogar ein Volksentscheid (allerdings beschränkt auf die betroffenen Länder) bei der Neugliederung der Bundesgebiets vorgesehen

Fraglich ist, ob der Begriff „Abstimmungen" auch Volksbegehren und Volksentscheide umfasst oder ob Art. 20 Abs. 2 S. 2 GG eine Entscheidung für das System der repräsentativen Demokratie enthält und direktdemokratische Elemente ausschließt. Zur Klärung dieser Frage bedarf es einer Auslegung nach Wortlaut, Systematik, Entstehungsgeschichte und Telos (Sinn und Zweck) der Norm.

a) Auslegung nach dem Wortlaut

Der Wortlaut des Art. 20 Abs. 2 S. 2 GG ist offen. Abstimmungen können dem allgemeinen Sprachgebrauch nach auch Volksbegehren und Volksentscheide als „Volksabstimmungen" erfassen. Damit ist aber noch nicht gesagt, ob Volksbegehren und -entscheide generell zulässig sein sollen oder etwa nur in den vom Grundgesetz bestimmten Fällen.

b) Systematische Auslegung

Art. 20 Abs. 2 S. 2 GG enthält eine grundsätzliche Entscheidung für das System der repräsentativen Demokratie. Die Vorschrift ist ferner nicht isoliert als Einzelnorm, sondern im Kontext der gesamten Verfassung zu sehen. Volksbegehren sind außerhalb des Art. 29 Abs. 2 bis Abs. 4 GG nicht geregelt, während es für Wahlen mit Art. 38 GG ausdrückliche Bestimmungen gibt. Zudem sind die Wahlrechtsgrundsätze in Art. 38 Abs. 1 GG als grundrechtsgleiche Rechte im Wege der Verfassungsbeschwerde durchsetzbar, Art. 93 Abs. 1 Nr. 4a GG. Eine solche Durchsetzungsmöglichkeit des Abstimmungsrechts fehlt völlig.

c) Teleologisch-historische Auslegung

Der Verfassungsgeber verfolgte die Absicht, ein möglichst stabiles, demokratisches System zu schaffen, das weitgehend unanfällig für demagogische Einflüsse ist. Vor dem Hintergrund der Erfahrung der Weimarer Republik, in denen Volksabstimmungen als Mittel der politischen Agitation eingesetzt wurden, hat er sich bewusst für ein System der repräsentativen Demokratie entschieden.

„Abstimmung" i.S.d. Art. 20 Abs. 2 S. 2 GG meint somit nur im Grundgesetz vorgesehene Formen direkter Demokratie, derzeit also nur Art. 29 GG. Eine Einführung von Volksbegehren und -entscheiden durch Bundesgesetz ist nach dem Grundgesetz derzeit ausgeschlossen.

Hinweis

Eine Verfassungsänderung mit entsprechend qualifizierter Zweidrittel-Mehrheit wäre hingegen unter Berücksichtigung des Art. 79 Abs. 3 i.V.m. Art. 20 Abs. 2 GG zulässig. Zum verfassungsändernden Gesetz s. Rn. 214.

2. Verstoß gegen Art. 76 Abs. 1, 77 Abs. 1 GG

Ferner könnte ein Verstoß gegen Art. 76 Abs. 1, 77 Abs. 1 GG vorliegen. Nach Art. 76 Abs. 1 GG werden Gesetzesvorlagen „durch die Bundesregierung, aus der Mitte des Bundestages oder durch den Bundesrat eingebracht". Der Gesetzesbeschluss erfolgt nach Art. 77 Abs. 1 GG durch den Bundestag. Ein Initiativ- oder Beschlussrecht bzw. die zwingende Beteiligung des Volkes an der Gesetzgebung ist in den Art. 76, 77 GG gerade nicht vorgesehen. Die Einführung von Volksbegehren und -entscheiden durch einfaches Gesetz verstößt damit gegen Art. 76 Abs. 1, 77 Abs. 1 GG. Ein Recht zur „Volksgesetzgebung" müsste im Wege der Verfassungsänderung eingeführt werden.

3. Zwischenergebnis

Die einfachgesetzliche Einführung von Volksabstimmungen verstößt somit gegen den in Art. 20 Abs. 2 S. 2 GG enthaltenen Grundsatz der repräsentativen Demokratie sowie gegen die Art. 76 Abs. 1, 77 Abs. 1 GG.

II. Verfassungsmäßigkeit des Quorums

Darüber hinaus könnte das Quorum von 15 Prozent wegen eines Verstoßes gegen das in Art. 20 Abs. 2 GG verankerte Demokratieprinzip verfassungswidrig sein. Nach der Regelung des Volksabstimmungsgesetzes könnte ein Gesetz gegebenenfalls bereits von 8 Prozent der stimmberechtigten Bevölkerung (Mehrheit der 15 Prozent, die sich an der Abstimmung beteiligt haben) beschlossen werden.

Kernelement des Demokratieprinzips ist die Mehrheitsentscheidung. Eine solche ist auch im Volksabstimmungsgesetz vorgesehen. Allerdings muss bei einer Volksabstimmung über ein Bundesgesetz beachtet werden, dass diese Entscheidungen dem gesamten Volk zugerechnet werden und Wirkung für das gesamte Volk entfalten. Eine solche Zurechnung ist aufgrund des Demokratieprinzips nur dann zu rechtfertigen, wenn das Abstimmungsverfahren auf eine Entscheidung durch die Mehrheit des gesamten Volkes ausgelegt ist. Ist das Quorum aber so niedrig, dass bereits besonders interessierte Randgruppen der Bevölkerung oder die Wählerschaft einer der kleinen Parteien für eine Abstimmungsmehrheit genügen können, verstößt das gegen das Demokratieprinzip.

JURIQ-Klausurtipp

An dieser Stelle mussten Sie diskutieren, ob es sich beim Demokratieprinzip um ein rein formales Mehrheitsprinzip handelt oder ob es eine gewisse Mindestbeteiligung gibt, um Abstimmungsentscheidungen tatsächlich dem gesamten Volk zurechnen und ihnen Gesetzeskraft gegenüber dem gesamten Volk zubilligen zu dürfen.[7]

Das im Volksabstimmungsgesetz aufgestellte Quorum von 15 Prozent ist daher verfassungswidrig.

C. Gesamtergebnis

Das Gesetz zur Volksbeteiligung ist formell ordnungsgemäß zu Stande gekommen, jedoch materiell verfassungswidrig.

7 Vgl. dazu *Degenhart* Staatsrecht I Rn. 113.

II. Politische Parteien

Art. 21 Abs. 1 S. 1 GG erkennt die Bedeutung der politischen Parteien für die demokratische 13
Ordnung ausdrücklich an:

Die Parteien wirken bei der politischen Willensbildung des Volkes mit.

Die Besonderheit ihrer Stellung beruht auf der Tatsache, dass sie privatrechtlich organisiert und nicht Teil der Staatsorganisation sind. Sie bilden vielmehr einen Schnittpunkt zwischen Staat und Gesellschaft bei der Formung des politischen Willens. Diese Mittlerrolle zwischen Volk und Staatsgewalt nehmen die Parteien sowohl unmittelbar bei den Wahlen als auch zwischen den Wahlen wahr. Das BVerfG hat die Parteien deshalb in den Rang einer verfassungsrechtlichen Institution erhoben. Im Wahlrecht kommt den Parteien nach § 27 Abs. 1 S. 1 BWahlG[8] das Listenmonopol zu.

1. Der Parteienbegriff

Welche Kriterien für die Anerkennung einer politischen Vereinigung als Partei vorliegen müs- 14
sen, bestimmt die **Legaldefinition** in § 2 Abs. 1 PartG.[9] Parteien sind danach

1. **„Vereinigungen von Bürgern"**
   Das schließt juristische Personen, etwa Interessenverbände, Unternehmen oder Gewerkschaften, von der Mitgliedschaft in Parteien aus, wie § 2 Abs. 1 S. 2 PartG klarstellend hinzufügt.
2. „die **dauernd oder für längere Zeit** für den Bereich des Bundes oder eines Landes auf die politische Willensbildung Einfluss nehmen und an der Vertretung des Volkes im Deutschen Bundestag oder einem Landtag mitwirken wollen".
   Hierfür genügt die Präsenz auf Landesebene; nicht erforderlich ist eine Bundespräsenz. Als Indiz für diesen Willen wertet das Gesetz die **Beteiligung** an Bundestags- oder Landtagswahlen.
   Die Dauerhaftigkeit unterscheidet die politischen Parteien von **Bürgerinitiativen**, die punktuelle, kurzfristige Ziele verfolgen. Die Beteiligung an der Willensbildung in Bund und Ländern unterscheidet die Parteien von **kommunalen Wählervereinigungen**, die nicht an Bundestags- oder Landtagswahlen teilnehmen. Auch wenn sie dauerhaft sind, stellen sie keine politischen Parteien dar.

Hinweis

Für die kommunale Ebene hat das BVerfG[10] entschieden, dass grundsätzlich die örtlich gebundenen Wählervereinigungen den politischen Parteien rechtlich gleichgestellt sind. Das Gericht begründet dies mit der in Art. 28 Abs. 2 GG verfassungsmäßig garantierten kommunalen Selbstverwaltung. Den sich diesen Gruppen zurechnenden Bürgern wie ihren Kandidaten muss grundsätzlich eine chancengleiche Teilnahme an den kommunalen Wahlen gewährt werden.

In einer jüngeren Entscheidung hat das BVerfG[11] weiterhin festgestellt, dass das Recht auf Chancengleichheit aus Art. 3 Abs. 1 in Verbindung mit Art. 9 Abs. 1 und Art. 28 Abs. 1 Satz 2 GG verletzt ist, wenn Zuwendungen an politische Parteien im Sinne des § 2 PartG steuerfrei gestellt sind, Zuwendungen an kommunale Wählervereinigungen und ihre Dachverbände dagegen nicht. Zur Parteienfinanzierung vgl. Rn. 20

8 Bundeswahlgesetz, abgedruckt in: Staats- und Verwaltungsrecht Bundesrepublik Deutschland Nr. 30.
9 Parteiengesetz, abgedruckt in: Staats- und Verwaltungsrecht Bundesrepublik Deutschland Nr. 35.
10 *BVerfGE* 11, 351 ff.
11 *BVerfG*, 2 BvL 4/05 vom 17.4.2008.

3. wenn sie nach dem Gesamtbild der tatsächlichen Verhältnisse, insbesondere nach
   - Umfang und Festigkeit ihrer Organisation
   - nach der Zahl ihrer Mitglieder
   - und nach ihrem Hervortreten in der Öffentlichkeit

   eine **ausreichende Gewähr für die Ernsthaftigkeit dieser Zielsetzung** bieten.

Im Zweifel ist davon auszugehen, dass eine Organisation die Voraussetzungen erfüllt. Nach § 2 Abs. 2 PartG verliert eine Vereinigung ihre Rechtsstellung als Partei, wenn sie sechs Jahre lang weder an einer Bundestagswahl noch an einer Landtagswahl mit eigenen Wahlvorschlägen teilgenommen hat.[12]

Hinweis

Die Anerkennung als politische Partei kann nicht von einer inhaltlichen Bewertung der verfolgten politischen Ziele abhängig gemacht werden. Anderenfalls würde sich das in Art. 21 Abs. 2 Satz 2 GG vorgesehene Entscheidungsmonopol des BVerfG erübrigen, vgl. Rn. 23 ff.

2. Die besondere Stellung der Parteien nach dem GG

15 Die besondere Funktion der Parteien wird von Art. 21 GG aufgenommen. Die Vorschrift unterwirft die Parteien bestimmten Anforderungen und verleiht ihnen Rechte. Weiterhin findet das Parteiengesetz Anwendung. Letzteres begründet für die Organisation nicht nur Rechte, sondern auch Pflichten. Die wichtigsten Punkte sind:

- Eine Partei und ihre Gebietsverbände der jeweils höchsten Stufe, in der Regel Landesverbände, können unter ihrem Namen **klagen und verklagt werden**. Dies gilt auch dann, wenn die Partei ein nicht-rechtsfähiger Verein sein sollte (Abweichung von § 54 S. 2 BGB in § 3 PartG).
- Eine Partei hat Anspruch auf **Gleichbehandlung** mit anderen Parteien durch die öffentliche Gewalt gem. § 5 PartG.
- Eine Partei muss eine schriftliche **Satzung** und ein schriftliches **Programm** haben (§ 6 Abs. 1 PartG).
- Die innere Ordnung der Parteien muss auf der Grundlage der Satzung **demokratischen Grundsätzen** entsprechen. Das Nähere wird in den §§ 6 ff. PartG geregelt.
- Die Parteien haben Anspruch auf **staatliche Finanzierung**, deren Bemessung in erster Linie an den Wahlerfolg anknüpft (§§ 18 ff. PartG).
- Die Parteien sind verpflichtet, über die Herkunft und die Verwendung der Mittel, die ihnen pro Kalenderjahr zufließen, öffentlich **Rechenschaft** zu geben (§ 23 ff. PartG).
- Hinzu kommen Regelungen über das **Aufstellungsverfahren** für Wahlkreis- und Listenkandidaten der Parteien nach den §§ 21 ff. BWahlG.

a) Die Gründungs- und Betätigungsfreiheit von Parteien

» Kommentieren Sie sich die einschlägigen Vorschriften des PartG bei Art. 21 GG. «

16 Die Gründung und Betätigung politischer Parteien ist frei von staatlichen Eingriffen, vgl. Art. 21 Abs. 1 S. 2 i.V.m. § 1 Abs. 1 S. 2 PartG. Die Gründung erfolgt grundsätzlich ohne Zulassungs- oder Genehmigungsverfahren traditionell als nicht-rechtsfähiger Verein durch Rechtsgeschäft des bürgerlichen Rechts.

12 Vgl. zum Ganzen *Degenhart* Staatsrecht I Rn. 78 ff.

Beispiel Deshalb ist es verfassungswidrig, wenn V-Leute des Verfassungsschutzes in einer Partei tätig sind.[13] Auch haben Parteien während des Wahlkampfes einen Anspruch auf Erteilung einer straßenrechtlichen Sondernutzungserlaubnis für die Aufstellung von Infoständen etc.[14] ■

Eine Folge der Gründungs- und Betätigungsfreiheit einer Partei ist auch, dass die Aufnahme von Mitgliedern grds. im Ermessen der Partei steht.[15]

Eine auf feministischen Grundsätzen aufgebaute Partei verwehrt einem männlichen Antragsteller die Aufnahme als Parteimitglied. Einerseits gebietet Art. 21 Abs. 1 S. 3 GG den Parteien als Institution des Verfassungslebens eine demokratische Binnenstruktur. Andererseits ist ihnen wegen des Gebots der Parteienfreiheit die Gestaltung ihrer inneren Ordnung zu belassen. Hieraus folgt, dass es **keinen grundsätzlichen Anspruch des Bürgers auf den Beitritt und auf den Verbleib in einer Partei** geben kann. Insbesondere die Aufnahme von Mitgliedern steht im Ermessen der Partei (vgl. § 10 Abs. 1 S. 1 PartG). Dies ergibt sich auch aus der in Art. 21 Abs. 1 S. 2 GG verankerten Gründungsfreiheit, die auch die freie Programmgestaltung der Partei und damit die Freiheit der Parteien, ihre programmatische Ausrichtung durch die Aufnahme nur bestimmter Mitglieder zu verfolgen, mit umfasst. Aus Art. 21 Abs. 1 S. 3 folgt lediglich, dass der Mitgliedsantrag nicht völlig willkürlich abgelehnt werden kann.

Hinweis

Der Ausschluss von Mitgliedern aus der Partei ist dagegen in § 10 Abs. 4 und 5 PartG eingehender geregelt und an engere Voraussetzungen geknüpft.

b) Chancengleichheit der Parteien

Zu den besonderen Rechten gehört auch die Chancengleichheit der Parteien. Sie müssen die gleichen Möglichkeiten haben, an dem Willensbildungsprozess der Gesellschaft mitzuwirken. Der Grundsatz der Chancengleichheit der Parteien bedeutet daher, dass die Rechtsordnung jeder Partei grundsätzlich die gleichen Möglichkeiten im **Wahlkampf und Wahlverfahren** und damit die gleiche Chance im Wettbewerb um die Wählerstimmen gewährleistet. Es müssen jedoch nicht Unterschiede ausgeglichen werden, die sich aus der unterschiedlichen Größe, Leistungsfähigkeit und politischen Zielsetzung der Parteien ergeben. Der Staat muss lediglich **alle Parteien formal gleich** behandeln, für eine Ungleichbehandlung müssen zwingende Gründe[16] vorliegen. 17

» **Das Recht auf Chancengleichheit hängt eng mit der Gleichheit der Wahl zusammen.** **Vgl. Sie hierzu Rn. 93 ff.** «

Beispiel Deshalb bedarf die **Fünf-Prozent-Sperrklausel**, die Parteien unterhalb dieser Schwelle bei der Vergabe von Mandaten grds. nicht berücksichtigt, zwingender Gründe. Nach der Rechtsprechung des BVerfG ist die „Sicherung des Charakters der Wahl als eines Integrationsvorgangs bei der politischen Willensbildung des Volkes und die Gewährleistung der Funktionsfähigkeit der zu wählenden Volksvertretung“[17] ein besonders wichtiger Grund, der den Gesetzgeber ausnahmsweise zu Abweichungen vom Grundsatz der for-

13 S. *BVerfG* zur Einstellung des NPD-Verbotsverfahrens, *BVerfGE* 107, 339, 363 ff.
14 *BVerwGE* 56, 63 ff.
15 Vgl. *Degenhart* Staatsrecht I Rn. 93 ff.
16 *BVerfGE* 111, 54, 105.
17 *BVerfGE* 95, 408, 418.

malen Wahlrechtsgleichheit berechtigt. Die Überwindung der Fünf-Prozent-Hürde ist ein wichtiges Indiz dafür, dass die Partei in der Bevölkerung hinreichend verankert ist und es sich somit um eine politisch ernst zu nehmende Gruppe handelt. S. auch Rn. 96. ■

18 Die „streng formale" Chancengleichheit soll nicht nur für den Bereich des Wahlrechts, sondern für das gesamte Vorfeld der Wahlen und somit für die gesamte Tätigkeit der Parteien gelten.[18] So müssen alle Parteien unter gleichen rechtlichen Bedingungen in den Wahlkampf eintreten können.[19] Dabei ist die Rechtsgrundlage zu unterscheiden, je nach dem, ob es sich um einen Vorgang während oder außerhalb einer Wahl handelt. Ihr Anspruch auf **chancengleiche Behandlung bei einer Wahl** leitet sich aus Art. 21 Abs. 1 i.V.m. Art. 38 Abs. 1 S. 1 GG ab.[20] **Chancengleichheit außerhalb von Wahlen** leitet sich aus Art. 21 Abs. 1 i.V.m. Art. 3 Abs. 1 GG ab.[21]

Hinweis

Der Gleichbehandlungsanspruch der Parteien bei staatlicher Leistungsgewährung ist in § 5 PartG konkretisiert. Die Vorschrift soll eine gerechte und angemessene Verteilung von Leistungen an die Parteien gewährleisten. Nach § 5 Abs. 1 S. 2 bis 4 PartG ist eine Differenzierung nach Maßgabe der Bedeutung der Parteien möglich: **Prinzip der abgestuften Chancengleichheit.**[22]

3. Gerichtliche Geltendmachung von Rechten

19 In welchem Verfahren die Parteien ihre Rechte geltend machen, hängt vom jeweiligen Streitgegenstand ab. So sind Parteien einerseits **privatrechtliche Vereinigungen natürlicher Personen**. Machen sie Grundrechte geltend, die ihnen unabhängig von ihrer Stellung als Partei zustehen, so müssen sie dies – wie jeder Bürger – mit einer **Verfassungsbeschwerde** durchsetzen.[23]

JURIQ-Klausurtipp

Im Zusammenhang mit der Zuteilung oder Verweigerung von Sendezeiten zur Wahlwerbung beim öffentlich-rechtlichen Rundfunk steht den Parteien zunächst der Verwaltungsrechtsweg gem. § 40 Abs. 1 S. 1 VwGO offen. Die Rundfunk- und Fernsehanstalten sind Anstalten des öffentlichen Rechts, deren Aufgaben nach Rundfunkrecht zum Bereich der öffentlichen Verwaltung gehören und die jedenfalls dann hoheitlich tätig werden.[24] Gegen verwaltungsgerichtliche Urteile kann die Verfassungsbeschwerde erhoben werden. S. Rn. 26

Andererseits sind den Parteien auch **durch Art. 21 Abs. 1 GG Rechte und Pflichten** zugewiesen. Diese Rechte können sie in einem **Organstreit** durchsetzen, sofern alle weiteren Voraus-

18 *BVerfGE* 104, 14, 20.
19 *BVerfGE* 82, 322, 337.
20 StRspr., vgl. *BVerfGE* 91, 262, 269.
21 Vgl. *Degenhart* Staatsrecht I Rn. 83.
22 *BVerfGE* 114, 121, 134 ff.; a.A. teilweise in der Literatur, vgl. *Ipsen* in: Sachs GG Art. 21 Rn. 40 ff.
23 *BVerfGE* 111, 54, 81 f.; *Degenhart* Staatsrecht I Rn. 96.
24 *BVerfGE* 69, 257, 269.

setzungen erfüllt sind. Zwar sind sie in § 63 BVerfGG nicht erwähnt. Nach der Rechtsprechung des BVerfG sind sie gleichwohl im Organstreit parteifähig und berechtigt, eine behauptete Verletzung ihres verfassungsrechtlichen Status durch das Wahlrecht im Wege der Organklage zu rügen.[25]

JURIQ-Klausurtipp

Sofern die Verletzung der Chancengleichheit durch den Gesetzgeber oder die Bundesregierung gerügt wird, ist die Partei als Organ des Verfassungslebens betroffen. Insofern ist ein Organstreitverfahren vor dem BVerfG anzustrengen.[26] Die Partei ist „anderer Beteiligter" i.S.d. Art. 93 Abs. 1 Nr. 1 GG.

4. Parteienfinanzierung

Bei der Finanzierung der Parteien sind drei Finanzquellen zu unterscheiden: Mitgliedsbeiträge, Spenden und staatliche Leistungen. 20

Die **staatliche Parteienfinanzierung** wird unmittelbar durch Zuweisungen aus dem Bundeshaushalt sowie Landeshaushalten vorgenommen. In einer Grundsatz-Entscheidung hat das BVerfG[27] eine staatliche Teilfinanzierung anerkannt. Sie reflektiert den Umstand, dass Parteien eine Aufgabe im Interesse des Gemeinwesens wahrnehmen. Durch den Vorrang der Eigenfinanzierung muss jedoch sichergestellt werden, dass sich die Parteien nicht einen wettbewerbsverzerrenden Zugriff auf staatliche Mittel verschaffen. Mit der Gesetzesänderung im Jahr 1994 sind die Grundsätze dieser Entscheidung in die §§ 18 ff. PartG eingegangen.

Hinweis

Trotz der Zulässigkeit der staatlichen Parteienfinanzierung besteht kein verfassungsunmittelbarer Anspruch der Parteien. Es bedarf einer einfachgesetzlichen Grundlage.

Die Mittel werden gem. § 18 Abs. 1 Satz 2 i.V.m. Abs. 3 PartG in der Weise verteilt, dass eine Partei im Verhältnis der auf sie entfallenden Stimmen bei Europa-, Bundes- oder Landtagswahlen und der von ihr gesammelten Spenden und Mitgliedsbeiträge Zuwendungen erhält. Die Summe der staatlichen Zuweisungen darf dabei gem. § 18 Abs. 5 PartG die Summe der selbst erwirtschafteten Einnahmen nicht übersteigen. Die Summe der Finanzierung aller Parteien darf gem. § 18 Abs. 2 PartG eine absolute Obergrenze von derzeit 133 Mio. Euro nicht überschreiten.

Bei **Mitgliedsbeiträgen und Spenden** geht es vor allem um ihre steuerliche Absetzbarkeit. 21
Diese ist gem. § 10b Abs. 2 EStG auf 1650 Euro für Alleinstehende, für Verheiratete auf 3300 Euro begrenzt. Der Grund für diese Begrenzung liegt im Grundsatz der staatsbürgerlichen Gleichheit: Bürger mit höherem Einkommen dürfen nicht überproportional großen Einfluss auf die politische Landschaft nehmen können. Spenden juristischer Personen dürfen überhaupt nicht begünstigt werden.

25 *Hillgruber/Goos*, Rn. 315; *Degenhart* Staatsrecht I Rn. 97.
26 *BVerfGE* 4, 27, 30.
27 *BVerfGE* 85, 264, 287.

Bei **Spenden** geht es außerdem um die Frage, ab welcher Spendenhöhe über Betrag und Herkunft Rechenschaft abgelegt werden muss. In § 25 Abs. 3 S. 1 PartG ist eine Rechnungslegungspflicht ab 10 000 € vorgesehen, was auch der Rechtsprechung des BVerfG zur Publizitätsgrenze entspricht.[28]

Gem. Art. 21 Abs. 1 S. 4 GG i.V.m. §§ 23 ff. PartG müssen die Parteien über die Herkunft und Verwendung ihrer Mittel sowie über ihr Vermögen öffentlich Rechenschaft geben. Denn „der Wähler soll sich unter anderem über die Kräfte unterrichten können, die die Politik der Parteien bestimmen, und er soll die Möglichkeit haben, die Übereinstimmung zwischen den politischen Programmen und dem Verhalten derer zu prüfen, die mit Hilfe finanzieller Mittel auf die Parteien Einfluss zu nehmen suchen".[29]

5. Verfassungswidrige Parteien

a) Der Begriff der Verfassungswidrigkeit

22 Gem. Art. 21 Abs. 2 S. 1 GG sind Parteien verfassungswidrig, *„die nach ihren Zielen oder nach dem Verhalten ihrer Anhänger darauf ausgehen, die freiheitlich demokratische Grundordnung zu beeinträchtigen oder zu beseitigen oder den Bestand der Bundesrepublik Deutschland zu gefährden"*.

Der Begriff **„freiheitlich-demokratische Grundordnung"** fasst nach der Rechtsprechung des BVerfG[30] die **„essentialia" des staatlichen Systems** der Bundesrepublik Deutschland zusammen.

Danach definiert sich die **freiheitlich-demokratische Grundordnung** aus drei wesentlichen Prinzipien:

1. Der materiell-rechtlichen Grundordnung: die Achtung der Menschenrechte, die im Grundgesetz konkretisiert wurden, insbesondere das Recht der Persönlichkeit auf Leben und freie Entfaltung
2. Der organisationsrechtlichen Grundordnung: Volkssouveränität, Gewaltenteilung, Verantwortlichkeit der Regierung, Unabhängigkeit der Gerichte
3. Den Grundprinzipien der politischen Willensbildung: Mehrparteiensystem, Chancengleichheit politischer Parteien, Recht auf Opposition.

Bestand der Bundesrepublik bedeutet insbesondere deren staatsrechtliche Existenz, völkerrechtliche Unabhängigkeit und territoriale Integrität.

Beispiel Verfassungswidrige Ziele verfolgen Parteien, die die Freiheit des Einzelnen gegenüber den Interessen der „Volksgemeinschaft" negieren,[31] Demokratie, Rechtsstaat und Menschenrechte bekämpfen, rassistische Ziele propagieren. ■

Die Aufzählung in Art. 21 Abs. 2 GG ist abschließend. Nur unter den genannten Voraussetzungen kann eine Partei als verfassungswidrig behandelt werden.

28 *BVerfGE* 85, 264, 318.
29 *BVerfGE* 111, 54, 83 ff.
30 *BVerfGE* 2, 1, 12 f.; 5, 85, 140.
31 Vgl. *BVerwG* DVBl. 1986, 947.

b) Parteienprivileg und Entscheidungsmonopol des BVerfG

Das Verbot verfassungswidriger Parteien gem. Art. 21 Abs. 2 GG kann nur durch das BVerfG festgestellt und ausgesprochen werden. Es hat das alleinige **Entscheidungsmonopol**. Solange eine Partei nicht vom BVerfG als verfassungsfeindlich verboten ist, darf keine andere staatliche Stelle geltend machen, es handle sich um eine verfassungswidrige Partei. Das Verfahren richtet sich nach §§ 43 ff. BVerfGG. 23

JURIQ-Klausurtipp

Eine Standardkonstellation im Sachverhalt: Die Ordnungsbehörde will den Aufmarsch einer Partei wegen ihrer rechtsextremen Positionen verbieten. Gehen Sie dem Klausursteller nicht auf den Leim! Das Verbot scheitert am Parteienprivileg des Art. 21 Abs. 2 GG. Solange kein Verbot durch das BVerfG ausgesprochen ist, darf die Ordnungsbehörde eine Partei wegen der von ihr vertretenen Inhalte nicht als verfassungswidrig behandeln. Anders wäre es zu beurteilen, wenn eine Parteiveranstaltung sich außerhalb der Rechtsordnung bewegt, z.B. Verbreitung der Auschwitz-Lüge, § 130 Abs. 3 StGB.[32]

Mit der Feststellung der Verfassungswidrigkeit muss die Auflösung der Partei sowie das Verbot von Ersatz- und Teilorganisationen verbunden werden, § 46 Abs. 3 BVerfGG i.V.m. §§ 32 f. PartG. Da Mitglieder einer verbotenen Partei keinerlei Einflussnahme mehr auf die parlamentarische Willensbildung haben dürfen,[33] verlieren Abgeordnete im Deutschen Bundestag ihr Mandat sowie die Listennachfolger ihre Anwartschaft, § 46 Abs. 4 S. 1 BWahlG. Bei Direktmandaten erfolgt eine Wiederholungswahl im betreffenden Wahlkreis, § 46 Abs. 4 S. 2 i.V.m. § 44 Abs. 2 bis 4 BWahlG. 24

Hinweis

Der **Terminus „Parteienprivileg"** erklärt sich aus der Privilegierung der Parteien gegenüber Vereinen i.S.d. Art. 9 GG. Parteien sind insoweit zweifach privilegiert: Zum einen greift für Vereine das Entscheidungsmonopol des BVerfG nicht. Die Zuständigkeit für ein Verbotsverfahren liegt bei der obersten Landesbehörde eines Bundeslandes bzw. für länderübergreifend tätige Vereine bei dem Bundesinnenminister, § 3 VereinsG. Zum anderen zeigt ein Vergleich von Art. 9 Abs. 2 GG mit Art. 21 Abs. 2 GG, dass angesichts der unterschiedlichen Prüfungsmaßstäbe an ein Parteiverbot weitaus höhere Anforderungen als an ein Vereinsverbot zu stellen sind.

Das Parteienprivileg hindert allerdings nicht, von Beamten, die in einem besonderen Treueverhältnis zum Staat stehen, dieses Treueverhältnis auch einzufordern und von ihnen zu verlangen, **keine führenden Positionen** in rechts- oder linksextremen Parteien zu bekleiden. Hier muss auf das persönliche Verhalten des einzelnen Beamten abgestellt werden, die **Mitgliedschaft** in einer nicht verbotenen Partei als solche kann noch keine Sanktion rechtfertigen.[34] 25

32 Vgl. *Degenhart* Staatsrecht I Rn. 75, 77, 87.

33 *BVerfGE* 2, 1, 72 f.

34 *BVerfGE* 114, 258 ff.

6. Übungsfall Nr. 2[35]

26 „Sendezeit für alle"

Anlässlich einer bevorstehenden Bundestagswahl stellt das ZDF den beiden großen Parteien der Regierungskoalition jeweils 12-mal zwei Minuten kostenlose Sendezeiten für Wahlwerbung zur Verfügung. Die in allen Bundesländern kandidierende „Direkt-Partei" (D), die sich in ihrem Wahlprogramm die Abschaffung der parlamentarischen Demokratie in der Bundesrepublik Deutschland zu Ziel gesetzt hat, strebt an, ihr Ergebnis von zwei Prozent der Stimmen bei der letzten Bundestagswahl zu verbessern. Aus diesem Grund hat sie eine aggressive Wahlkampfkampagne mit dem Slogan „Wir sind das Volk" gestartet und beantragt beim ZDF die Ausstrahlung von sechs Wahlwerbespots von je zwei Minuten Dauer.

Kurze Zeit später teilt das ZDF der D mit, angesichts ihres Stimmenanteils bei der letzten Bundestagswahl könne sie allenfalls die Sendung von drei Wahlwerbespots beanspruchen. Zudem bewege sich die D mit ihrem Wahlprogramm außerhalb der freiheitlich demokratischen Grundordnung. Dies komme auch in den Werbespots zum Ausdruck. Man würde deshalb keinen der eingereichten Spots senden.

D entgegnet daraufhin empört, das ZDF sei nicht berechtigt, einer Partei die Wahlwerbung zu versagen, der laut der letzten repräsentativen Umfrage erstmals mehr als fünf Prozent der Stimmen und damit der Einzug in den Bundestag prognostiziert worden sei. Angesichts der hervorragenden Umfragewerte sei es zwingend, D mindestens die Hälfte der zugedachten Sendezeit zuzugestehen.

Prüfen Sie gutachtlich, ob D einen Anspruch auf Aussendung von sechs Wahlwerbespots hat!

Abwandlung:

Das ZDF entschließt sich, grundsätzlich keiner Partei mehr Sendezeit für kostenlose Wahlwerbung zu Bundestagswahl zu geben. Daraufhin droht D mit einer Klage und begründet ihren vermeintlichen Anspruch wie folgt: In einer Parteiendemokratie wie der Bundesrepublik Deutschland sei kostenlose Wahlwerbung für die Parteien unverzichtbar. Dies ergebe sich insbesondere aus Art. 21 GG, wonach die Parteien bei der politischen Willensbildung des Volkes mitwirkten.

Besteht ein Anspruch von D gegen das ZDF?

27 Lösung

» Suchen Sie die Anspruchsgrundlage immer zuerst in den einschlägigen Gesetzen, hier also im PartG. Auf die Verfassung darf erst zurückgegriffen werden, wenn sich im sog. „einfachen Recht" keine Anspruchsgrundlage findet. «

A. Ausgangsfall

D könnte ein Anspruch auf Aussendung von sechs Wahlwerbespots aus § 5 Abs. 1 PartG (Gleichbehandlungsgrundsatz) zustehen.

I. Anspruchsvoraussetzungen

Ein Anspruch auf Aussendung von Wahlwerbespots aus § 5 Abs. 1 PartG setzt voraus, dass der Anspruch gegen einen Träger öffentlicher Gewalt gerichtet ist (1), der Anspruch von einer Partei i.S.d. PartG gestellt wird (2) und die Aussendung von Wahlwerbespots eine öffentliche Leistung darstellt (3).

1. Träger öffentlicher Gewalt

Das ZDF müsste Träger öffentlicher Gewalt i.S.d. § 5 Abs. 1 S. 1 PartG sein.

JURIQ-Klausurtipp

§ 5 Abs. 1 S. 1 PartG ist nicht auf den privaten Rundfunk anwendbar. Hier müsste eine Drittwirkung des Gleichheitssatzes, Art. 3 Abs. 1 GG, geprüft werden.

35 Der Fall ist *BVerfGE* 47, 198 ff. nachgebildet; vgl. auch *Degenhart* Klausurenkurs im Staatsrecht, Fall 1.

Träger öffentlicher Gewalt ist, wer Aufgaben im Bereich des öffentlichen Rechts wahrnimmt und dabei hoheitlich, das heißt kraft Überordnung und mit dem Anspruch auf Verbindlichkeit, tätig werden kann.

Das ZDF ist als Anstalt des öffentlichen Rechts (§ 1 ZDF-Staatsvertrag) dem öffentlichen Recht zuzuordnen. Rundfunk- und Fernsehanstalten können zudem jedenfalls dann hoheitlich tätig werden, wenn sie im Wahlkampf Sendezeiten zur Wahlwerbung zuteilen oder verweigern. Mithin ist das ZDF Träger öffentlicher Gewalt i.S.d. § 5 Abs. 1 S. 1 PartG.

Hinweis

Als Träger der öffentlichen Gewalt werden Rundfunkanstalten bei der Zulassung/Verweigerung von Sendezeiten an politische Parteien tätig. Sie üben öffentliche Gewalt aus, wenn sie in Ausübung des Rundfunkmonopols im Wahlkampf politischen Parteien ihre Einrichtungen zur Verfügung stellen.[36]

2. Parteibegriff i.S.d. § 2 Abs. 1 PartG

D müsste Partei i.S.d. PartG sein.

JURIQ-Klausurtipp

Aus der Tatsache, dass D im Sachverhalt als „Partei" bezeichnet ist, lässt sich nicht schlussfolgern, dass D Partei i.S.d. PartG ist. Insoweit gilt grundsätzlich: Werden Rechtsbegriffe, die auch in der Alltagssprache verwendet werden, im Sachverhalt mit Anführungszeichen versehen, müssen die Voraussetzungen für das Vorliegen dieses Rechtsbegriffs geprüft werden.

Gem. § 2 Abs. 1 PartG sind Parteien Vereinigungen von Bürgern, die dauernd oder für längere Zeit für den Bereich des Bundes oder eines Landes auf die politische Willensbildung Einfluss nehmen und an der Vertretung des Volkes im Deutschen Bundestag oder einem Landtag mitwirken wollen, wenn sie nach dem Gesamtbild der tatsächlichen Verhältnisse, insbesondere nach Umfang und Festigkeit ihrer Organisation, nach der Zahl ihrer Mitglieder und nach ihrem Hervortreten in der Öffentlichkeit eine ausreichende Gewähr für die Ernsthaftigkeit dieser Zielsetzung bieten.

D kandidiert in allen Bundesländern für die Bundestagswahl und möchte demnach auf die politische Willensbildung auf Bundesebene einwirken sowie im Bundestag vertreten sein. Aus dem Umstand, dass D bereits bei der letzten Bundestagswahl angetreten ist, ergibt sich, dass dieses Engagement nicht nur kurzfristig andauern soll.

Hinweis

Etwas anderes gilt für Bürgerinitiativen, die sich nur anlässlich eines bestimmten Themas zusammenschließen und damit nicht „dauernd" i.S.d. § 2 Abs. 1 PartG aktiv sind.

Im Übrigen ist nichts dafür ersichtlich, dass D keine ausreichende Gewähr für die Ernsthaftigkeit ihrer Zielsetzung bietet. Also ist D Partei i.S.d. §§ 2 Abs. 1, 5 Abs. 1 S. 1 PartG.

3. Öffentliche Leistung i.S.d. § 5 Abs. 1 S. 1 PartG

Weiterhin müsste es sich bei den zur Verfügung gestellten Sendezeiten um eine öffentliche Leistung i.S.d. § 5 Abs. 1 S. 1 PartG handeln.

» Lesen Sie den Gesetzeswortlaut genau. Aus der Formulierung „andere" öffentliche Leistungen ergibt sich, dass auch die Einrichtung eine öffentliche Leistung ist, so dass umfassend unter diesen Oberbegriff subsumiert werden kann. «

Eine öffentliche Leistung ist eine bewusste und zielgerichtete Vorteilsgewährung an die Parteien. Eine solche Vorteilsgewährung liegt nicht vor, wenn Parteien von einer Handlung profitieren, die in anderer Absicht als der einer Begünstigung vorgenommen wird.

Hier stellt das ZDF den Parteien kostenlos Sendezeiten zwecks Wahlwerbung zur Verfügung, ohne damit eigene Interessen zu verfolgen. Auch die Tatbestandsvoraussetzung der öffentlichen Leistung ist demnach erfüllt.

36 *BVerfGE* 7, 99, 104.

» Beachten Sie: Rundfunkanstalten und Fernsehanstalten sind nicht befugt, die Ausstrahlung einer Wahlsendung lediglich deshalb zu verweigern, weil der vorgelegte Wahlspot verfassungsfeindliche Äußerungen enthält. «

Hinweis

Etwas anderes gilt für sog. Fernsehduelle. Zwar geben auch diese Sendungen den Spitzenkandidaten ein Forum, Werbung für ihre Partei zu machen. Jedoch ist dies nur ein Nebeneffekt. Eine redaktionell gestaltete Sendung ist grundsätzlich keine Leistung gem. § 5 Abs. 1 PartG. Soweit sich Parteien, deren Spitzenkandidat bei einem Fernsehduell nicht eingeladen wird, auf die Verpflichtung zur Gleichbehandlung nach Art. 21 Abs. 1 GG i.V.m. Art. 3 Abs. 1 GG berufen, ist auf Seiten der Fernsehanstalten das Recht auf Programmfreiheit gem. Art. 5 Abs. 1 S. 1 GG zu beachten. Chancengleichheit der Parteien und Rundfunkfreiheit sind nach dem Prinzip der Konkordanz in Ausgleich zu bringen.[37]

4. Zwischenergebnis

Die Anspruchsvoraussetzungen des § 5 Abs. 1 S. 1 PartG sind also gegeben.

II. Rechtsfolge

1. Grundsatz: Parteien sollen gleich behandelt werden

Gem. § 5 Abs. 1 S. 1 PartG sollen Parteien bei Vorliegen der o.g. Voraussetzungen gleichbehandelt werden. Eine Ungleichbehandlung ist danach nur in atypischen Ausnahmefällen möglich. Eine solche Ausnahmekonstellation könnte sich im vorliegenden Fall mit Blick darauf ergeben, dass das ZDF der D vorwirft, sie verfolge verfassungsfeindliche Ziele.

Hinweis

Achten Sie genau darauf, ob der Gesetzgeber von „können", „sollen" oder „müssen" spricht. Bei einer „Soll-Vorschrift" besitzt der Träger der öffentlichen Gewalt ein gebundenes Ermessen. Er „kann" nur bei Vorliegen eines atypischen Sachverhaltes nach Ermessen handeln, während er in typischen Fällen die vorgesehene Maßnahme treffen muss.

Unabhängig von der Frage, ob ein Wahlkampf unter dem Motto „Wir sind das Volk" als verfassungswidrig einzustufen ist, muss allerdings berücksichtigt werden, dass über die Frage der Verfassungswidrigkeit einer Partei gem. Art. 21 Abs. 2 S. 2 GG nur das BVerfG entscheiden kann.

Mit Blick darauf, dass eine Partei so lange als nicht verfassungswidrig gilt, bis das BVerfG eine andere Feststellung getroffen hat, kann sich das ZDF hier nicht auf verfassungsfeindliches Agieren der D berufen. D muss also wie alle anderen Parteien behandelt werden.

JURIQ-Klausurtipp

Anders wäre es, wenn D mit dem Inhalt des Spots gegen das Strafgesetzbuch verstoßen würde. Bei schweren Verstößen gegen Strafgesetze können die Sender die Ausstrahlung der Wahlwerbespots verweigern. Allerdings nur in engen Grenzen: Der Verstoß muss schwer und evident sein. In Zweifelsfällen ist zugunsten der politischen Parteien zu entscheiden und die Wahlwerbesendung zur Ausstrahlung freizugeben.[38]

2. § 5 Abs. 1 S. 2 bis 4 PartG: Prinzip abgestufter Chancengleichheit

Aus § 5 Abs. 1 S. 2 bis 4 PartG lässt sich allerdings entnehmen, dass der Umfang der Gewährung nach der Bedeutung der Parteien abgestuft werden kann (Prinzip der abgestuften Chancengleichheit). Demnach ist fraglich, ob D tatsächlich Anspruch auf Ausstrahlung von sechs Wahlwerbespots hat.

Dieser Frage muss jedoch nur nachgegangen werden, wenn § 5 Abs. 1 S. 2 bis 4 PartG überhaupt als verfassungsgemäß einzustufen ist.

37 *OVG NRW* NJW 2002, 3417, 3418; *BVerfG* NJW 2002, 2939.

38 *BVerfGE* 69, 257, 269.

a) Verfassungsmäßigkeit des § 5 Abs. 1 S. 2 bis 4 PartG

Bedenken ergeben sich mit Blick auf den Grundsatz der Chancengleichheit der Parteien. Dieser wird aus dem Demokratieprinzip (Art. 20 GG) sowie aus Art. 3 Abs. 1 und 21 GG abgeleitet.

§ 5 Abs. 1 S. 2 bis 4 PartG wäre demnach verfassungswidrig, wenn er dazu führen würde, dass Parteien ungerechtfertigt ungleich i.S.d. Art. 3 Abs. 1 GG behandelt werden.

Fraglich ist zunächst das Vorliegen einer Ungleichbehandlung.

Der Gleichheitssatz gem. Art. 3 Abs. 1 GG fordert, dass wesentlich Gleiches gleich und wesentlich Ungleiches ungleich behandelt werden muss. Gem. § 5 Abs. 1 S. 2 bis 4 PartG darf weniger bedeutsamen Parteien weniger gewährt werden als bedeutsamen, sprich großen Parteien. Sowohl kleine als auch große Parteien können unter den Oberbegriff Partei gefasst werden. Eine Ungleichbehandlung ist mithin zu bejahen.

Fraglich ist, ob diese Ungleichbehandlung durch einen zwingenden Grund gerechtfertigt ist.

Dagegen spricht zunächst, dass eine Anknüpfung an die bisherige Bedeutung von Parteien bei der Gewährung öffentlicher Leistungen dazu führt, dass kleinere Parteien weniger öffentliche Leistungen erhalten und es daher schwerer haben, in der Öffentlichkeit zu werben, um mehr Stimmen und eine höhere Bedeutung zu erlangen. Somit trägt das Prinzip der abgestuften Chancengleichheit zumindest tendenziell zur Erhaltung der etablierten Machtverhältnisse unter den Parteien bei. Dies gilt insbesondere für die Privilegierung der im Bundestag in Fraktionsstärke vertretenen Parteien nach § 5 Abs. 1 S. 4 PartG.

Andererseits ist jedoch zu berücksichtigen, dass die Träger öffentlicher Gewalt, die den Parteien Chancengleichheit zu gewähren haben, trotz dieser grundsätzlichen Verpflichtung funktionsfähig bleiben müssen. Diese Funktionsfähigkeit wäre nicht garantiert, wenn auch eine Vielzahl von Splitterparteien Anspruch auf absolute Gleichbehandlung hätte. Daher ist es gerechtfertigt, wenn eine weniger bedeutende Splitterpartei anders behandelt wird als die großen Parteien. Letzteres gilt insbesondere mit Blick darauf, dass Größe und Bedeutung einer Partei Rückschlüsse auf ihre Teilnahme an der politischen Willensbildung (Art. 21 Abs. 1 S. 1 GG) zulassen. § 5 Abs. 1 S. 2 bis 4 PartG ist folglich nicht verfassungswidrig.[39]

b) Anwendung des § 5 Abs. 1 S. 2 bis 4 PartG auf D

Demnach stellt sich die Frage, welcher Anspruch sich für D aus § 5 Abs. 1 S. 2 bis 4 PartG entnehmen lässt.

D ist mit 2 Prozent Stimmenanteil bei den letzten Bundestagswahlen nicht im Bundestag vertreten, so dass § 5 Abs. 1 S. 4 PartG keine Anwendung findet. Gem. § 5 Abs. 1 S. 3 PartG bemisst sich die zu gewährende Leistung insbesondere auch nach dem Ergebnis vorausgegangener Wahlen zu Volksvertretungen. Insoweit erscheint es angemessen, wenn D angesichts eines Stimmenanteils von nur 2 Prozent bei den letzten Bundestagswahlen lediglich die Ausstrahlung von drei Wahlwerbespots beanspruchen kann.

» Beachten Sie, dass die spezielle Regelung des § 5 Abs. 1 S. 4 PartG vorrangig zu prüfen ist. «

Etwas anderes könnte sich allenfalls angesichts der letzten repräsentativen Umfrage ergeben, wonach der D erstmals mehr als fünf Prozent der Stimmen und damit der Einzug in den Bundestag prognostiziert wurde. Aus der Formulierung in § 5 Abs. 1 S. 3 PartG , dass „insbesondere auch" Wahlergebnisse herangezogen werden können, folgt, dass auch andere Kriterien berücksichtigt werden dürfen. Es müssen Kriterien sein, die – ähnlich der Ergebnisse vorausgegangener Wahl – Rückschlüsse auf die mögliche Entwicklung der Partei innerhalb einer Legislaturperiode ermöglichen.

Hinweis

Das ist beispielsweise der Fall bei der Mitgliederzahl, bei Umfang und Ausbau des Organisationsnetzes einer Partei, bei der Beteiligung an Regierungen in Bund und Ländern, dem Vertretensein in Parlamenten sowie bei repräsentativen Umfragen (sog. Prognosen).

39 So auch *BVerfGE* 24, 300, 355 und *BVerwGE* 75, 67, 77.

Jedoch wurden D zum ersten Mal überhaupt und nicht bereits über einen längeren Zeitraum mehr als fünf Prozent der Stimmen vorausgesagt. Diese einzelne Wahlprognose, der im Vergleich zu einem Wahlergebnis ohnehin ein Unsicherheitsfaktor anhaftet, kann nicht schwerer wiegen als ein Wahlergebnis.

Im Ergebnis ist D daher als kleine Partei einzustufen, so dass die Begrenzung auf drei Wahlwerbespots gem. § 5 Abs. 1 S. 2, 3 PartG rechtmäßig ist.

Hinweis

Die Rspr. hält bei der Verteilung der Werbezeit zwischen den kleineren und den größeren Parteien ein Verhältnis von 1:4 für angemessen.[40]

III. Ergebnis zum Ausgangsfall

D hat keinen Anspruch auf Ausstrahlung von sechs, sondern lediglich auf Ausstrahlung von drei Wahlwerbespots.

B. Abwandlung

I. Anspruch der D aus § 5 Abs. 1 PartG

In Betracht kommt ein Anspruch der D gem. § 5 Abs. 1 PartG. Allerdings wäre Voraussetzung dafür, dass ein Träger öffentlicher Gewalt überhaupt öffentliche Leistungen gewährt. § 5 Abs. 1 PartG gewährt keinen Anspruch, wenn keiner Partei eine Leistung zuteil wird. Da sich das ZDF entschlossen hat, auch keiner anderen Partei Sendezeiten zur Verfügung zu stellen, scheidet ein Anspruch aus § 5 Abs. 1 PartG in der Abwandlung aus.

II. Anspruch aus Art. 21 Abs. 1 i.V.m. Art. 3 Abs. 1 GG

Möglicherweise hat D einen Anspruch aus Art. 3 Abs. 1 i.V.m. Art. 21 Abs. 1 GG (derivativer Teilhabeanspruch). Aber eine Gleichbehandlung ist begrifflich nicht möglich, wenn niemandem eine Leistung zur Verfügung gestellt wird. Auch ein Anspruch gem. Art. 3 Abs. 1 i.V.m. Art. 21 Abs. 1 GG scheidet demnach aus.

III. Anspruch aus Art. 21 Abs. 1 GG

Schließlich kommt Art. 21 Abs. 1 GG als Anspruchsgrundlage in Betracht. Zwar sieht diese Vorschrift nach dem Wortlaut keinen solchen Anspruch vor. Vielmehr begründet sie eine Rechtspflicht dahingehend, die Bedeutung der Parteien bei der politischen Willensbildung zu berücksichtigen.

Hinweis

Auch die Auslegung der Verfassung vollzieht sich unter Rückgriff auf die klassischen Interpretationsmethoden:

- grammatische Interpretation
- systematische Interpretation
- historisch-genetische Interpretation
- teleologische Interpretation

Im Rang unter der Verfassung stehendes Recht ist zudem verfassungskonform auszulegen. Falls möglich, ist deshalb diejenige Interpretation zu wählen, die mit der Verfassung im Einklang steht.[41]

Möglicherweise ist der Norm ein solcher Leistungsanspruch aber durch Auslegung zu entnehmen. Der Wortlaut ist zunächst offen. Allerdings hat der Verfassungsgeber die Entscheidung, ob und welche Leistungen den Parteien zu gewähren sind, bewusst nicht selbst getroffen. Er hat diese Entscheidung vielmehr dem einfachen Gesetzgeber überlassen. Ein individueller Interessenschutz ist demnach nicht gesetzlich bezweckt. Art. 21 Abs. 1 GG enthält somit kein subjektives Recht auf Leistung und stellt demnach keine Anspruchsgrundlage dar.

IV. Ergebnis zur Abwandlung

D hat keinen Anspruch gegen das ZDF auf Vergabe von Sendezeiten für kostenlose Wahlwerbung.

40 BVerwGE 47, 280 ff.

41 *Degenhart* Staatsrecht I Rn. 19 ff.

B. Das Rechtsstaatsprinzip

Das Rechtsstaatsprinzip gehört zu den **Staatsstrukturprinzipien**. Zwar findet es in Art. 20 28
Abs. 1 GG, der die verfassungsrechtlichen Grundentscheidungen benennt, keine Erwähnung. Ungeachtet dessen gehört die Rechtsstaatlichkeit zu den fundamentalen Ordnungsprinzipien des Grundgesetzes. So knüpft Art. 23 Abs. 1 S. 1 GG die Übertragung von Hoheitsrechten an die Europäische Union ausdrücklich an die Voraussetzung, dass die Europäische Union den Grundsätzen des Rechtsstaats entspricht. Art. 28 Abs. 1 S. 1 GG verpflichtet die Bundesländer zu Rechtsstaatlichkeit. Darüber hinaus enthalten der Grundsatz der **Gewaltenteilung** und der Grundsatz der **Gesetzmäßigkeit der Verwaltung** in Art. 20 Abs. 2 und 3 GG wichtige Teilelemente des Rechtsstaatsprinzips. Aus diesen Überlegungen heraus wird allgemein abgeleitet, dass das Rechtsstaatsprinzip zu den von Art. 20 Abs. 1 GG gewährleisteten und **von Art. 79 Abs. 3 GG besonders geschützten Verfassungsprinzipien** gehört.

Das Rechtsstaatsprinzip ist über die folgenden Elemente zu definieren.

I. Der Gewaltenteilungsgrundsatz

Der Grundsatz der Gewaltenteilung ist in Art. 20 Abs. 2 Satz 2 GG festgelegt. Danach erfolgt 29
die Ausübung der Staatsgewalt durch besondere Organe der gesetzgebenden Gewalt, der vollziehenden Gewalt und der Rechtsprechung.

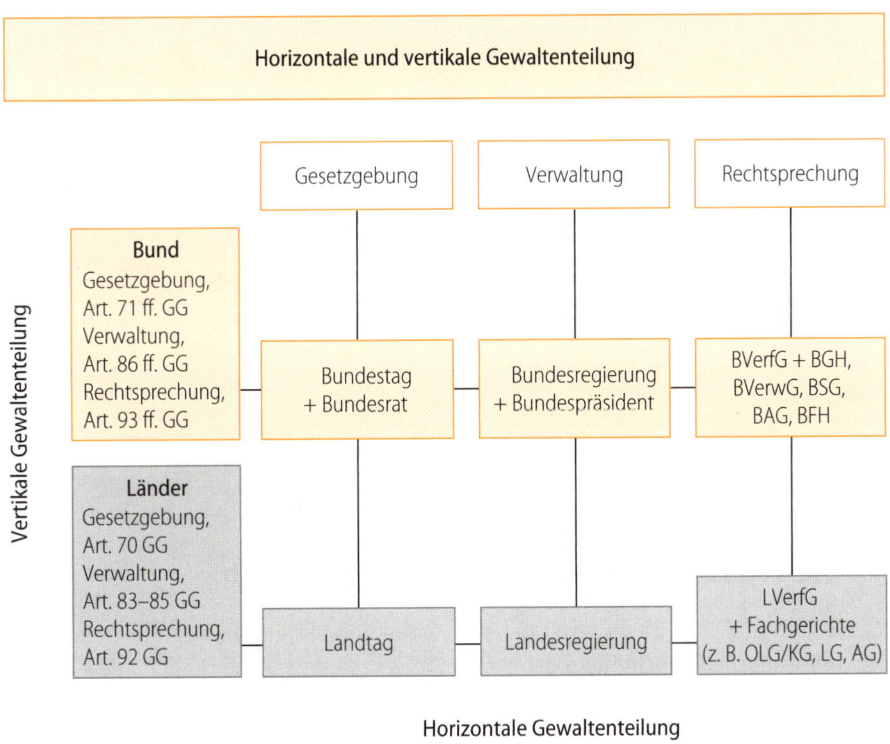

JURIQ-Klausurtipp

Bei der Falllösung werden Sie aus dem allgemeinen Prinzip der Gewaltenteilung in aller Regel keine selbstständigen Schlussfolgerungen ziehen. Es kann aber für die Auslegung der Normen über die Befugnisse der Staatsorgane Bedeutung haben kann.

Die Gewaltenteilung hat eine **doppelte Funktion**. Einerseits soll der Staat durch die Gewaltenteilung eine **bestmögliche Aufgabenwahrnehmung** sicherstellen, indem jeder Gewalt ein **Kernbereich eigenen Wirkens** garantiert wird. Andererseits hat die Gewaltenteilung für den Bürger eine **freiheitssichernde Funktion**, da die Staatsgewalt durch die Trennung und gegenseitige Kontrolle der Gewalten gemäßigt wird.[42] Die konkrete Verteilung der Machtbefugnisse von Legislative, Exekutive und Judikative lässt sich Art. 20 Abs. 2 S. 2 GG allerdings nicht entnehmen. Sie ist in den jeweiligen Organisationsnormen des Grundgesetzes geregelt.[43]

Konkretisierung der Gewaltenteilung

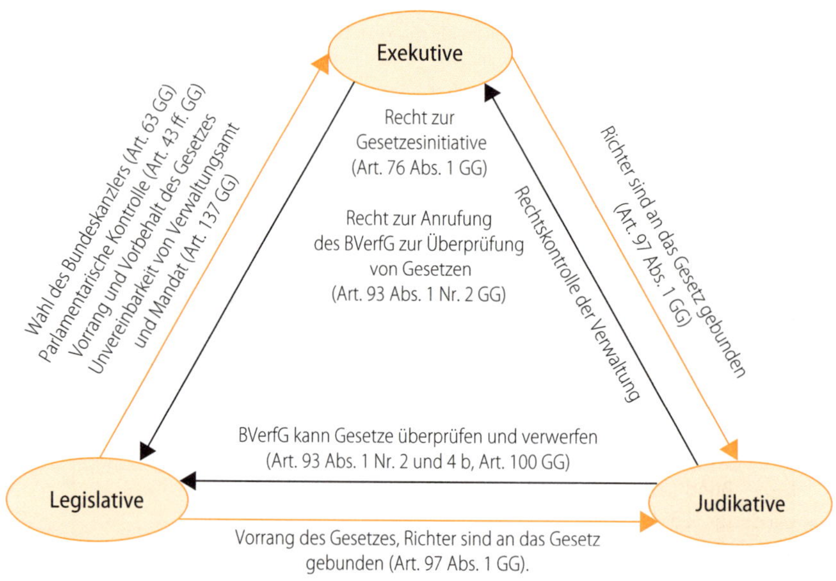

Hinweis

Zu den Befugnissen der einzelnen Staatsorgane s. Teil 3 des Skriptes, Rn. 49 ff.

II. Die Verfassungsbindung aller staatlichen Gewalt

30 Nach Art. 20 Abs. 3 GG ist der Gesetzgeber in seinen Entscheidungen nicht frei, sondern an die **verfassungsmäßige Ordnung** gebunden. Die verfassungsmäßige Ordnung definiert das BVerfG[44] als die **Gesamtheit der Normen, die formell und materiell der Verfassung gemäß sind**. Die förmliche Gesetzgebung unterliegt somit einer umfassenden Bindung an die Verfassung. Folge eines Verstoßes gegen die Verfassung ist grundsätzlich die **Nichtigkeit** des Gesetzes.

42 *BVerfGE* 95, 1, 15.
43 Vgl. zum Ganzen *Degenhart* Staatsrecht I Rn. 265 ff.
44 *BVerfGE* 6, 32 ff.

Art. 20 Abs. 3 GG bindet darüber hinaus vollziehende Gewalt und Rechtsprechung an Gesetz und Recht. Damit werden alle staatlichen Tätigkeiten, soweit sie nicht der förmlichen Gesetzgebung zuzurechnen sind, der Rechtsbindung unterworfen. Vollziehende Gewalt und Rechtsprechung haben das Grundgesetz, die förmlichen Gesetze, alle sonstigen geschriebenen Rechtsnormen (Rechtsverordnungen, Satzungen) sowie das ungeschriebene Gewohnheitsrecht zu beachten.

Beispiel Auch das Begnadigungsrecht des Bundespräsidenten ist nicht vom Recht freigestellt, s. Rn. 186. ■

Allerdings kann sich die Rechtsprechung über einzelne Rechtsnormen unter Berufung auf höherrangiges Recht hinwegzusetzen. Gerichte können Rechtsverordnungen, Satzungen und – nach Maßgabe des Art. 100 GG – förmliche Gesetze wegen Verstoßes gegen einfache Gesetze bzw. das Grundgesetz verwerfen. Im Unterschied dazu hat die vollziehende Gewalt auch Rechtsnormen, die sie für mit höherrangigem Recht unvereinbar hält, anzuwenden. Verstoßen Verwaltungsakte oder Urteile gegen die Rechtsbindung, sind sie – anders als Gesetze – in aller Regel nicht nichtig, sondern lediglich **aufhebbar**.

JURIQ-Klausurtipp

Ein schwerer Fehler wäre es folglich, in einer Verwaltungsrechtsklausur ein Gesetz deshalb nicht anzuwenden, weil es nicht rechtmäßig ist.

Für die Grundrechte wird die Verfassungsbindung aller staatlichen Gewalt in Art. 1 Abs. 3 GG bekräftigt und im Hinblick auf die Rechtsprechung von Art. 97 Abs. 1 GG bestätigt.

III. Die Gesetzmäßigkeit der Verwaltung

Unter der Gesetzmäßigkeit der Verwaltung versteht man zwei Prinzipien; den Vorrang des **31**
Gesetzes (Art. 20 Abs. 3 GG) und den Vorbehalt des Gesetzes.

1. Der Vorrang des Gesetzes

Der Grundsatz vom Vorrang des Gesetzes besagt, dass die **Verwaltung an Gesetz und Recht** **32**
gebunden ist, Art. 20 Abs. 3 GG. Sie darf bei ihrer Tätigkeit nicht gegen Rechtsnormen (Gesetz, Verordnungen, Satzungen, Gewohnheitsrecht) verstoßen.[45]

» Merken Sie sich dazu: „Nicht gegen Gesetze" «

2. Der Vorbehalt des Gesetzes

Das Prinzip des Vorbehalts des Gesetzes besagt, dass die Verwaltung nur tätig werden darf, **33**
wenn sie durch Gesetz oder aufgrund eines Gesetzes konkret dazu **ermächtigt** worden ist. Allerdings gilt der Gesetzesvorbehalt nicht für jedes Verwaltungshandeln. Er gilt aber jedenfalls dann, wenn die Verwaltung den Bürger unmittelbar **belastende Maßnahmen** ergreift (sog. **Eingriffsverwaltung**). Das ergibt sich schon aus den speziellen grundrechtlichen Gesetzesvorbehalten.[46]

» Merken Sie sich dazu: „Nicht ohne Gesetz" «

45 *Degenhart* Staatsrecht I Rn. 287.
46 *Degenhart* Staatsrecht I Rn. 288 ff.

JURIQ-Klausurtipp

Unterscheiden Sie bei der Prüfung der Rechtmäßigkeit: Während aufgrund des Vorrangs des Gesetzes eine Maßnahme nur rechtswidrig ist, wenn sie gegen ein bestehendes Gesetz verstößt, ist sie im Hinblick auf den Vorbehalt des Gesetzes schon dann rechtswidrig, wenn es keine gesetzliche Ermächtigung für ein Tätigwerden der Verwaltung gab. Sie müssen bei Letzterem also immer zuerst nach der Eingriffsnorm suchen.

Darüber hinaus kann Verwaltungshandeln nach der **Wesentlichkeitstheorie des BVerfG**[47] dem Gesetzesvorbehalt unterfallen: Die Wesentlichkeitstheorie des BVerfG besagt, dass alle wesentlichen Entscheidungen im Verhältnis Staat – Bürger vom Parlament getroffen werden müssen (sog. **Parlamentsvorbehalt**). Wesentlichkeit heißt dabei in erster Linie **Grundrechtswesentlichkeit**. Grundrechtswesentliche Entscheidungen dürfen nicht der Rechtsetzung durch die Exekutive überlassen werden.[48]

Beispiel Auch die früher sog. Besonderen Gewaltverhältnisse (Schul-, Strafgefangenen-, Beamtenverhältnis) sind nicht grundsätzlich von der Geltung des Gesetzesvorbehalts ausgenommen.[49] ■

Dieses Prinzip des Parlamentsvorbehalts findet sich auch in Art. 80 GG wieder: Danach können die Bundesregierung oder einzelne Minister durch Gesetz ermächtigt werden, Rechtsverordnungen zu erlassen. Dabei müssen jedoch **Inhalt, Zweck und Ausmaß** der erteilten Ermächtigung im Gesetz bestimmt werden, s. Rn. 229 ff.

Hinweis

Für den Eingriff in Grundrechte bestehen allerdings spezielle Gesetzesvorbehalte, die dem allgemeinen Prinzip vorgehen, vgl. z.B. Art. 2 Abs. 2 S. 3 GG.

34 Umstritten ist aber nach wie vor, ob auch den Bürger **begünstigende Maßnahmen** der Verwaltung (sog. **Leistungsverwaltung**) unter dem Vorbehalt des Gesetzes stehen, ob also z.B. die Vergabe von Subventionen einer gesetzlichen Grundlage bedarf. Im Wesentlichen werden folgende Ansichten vertreten:[50]

Die **Lehre vom Totalvorbehalt** fordert auch im Bereich der Leistungsverwaltung für jedes staatliche Handeln eine Grundlage in Form eines formellen Gesetzes oder einer Verordnung. Nach der **Lehre vom Eingriffsvorbehalt** bedürfen hingegen nur Eingriffe in Freiheit und Eigentum der Ermächtigung durch Gesetz oder aufgrund eines Gesetzes, nicht dagegen die Gewährung von Subventionen. Nach einer **vermittelnden Ansicht** wird die Bereitstellung entsprechender Mittel im Haushaltsplan, der bei Bund und Ländern in Gesetzesform als Haushaltsgesetz beschlossen wird, als hinreichende Grundlage für die Leistungsverwaltung angenommen.

---

47 BVerfGE 49, 89, 126 f.

48 *Degenhart* Staatsrecht I Rn. 304 ff.

49 Vertiefend *Degenhart* Staatsrecht I Rn. 310 ff.

50 *Degenhart* Staatsrecht I Rn. 298 ff.

JURIQ-Klausurtipp

Spulen Sie die Theorien nicht einfach herunter. Argumentieren Sie einerseits mit dem Erfordernis der Flexibilität der Verwaltung, deren Handlungsspielräume bei einem totalen Gesetzesvorbehalt verengt würden, und andererseits damit, dass auch Leistungen – vor allem unter Gleichheitsgesichtspunkten – grundrechtsrelevant sein und in ihren Auswirkungen Eingriffen nahe kommen können.

Beispiel Bei Subventionen reicht regelmäßig aus, dass die Mittel im Haushaltsplan ausgewiesen sind.[51] Anders liegt der Fall, wenn durch Leistungen der Verwaltung Grundrechte Dritter betroffen sind. ■

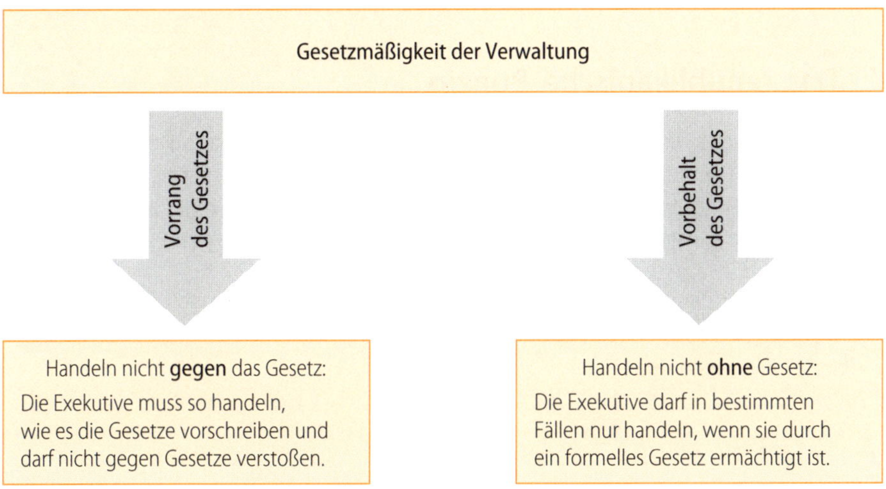

IV. Die Gewährleistung effektiven Rechtsschutzes

Essentieller Bestandteil des Rechtsstaatsprinzips ist die Garantie effektiven Rechtsschutzes, 35
auch: **allgemeiner Justizgewährleistungsanspruch**. Er findet sich teilweise in Art. 19 Abs. 4 S. 1 GG wieder. Danach steht jedem der Rechtsweg offen, der durch die öffentliche Gewalt in seinen Rechten verletzt wird. Streitigkeiten zwischen den Bürgern erfasst die Vorschrift allerdings nicht. Hier muss auf den allgemeinen Justizgewährleistungsanspruch zurückgegriffen werden.[52]

V. Das Verhältnismäßigkeitsprinzip

Der Grundsatz der Verhältnismäßigkeit fordert von staatlichen Maßnahmen gegenüber dem 36
Bürger, dass sie zur Erreichung des mit ihnen verfolgten Zwecks geeignet, erforderlich und angemessen sind.[53]

51 *BVerwGE* 90, 112, 126; zur Rückforderung gemeinschaftsrechtswidriger Subventionen *Degenhart* Staatsrecht I Rn. 311a ff.

52 Vertiefend *Degenhart* Staatsrecht I Rn. 418 ff.

53 Vertiefend *Degenhart* Staatsrecht I Rn. 398 ff.

PRÜFUNGSSCHEMA

Eingriffe in die (Grund-)Rechte der Bürger sind nur verfassungskonform, wenn sie

1. einem **legitimen Zweck** dienen (Ziellegitimität),
2. zur Erreichung dieses Zwecks **geeignet** (d.h. nicht völlig ungeeignet) sind,
3. **erforderlich** sind, d.h. es darf kein milderes Mittel ersichtlich sein, das den Zweck ebenso gut erreichen könnte, also wirkungsgleich wäre,
4. **verhältnismäßig** i.e.S. (proportional, angemessen) sind, d.h. die Schwere des Eingriffs darf nicht außer Verhältnis zu dem angestrebten Zweck stehen.

C. Das republikanische Prinzip

37 Das republikanische Prinzip aus Art. 20 Abs. 1 GG schließt die Einführung einer Monarchie aus. Der Begriff „Republik" bezieht sich auf das Staatsoberhaupt und verlangt, dass dieses auf begrenzte Zeit gewählt wird und absetzbar ist. Gegensatz hierzu wäre die Monarchie. Über Art. 28 Abs. 1 GG gilt dieses Prinzip auch für die einzelnen Bundesländer.[54]

Beispiel Lebenslange Amtszeit des Staatsoberhauptes, Bestimmung des Nachfolgers durch das Staatsoberhaupt oder Erblichkeit des Amtes wären mit dem republikanischen Prinzip unvereinbar. ■

D. Das Sozialstaatsprinzip

38 Als staatsorganisationsrechtliches Strukturprinzip vermittelt das Sozialstaatsprinzip aus Art. 20 Abs. 1 GG selbst **keine Ansprüche gegen den Staat**. Es handelt sich vielmehr um eine Staatszielbestimmung, durch die der Staat das Recht und die Pflicht zum Tätigwerden im sozialen und wirtschaftlichen Bereich erhält.

Das Sozialstaatsprinzip enthält einen **Gestaltungsauftrag** an den Gesetzgeber.[55] Angesichts seiner Weite und Unbestimmtheit lässt sich daraus jedoch regelmäßig kein Gebot entnehmen, soziale Leistungen in einem bestimmten Umfang zu gewähren. Aus Art. 1 Abs. 1 GG in Verbindung mit dem Sozialstaatsgrundsatz des Art. 20 Abs. 1 GG folgt lediglich, dass der Staat die **Mindestvoraussetzungen** für ein menschenwürdiges Dasein seiner Bürger schaffen muss. Dazu gehört, dass der Staat dem Steuerpflichtigen sein Einkommen insoweit steuerfrei belassen muss, als es zur Schaffung der Mindestvoraussetzungen für ein menschenwürdiges Dasein benötigt wird.[56] Darüber hinaus ist der Staat nach diesen Verfassungsnormen verpflichtet, dem mittellosen Bürger diese Mindestvoraussetzungen erforderlichenfalls durch Sozialleistungen zu sichern.[57]

---

54 *Degenhart* Staatsrecht I Rn. 11 a.E.
55 *BVerfGE* 1, 97, 105.
56 *BVerfGE* 82, 60, 85.
57 *BVerfGE* 40, 121, 133; vertiefend *Degenhart* Staatsrecht I Rn. 566 ff.

E. Das Bundesstaatsprinzip

Art. 20 Abs. 1 GG enthält die verfassungsrechtliche Grundentscheidung für die Bundesrepublik als **Bundesstaat**. Die Bedeutung des Bundesstaatsprinzips wird durch die Ewigkeitsklausel des Art. 79 Abs. 3 GG deutlich, der ausdrücklich auf Art. 20 GG und damit auf die Bundesstaatlichkeit als **tragendes Strukturprinzip für den Staatsaufbau** verweist. Damit wäre eine Verfassungsänderung unzulässig, die das Bundesstaatsprinzip, insbesondere die Gliederung des Bundes in Länder und die grundsätzliche Mitwirkung der Länder bei der Bundesgesetzgebung antastet. 39

Gegensätze zum Bundesstaat bilden einerseits der **Einheitsstaat** und andererseits der **Staatenbund**.

Hinweis

Bei einem Einheitsstaat (Bsp. Frankreich) existiert nur ein einheitlicher Staat, der allenfalls Verwaltungsuntergliederungen in Departements kennt. Beim Staatenbund (Bsp. Afrikanische Union) haben nur die im Staatenbund zusammengeschlossenen Staaten Staatsqualität, nicht aber der Bund selber. Die EU ist weder Bundesstaat noch Staatenbund, sondern ein „Staatenverbund".[58]

I. Das Bundesstaatsprinzip als verfassungsrechtliche Grundentscheidung

Das Bundesstaatsprinzip umfasst die Staatlichkeit sowohl des Bundes als auch der Gliedstaaten. Als Bundesstaat besteht die Bundesrepublik Deutschland aus siebzehn Staaten. Das sind die sechzehn Bundesländer und die Bundesrepublik Deutschland selbst. Sowohl Bundes- als auch Länderorgane üben eine im Rahmen der Kompetenzverteilung jeweils vom anderen unabhängige **Staatsgewalt** aus.[59] 40

Hinweis

Die **Gemeinden** sind als Gebietskörperschaften juristische Personen des öffentlichen Rechts mit dem Recht auf Selbstverwaltung, Art. 28 Abs. 2 GG. Sie sind zum einen Glieder des jeweiligen Sitzlandes, zum anderen aber rechtlich verselbstständigt und werden daher – im Gegensatz zu Bund und Ländern, die unmittelbare Staatsverwaltung ausüben – der mittelbaren Staatsverwaltung zugerechnet.

Das Bundesstaatsprinzip ist in Deutschland zum einen historisch begründet.[60] Darüber hinaus bedeutet es eine Stärkung der Demokratie.[61] 41

- **Stärkere Rückkopplung des Bürgers an die Politik:**
  Der Bürger wird durch die Landtagswahlen häufiger aufgerufen, seine politische Meinung zu äußern. Das Verhältnis Staat – Bürger wird so gestärkt. Mit den Landtagen erhält der Bürger zudem eine Vertretung für die besonderen Probleme seines Landes.

58 *BVerfGE* 89, 155, 184, 190.
59 *Degenhart* Staatsrecht I Rn. 7.
60 Zur historischen Verankerung des Bundesstaatsprinzips *Degenhart* Staatsrecht I Rn. 458 f.
61 *Degenhart* Staatsrecht I Rn. 467.

- **Stärkung der Opposition:**
  Die unterschiedlichen Wahltermine haben zur Folge, dass bei der Bundestagswahl unterlegene Parteien sich möglicherweise auf Landesebene durchsetzen können. Auf diese Weise können sich Oppositionsparteien gegenüber der Bundesregierung profilieren.
- **Vertikale Gewaltenteilung:**
  Dadurch, dass die Länder selbst Aufgaben der legislativen, judikativen und exekutiven Gewalt ausüben, wird die Staatsgewalt des Bundes von vorneherein beschränkt. Dies verhindert eine Machtkonzentration beim Bund. Weder den Ländern noch dem Bund steht alle Staatsgewalt zur Verfügung.

II. Die Kompetenzverteilung zwischen Bund und Ländern

42 Die Ausübung der Staatsgewalt ist zwischen Bund und Ländern verteilt.[62] Dabei gilt grundsätzlich das Primat der Länder: Nach Art. 30 GG ist die Wahrnehmung der staatlichen Aufgaben und Befugnisse Sache der Länder, soweit das Grundgesetz keine andere Regelung trifft oder zulässt. Bei der **Gesetzgebung** wird diese Regel in Art. 70 Abs. 1 GG wiederholt, allerdings durch die Art. 71 ff. GG stark eingegrenzt. Die **Ausführung der Gesetze** und die sonstige gesetzesfreie Verwaltung ist dagegen überwiegend Sache der Länder, Art. 83 GG. Nach Art. 92 GG sind die Länder für die **Rechtsprechung** verantwortlich, mit Ausnahme der Bundesgerichte und des BVerfG. Hinsichtlich der auswärtigen Gewalt gilt hingegen das Primat des Bundes, Art. 32 GG.

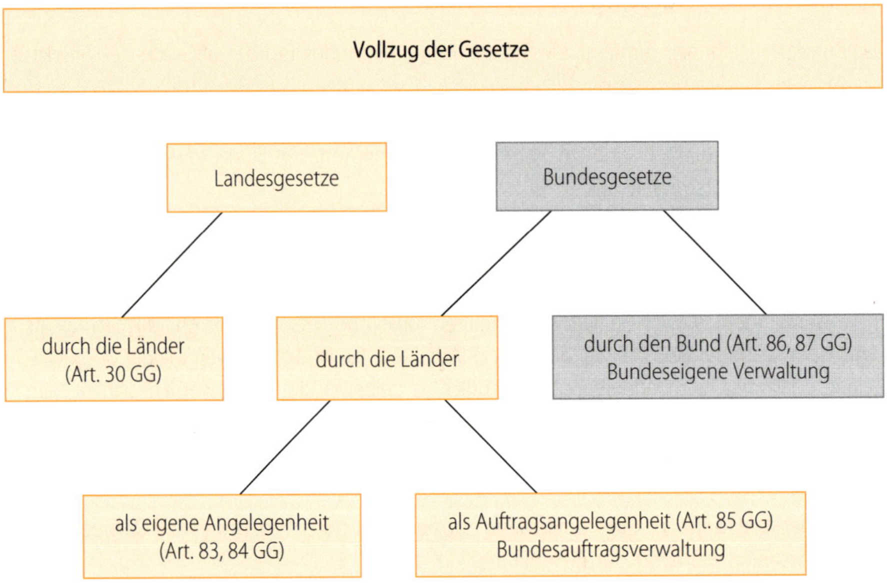

Im Falle einer **Normenkollision** zwischen Bundesrecht und Landesrecht gilt Art. 31 GG: Bundesrecht bricht Landesrecht. Eine Kollision von Bundes- und Landesrecht liegt vor, wenn eine Bundes- und eine Landesrechtsnorm auf denselben Sachverhalt anwendbar sind und zu unterschiedlichen Rechtsfolgen führen.

62 Vertiefend *Degenhart* Staatsrecht I Rn. 500 ff.

JURIQ-Klausurtipp

Prüfen Sie aber stets die Rechtmäßigkeit des Gesetzes. Art. 31 GG kommt nicht zur Anwendung, soweit sich die Nichtigkeit kollidierenden Landesrechts bereits aus anderen Vorschriften des Grundgesetzes ergibt.

Beispiel Missachtet etwa ein Land im Rahmen der konkurrierenden Gesetzgebung die Sperrwirkung eines Bundesgesetzes, ist das Landesgesetz gem. Art. 72 Abs. 1 GG ungültig; eines Rückgriffs auf Art. 31 GG bedarf es insoweit nicht. ■

III. Die Länder als eigene Staaten in der Bundesrepublik Deutschland

Die Länder haben das Recht, ihre Staatsorganisation eigenständig zu regeln. Eine Grenze die- **43**
ser selbstständigen Befugnis bildet allerdings die **Homogenitätsklausel** des Art. 28 Abs. 1 S. 1 GG als Sonderregel zu Art. 31 GG:

Die verfassungsmäßige Ordnung in den Ländern muss den Grundsätzen des republikanischen, demokratischen und sozialen Rechtsstaates im Sinne dieses Grundgesetzes entsprechen. In den Ländern, Kreisen und Gemeinden muss das Volk eine Vertretung haben, die aus allgemeinen, unmittelbaren, freien, gleichen und geheimen Wahlen hervorgegangen ist.

Daraus lassen sich folgende Schlüsse ziehen:

- Die Verfassung der Länder muss den Grundsätzen des Grundgesetzes, also Republik, Demokratie, Rechtsstaat, Sozialstaat entsprechen. Das heißt, die Landesverfassungen müssen die Leitentscheidungen des Grundgesetzes aufnehmen und anerkennen.

  Hinweis

  Folge: Eine Landesverfassung die dem GG widerspricht, ist nichtig.

- Das Volk muss eine Vertretung haben, die aus „allgemeinen, unmittelbaren, freien, gleichen und geheimen Wahlen hervorgegangen ist". Das bedeutet, dass die Volkssouveränität auch in den Ländern gilt. Es werden Parlamente gewählt. Die Länder werden durch eigene Landesregierungen regiert.

  Hinweis

  Die Wahlen zu den Landtagen richten sich nach Art. 28 Abs. 1 S. 2 GG, nicht nach Art. 38 I S. 1 GG (der nur für die Wahl des Bundestages gilt). Die Grundprinzipien der Wahl sind aber gleich.

- Es muss auch Volksvertretungen auf der Ebene der Gemeinden und Landkreise geben.[63]

63 Vgl. dazu *Degenhart* Staatsrecht I Rn. 17.

IV. Gegenseitige Einflussnahme bei Bund und Ländern

44 Grundsätzlich sind die Bereiche von Bund und Ländern streng voneinander getrennt. Es gibt aber auch Mechanismen der gemeinsamen Koordination und Kontrolle. **Die Länder wirken durch den Bundesrat an der Bundesgesetzgebung, an der Verwaltung des Bundes sowie in Angelegenheiten der Europäischen Union mit (Art. 50 GG).** Bei der Gesetzgebung geschieht dies – abhängig von der Art des Gesetzes – durch das Einspruchsrecht des Bundesrates oder die Zustimmungsbedürftigkeit des Gesetzes, im Bereich der vollziehenden Gewalt etwa durch die Zustimmungsbedürftigkeit von Rechtsverordnungen gem. Art. 80 Abs. 2 GG, bei Angelegenheiten der Europäischen Union durch die Mitwirkungsbefugnisse gem. Art. 23 Abs. 2 S. 1 und Abs. 4–7 GG. Kontrolle können die Länder darüber hinaus durch die Anrufung des BVerfG im **Bund-Länder-Streitverfahren** nach Art. 93 Abs. 1 Nr. 3 und 4 GG sowie im Verfahren der **abstrakten Normenkontrolle** gem. Art. 93 Abs. 1 Nr. 2 GG ausüben.

Umgekehrt kann auch der **Bund auf die Länder** einwirken: Er führt **Aufsicht über den Vollzug der Bundesgesetze** durch die Länder (Art. 84 Abs. 3, Abs. 4 und Art. 85 Abs. 4 GG) und hat nach Art. 93 Abs. 1 Nr. 2–4 GG die Möglichkeit, das BVerfG anzurufen. Einflussnahme kann auch im Wege des **Bundeszwangs** nach Art. 37 GG geschehen. Allerdings gibt es keine selbstständige Bundesaufsicht über die Länder. Art. 28 Abs. 3 GG verpflichtet den Bund zwar zu gewährleisten, dass die verfassungsmäßige Ordnung in den Ländern den in Art. 28 Abs. 1 und Abs. 2 GG niedergelegten Grundsätzen sowie den Grundrechten entspricht, gibt dem Bund aber keine zusätzlichen Mittel der Einwirkung.

V. Der Grundsatz der Bundestreue

45 Der Grundsatz der Bundestreue bzw. des bundesfreundlichen Verhaltens begründet über das geschriebene Recht hinaus Rechte und Pflichten von Bund und Ländern. Er verpflichtet Bund und Länder, „bei der Wahrnehmung ihrer Kompetenzen die gebotene und ihnen zumutbare Rücksicht auf das Gesamtinteresse des Bundesstaates und auf die Belange der Länder zu nehmen".[64] Er gilt im Verhältnis von Bund und Ländern, aber auch zwischen den Ländern.

Die aus dem Prinzip bundesfreundlichen Verhaltens ableitbaren Pflichten reichen von Informations-, Abstimmungs-, und Zusammenarbeitsgeboten bis zur Verpflichtung, eine Kompetenz im Einzelfall nicht auszuüben bzw. sie in einer bestimmten Weise wahrzunehmen.

Beispiel Der Bund verletzt den Grundsatz der Bundestreue, wenn er vor Erlass einer Weisung gem. Art. 85 Abs. 3 GG dem Land keine Gelegenheit zur Stellungnahme gibt. Die Länder verletzen den Grundsatz, wenn sie Verhandlungen mit dem Bund willkürlich zum Scheitern bringen. ■

Das Prinzip der Bundestreue zieht der Kompetenzausübung jedoch nur bestimmte äußerste Grenzen. Ein Verstoß kann erst dann angenommen werden, wenn das Verhalten eines Landes oder des Bundes im Einzelfall geradezu **willkürlich oder rechtsmissbräuchlich** erscheint.[65]

64 BVerfGE 81, 319, 337.

65 Vgl. zum Ganzen *Degenhart* Staatsrecht I Rn. 481 ff.

VI. Übungsfall Nr. 3[66]

„Der ungehorsame Minister" 46

Die Schnell-Brüter-Kernkraftwerksgesellschaft mbH (SBK) lässt in Kalkar im Bundesland N ein Kernkraftwerk des Typs Schneller Brüter errichten. Hierzu erteilte der für das Genehmigungsverfahren nach §§ 7, 24 Abs. 2 S. 1 Atomgesetz (AtomG) zuständige Landesminister L Teilgenehmigungen, unter anderem für das Reaktorgebäude, das Reaktornotkühlsystem und den Reaktortank. Zur Fertigstellung und Inbetriebnahme des Kernkraftwerks bedurfte es aber noch zwei weiterer – seit längerem beantragter – Teilgenehmigungen.

Durch die Atomkatastrophe in Tschernobyl hat sich Bundesland N inzwischen gegen die Atomenergie gewendet. L verweigert daher die ausstehenden Teilgenehmigungen. Der Bundesumweltminister B verweist demgegenüber auf mehrere positive Gutachten, die eine überaus hohe Sicherheit des geplanten Kernkraftwerks hervorheben. Seiner Auffassung nach liegen die Anforderungen des AtomG vor, so dass auch die restlichen Teilgenehmigungen ergehen könnten. Er wendet sich daher an den Landesminister L. Dieser teilt ihm mit, die bislang eingeholten Gutachten der „Atomlobby" überzeugten ihn nicht. Ein von ihm in Auftrag gegebenes „unabhängiges" Sachverständigengutachten gehe von einer nicht hinreichenden Erdbebensicherheit aus. Das Risiko sei zwar sehr gering; angesichts einer mehrtausendjährigen Strahlungsdauer könne man aber nicht vorsichtig genug sein. Die Teilgenehmigungen werde er daher nicht erteilen, das verbiete ihm schon die ihm den Bürgern gegenüber zukommende grundrechtliche Schutzpflicht.

B führt daraufhin noch mehrere Gespräche mit L, ohne diesen jedoch überzeugen zu können. Zudem weist er im Rahmen einer Pressekonferenz auf die ihm verfassungsrechtlich zustehende Möglichkeit einer Weisung hin. Nachdem L dennoch weiterhin ablehnt, weist B ihn schließlich an, die ausstehenden Teilgenehmigungen zu erteilen.

L ist entsetzt. Da die vom AtomG aufgestellten Anforderungen nicht erfüllt seien, dürfe die Teilgenehmigung nicht erteilt werden. Die ihn dazu verpflichtende Weisung verstoße gegen die Rechte des betroffenen Bundeslandes aus Art. 85 Abs. 3 GG. Im Übrigen verkenne die Weisung aber auch die Reichweite und Bedeutung der grundrechtlichen Schutzpflichten. Die Landesregierung des Landes N möchte dies verbindlich vom BVerfG klären lassen.

Hat der Antrag der Landesregierung N Aussicht auf Erfolg?

66 Der Fall ist *BVerfGE* 81, 310 ff. nachgebildet.

47 **Lösung**

In Betracht kommt hier ein Bund-Länder-Streit nach Art. 93 Abs. 1 Nr. 3 GG, §§ 13 Nr. 7, 68 ff. BVerfGG.[67] Der Antrag hat Erfolg, wenn er zulässig und begründet ist.

A. Zulässigkeit

I. Zuständigkeit des BVerfG

Das BVerfG entscheidet gem. Art. 93 Abs. 1 Nr. 3 GG bei Meinungsverschiedenheiten über Rechte und Pflichten des Bundes und der Länder, insbesondere bei der Ausführung von Bundesrecht durch die Länder und bei der Ausübung der Bundesaufsicht – sog. Bund-Länder-Streit. Eine solche Konstellation liegt hier vor.

Hinweis

Anders als bei der abstrakten Normenkontrolle handelt es sich beim Bund-Länder-Streit nicht um ein rein objektives Kontrollverfahren, sondern um ein kontradiktorisches (zweiseitiges) Verfahren, d.h. die Verletzung von Rechten bzw. Kompetenzen ist erforderlich. Insoweit bestehen starke Parallelen zum Organstreitverfahren, weshalb nach § 69 BVerfGG auch auf die dafür einschlägigen Regelungen verwiesen werden kann.

II. Parteifähigkeit, Art. 93 Abs. 1 Nr. 3 GG i.V.m. § 68 BVerfGG

Antragsteller und Antragsgegner im Bund-Länder-Streit können nur sein: für den Bund die Bundesregierung, für ein Land die Landesregierung. Die Landesregierung des Bundeslandes N ist deshalb als Antragstellerin, die Bundesregierung als Antragsgegnerin parteifähig.

Hinweis

Der Bundesminister B allein wäre hingegen nicht parteifähig.

III. Streitgegenstand, §§ 69, 64 Abs. 1 BVerfGG

Antragsgegenstand im Rahmen des Bund-Länder-Streits kann jede rechtserhebliche Maßnahme oder Unterlassung des Antragsgegners sein. Die Weisung des B ist ein möglicher Antragsgegenstand.

IV. Antragsbefugnis, §§ 69, 64 Abs. 1 BVerfGG

Die Landesregierung muss geltend machen, durch die angegriffene Maßnahme des Bundes in ihren durch das Grundgesetz übertragenen Rechten und Pflichten verletzt oder unmittelbar gefährdet zu sein, §§ 69, 64 Abs. 1 BVerfGG. Dabei genügt es, dass sich aus dem Sachvortrag des Antragsstellers die Möglichkeit einer Verletzung oder Gefährdung eines Rechts aus einem Bund und Land umschließenden materiellen Verfassungsrechtsverhältnis ergibt. Die Rechtsposition selbst muss dem Land in der von ihm geltend gemachten Art jedoch zustehen.[68]

Aus Art. 85 GG folgt das Recht bzw. die Kompetenz des Landes, das AtomG als Auftragsangelegenheit auszuführen. Dem Bund stehen nur Weisungen unter den Voraussetzungen des Art. 85 Abs. 3 GG zur Verfügung. Insoweit liegt eindeutig eine dem Land zugewiesene Rechtsposition vor.

Angesichts des Vortrags der Landesregierung, der B habe mit der Weisung Voraussetzungen und Schranken für die Ausübung der Weisungskompetenz des Bundes missachtet und dadurch die im Rahmen der Art. 30, 85 GG gewährleistete Eigenstaatlichkeit des Landes (Art. 20 Abs. 1 GG) verletzt, erscheint auch eine Verletzung der Rechte des Landes möglich.

Hinweis

Ein behaupteter Verstoß gegen das einfache Atomrecht durch den Bund hingegen würde im Bund-Länder-Streit nicht zu einer Antragsbefugnis führen.

67 Zum Bund-Länder-Streit siehe Rn. 81 ff.

68 *BVerfGE* 81, 310, 329.

V. Form, §§ 23 Abs. 1, 69, 64 Abs. 2 BVerfGG

Verfahrenseinleitende Anträge bedürfen gem. § 23 Abs. 1 BVerfGG der Schriftform und sind zu begründen. Gem. §§ 69, 64 Abs. 2 BVerfGG ist die Bestimmung des Grundgesetzes zu bezeichnen, gegen die durch die beanstandete Maßnahme oder Unterlassung des Antragsgegners verstoßen wird. Hier sind keine Probleme zu erwarten.

VI. Frist, §§ 69, 64 Abs. 3 BVerfGG

Der Antrag im Bund-Länder-Streit muss binnen sechs Monaten nach Bekanntwerden der beanstandeten Maßnahme gestellt werden, §§ 69, 64 Abs. 3 BVerfGG. Von der Fristeinhaltung ist auszugehen.

VII. Zwischenergebnis

Der Antrag der Landesregierung ist im Rahmen des Bund-Länder-Streits vor dem BVerfG zulässig.

B. Begründetheit

Der Antrag der Landesregierung ist begründet, wenn das Land durch die Weisung des B in seinen verfassungsrechtlichen Positionen verletzt worden ist.

Weisungen sind grundsätzlich allein nach Art. 85 Abs. 3 GG, d.h. nur im Rahmen der Bundesauftragsverwaltung zulässig. In besonderen Fällen sind Weisungen allerdings auch dann zulässig, wenn die Bundesländer Bundesgesetze als eigene Angelegenheiten ausführen, Art. 84 Abs. 5 GG. Deshalb kommt es zunächst darauf an, ob es sich vorliegend um eine Bundesauftragsverwaltung handelt.

Hinweis

Auch die Bundesauftragsverwaltung ist eine Form der Landesverwaltung. Die Länder sind auch insoweit nicht etwa Organe des Bundes, sondern üben eigene Landesstaatsgewalt aus.[69] Allerdings ist die **Eigenständigkeit der Länder** im Rahmen der Auftragsverwaltung deutlich begrenzt: Während bei einer Ausführung der Bundesgesetze durch die Länder als **eigene Angelegenheiten** (Art. 84 GG) dem Bund als Kontrollbefugnis nur eine Rechtsaufsicht zukommt und Weisungsrechte nur für besondere Fälle vorgesehen sind (Art. 84 Abs. 5 GG), unterstehen die Länder bei der **Bundesauftragsverwaltung** von vornherein und ohne besonderes Verfahren den Weisungen der zuständigen obersten Bundesbehörden in Bezug auf Rechtmäßigkeit und Zweckmäßigkeit der Gesetzesausführung (Art. 85 Abs. 4 S. 1 GG). Die Bundesregierung kann zu diesem Zwecke Berichte und Aktenvorlage verlangen und Beauftragte zu allen Behörden entsenden (Art. 85 Abs. 4 S. 2 GG).

I. Vorliegen einer Bundesauftragsverwaltung

Die Erteilung atomrechtlicher Genehmigungen müsste von den Ländern im Auftrag des Bundes ausgeführt werden. Nach Art. 30, 83 GG ist die Ausführung der Bundesgesetze Sache der Länder, soweit nicht das Grundgesetz etwas anderes bestimmt oder zulässt. Die Länder führen hierbei die Bundesgesetze grundsätzlich als eigene Angelegenheiten aus, Art. 83, 84 GG. Daneben sieht das Grundgesetz für bestimmte, von ihm selbst festgelegte oder ausdrücklich zugelassene Materien eine Ausführung „im Auftrage des Bundes" vor, Art. 85 Abs. 1 GG.

Das ist vorliegend der Fall. Gem. Art. 87c GG i.V.m. § 24 Abs. 1 AtomG betrifft das atomrechtliche Genehmigungsverfahren Bundesrecht, das von den Ländern im Auftrag des Bundes ausgeführt wird. Eine Bundesauftragsverwaltung lag damit vor. Damit ist die Möglichkeit der Erteilung einer Weisung grundsätzlich gegeben.

II. Formelle Anforderungen an die Erteilung einer Weisung

1. Zuständigkeit für die Weisung

Weisungen im Rahmen des Art. 85 Abs. 3 GG können nur von der zuständigen obersten Bundesbehörde erteilt werden. B ist zuständiger Minister.

69 *BVerfGE* 81, 310, 331.

2. Richtiger Weisungsadressat

Weisungen sind nach Art. 85 Abs. 3 S. 2 grundsätzlich, außer in Fällen besonderer Dringlichkeit, an die oberste Landesbehörde zu richten. Die Weisung richtete sich laut Sachverhalt an den zuständigen Landesminister L. Die Anforderungen sind daher im vorliegenden Fall erfüllt.

3. Verfahrensrechtliche Schranken aus dem Grundsatz der Bundestreue

Weisungen unterliegen zusätzlich zu den in Art. 85 Abs. 3 GG genannten auch ungeschriebenen, aus dem Grundsatz des bundesfreundlichen Verhaltens abgeleiteten, formellen Anforderungen. Der Grundsatz des bundesfreundlichen Verhaltens wird dem Bundesstaatsprinzip entnommen. Er verpflichtet sowohl den Bund als auch die Länder, bei der Wahrnehmung ihrer Kompetenzen die gebotene und ihnen zumutbare Rücksicht auf das Gesamtinteresse des Bundesstaates und auf die Belange der Länder zu nehmen. Im Hinblick auf die Erteilung von Weisungen hat das BVerfG aus diesem Grundsatz weitere verfahrensrechtliche Anforderungen hergeleitet:

So muss dem Land regelmäßig Gelegenheit gegeben werden, seine Auffassung vor dem Weisungserlass darzulegen. Diese Stellungnahme muss vom Bundesminister in die Entscheidung einbezogen werden. Dies ist im vorliegenden Fall laut Sachverhalt geschehen. Der gebotenen Rücksichtnahme entspricht es ferner, dass das Land auf die Möglichkeit einer Weisung hingewiesen wird, um so die Tragweite des Konflikts abschätzen zu können. Auch dies ist vorliegend durch die Pressekonferenz des B erfolgt. Grundsätzlich irrelevant ist nach dem Grundsatz des bundesfreundlichen Verhaltens jedoch, dass das Bundesland die Sachentscheidung selbst treffen wollte.[70]

III. Materielle Rechtmäßigkeit der Weisung

Inhaltliche Grenzen können sich hinsichtlich des Gegenstands der Weisung ergeben (1.). Die konkrete Weisung muss dem Bestimmtheitsgrundsatz genügen (2.). Darüber hinaus ist zu klären, welche Folgen es hat, dass L die Weisung für rechtswidrig hält (3.).

1. Der Gegenstand des Weisungsrechts

Gegenstand der bundesaufsichtlichen Weisung gem. Art. 85 Abs. 3 GG kann sowohl die nach außen wirksame Sachentscheidung selbst wie auch vorbereitendes internes Verwaltungshandeln sein. Daher ist die an L gerichtete Weisung, die Teilgenehmigungen zu erteilen, grundsätzlich zulässig.

2. Bestimmtheitsgrundsatz

Art. 85 Abs. 3 GG stellt an die rechtmäßige Inanspruchnahme der Weisungskompetenz weitere Voraussetzungen, die sich aus der Funktion der Weisung als Instrument der Verwaltungssteuerung und der damit verbundenen Verlagerung von Sachkompetenz ergeben. Hierzu gehört, dass die angewiesene Behörde erkennen können muss, dass ihr gegenüber eine Weisung erteilt worden ist und welche Vorgaben für welches Verwaltungshandeln diese Weisung enthält. Der Adressat muss unter Zuhilfenahme seiner Erkenntnismöglichkeiten den objektiven Sinn der Weisung ermitteln können, wofür auch vorausgegangene Kontakte von Bedeutung sein können. Da klar zum Ausdruck gebracht wurde, dass und welcher Beschluss ergehen soll, bestehen gegen die gegenüber L erteilte Weisung keine Bedenken.

3. Anforderungen an die Rechtmäßigkeit der Weisung

Fraglich ist, ob sich das Land darauf berufen kann, dass die Weisung des Bundes rechtswidrig und daher nicht bindend sei.

a) Nach der Rechtsprechung des BVerfG[71] hat eine mögliche Rechtswidrigkeit keinen Einfluss auf die Verpflichtung des Landesministers, diese auszuführen. Die Kompetenz für die Sachbeurteilung und Sachentscheidung bei der Bundesauftragsverwaltung liegt zwar zunächst beim Land. Der Bund kann sie aber durch Inanspruchnahme des Weisungsrechts an sich ziehen, mit der Folge, dass das Land

---

70 *BVerfGE* 81, 310, 338.

71 *BVerfGE* 81, 310, 332.

sachlich nicht mehr in der Verantwortung steht. Eine Verletzung eigener Rechte des Landes kommt somit nicht in Betracht, wenn das Land zu inhaltlich rechtswidrigem Verhalten angewiesen wird. Der behauptete Verstoß gegen das Atomrecht ist also für die Begründetheitsfrage irrelevant.

b) Etwas anderes ergibt sich auch nicht aus der in Anspruch genommenen grundrechtlichen Schutzpflichtdimension. Dabei kann vorliegend dahinstehen, ob überhaupt die Weisung als eine Verletzung verstanden werden muss. Denn die Rechtsposition des Landes wird in keinem Fall verletzt. Die Länder sind nicht Träger von Grundrechten. Sie können auch nicht deshalb, weil sie Aufgaben im Interesse der Allgemeinheit wahrnehmen, „Sachwalter" des Einzelnen bei der Wahrnehmung seiner Grundrechte sein. Die Grundrechte binden die Länder zwar bei der Wahrnehmung bestehender Kompetenzen, begründen jedoch nicht selbst Kompetenzen.[72]

c) Eine Grenze alleiniger Sachverantwortlichkeit des Bundes im Rahmen der Bundesauftragsverwaltung ergibt sich in dem äußersten Fall, dass der Bund unter grober Missachtung der ihm obliegenden Obhutspflicht zu einem unverantwortbaren Tun oder Unterlassen anweist. Diese Grenze folgt daraus, dass bei der Ausführung der Bundesgesetze Bund und Länder – unbeschadet bestehender Kompetenzverteilungen – eine gemeinsame Verantwortung für den Bestand des Staates und seiner Verfassungsordnung sowie für die Abwehr kollektiver Existenzgefährdungen tragen.[73]

Es handelt sich aber um einen besonderen Ausnahmefall, der bei der Weisung des B nicht vorliegt. Schlechthin unverantwortbares Verwaltungshandeln liegt hier ersichtlich nicht vor, da sich der B auf die bereits vorliegenden Sachverständigengutachten stützen kann. Es ist nicht ersichtlich, dass insoweit eine völlig unvertretbare Position gegeben ist.

C. Ergebnis

Damit war die Weisung verfassungsgemäß. Das Bundesland N kann somit keine Verletzung verfassungsrechtlich begründeter Rechte geltend machen. Der Bund-Länder-Streit ist zwar zulässig, aber unbegründet.

72 *BVerfGE* 81, 310, 333 f.

73 *BVerfGE* 81, 310, 334.

F. Staatsziel Umweltschutz

48 Im Jahr 1994 wurde mit Art. 20a GG der Schutz der natürlichen Lebensgrundlagen als Staatsziel in das Grundgesetz aufgenommen. Art. 20a GG ist weder Grundrecht noch Staatsstrukturprinzip, fällt mithin auch nicht unter die Ewigkeitsgarantie der Art. 79 Abs. 3 GG. Als objektivrechtliche Staatszielbestimmung vermittelt Art. 20a GG keinen Anspruch des Einzelnen auf Verhütung von Umweltschädigungen oder auf umweltschützende Maßnahmen. Die Vorschrift verpflichtet den Staat aber dazu, die Belange der Umwelt zu schützen und Beeinträchtigungen zu vermeiden.[74]

Online-Wissens-Check

Prüfen Sie sich selbst: Haben Sie alle in diesem Abschnitt genannten Definitionen im Kopf? Haben Sie die Zusammenhänge verstanden? Unter **http://skripte.juriq.de/login** steht Ihnen ein Online-Wissens-Check speziell zu diesem Skript zur Verfügung, den Sie mit Hilfe des in diesem Skript auf der letzten Seite enthaltenen **Zugangscodes** kostenlos nutzen können.

74 Vertiefend *Degenhart* Staatsrecht I Rn. 581 ff.

3. Teil
Die obersten Staatsorgane der Bundesrepublik Deutschland

A. Das Bundesverfassungsgericht

Gem. § 1 Abs. 1 BVerfGG[1] ist das Bundesverfassungsgericht ein allen übrigen Verfassungsorganen gegenüber selbstständiger und unabhängiger Gerichtshof des Bundes. Das Bundesverfassungsgericht hat damit eine Doppelstellung: Es ist einerseits ein Gerichtshof des Bundes und damit Bestandteil der rechtsprechenden Gewalt (Art. 92 GG). Es ist andererseits **ein oberstes Verfassungsorgan des Bundes**. 49

Das Bundesverfassungsgericht ist „**Hüterin der Verfassung**". Es hat die Aufgabe, die Normen des Grundgesetzes verbindlich auszulegen und anzuwenden und dafür zu sorgen, dass die Staatsgewalt die ihr durch die Verfassung gezogenen Grenzen nicht überschreitet. Dies schließt die Befugnis ein, verfassungswidrige Gesetze für nichtig zu erklären.

Die Entscheidungen des BVerfG sind **allgemeinverbindlich**. Sie binden die Verfassungsorgane des Bundes und der Länder sowie alle Behörden und Gerichte, § 31 Abs. 1 BVerfGG. In den in § 31 Abs. 2 S. 1 BVerfGG genannten Fällen haben die Entscheidungen des BVerfG **Gesetzeskraft**.

Hinweis

Die Entscheidungen anderer Gerichte, auch anderer oberster Bundesgerichte entfalten die unmittelbare Bindungswirkung nur zwischen den am Streit beteiligten Parteien.

Das BVerfG besteht aus **zwei Senaten** mit jeweils **acht Richtern**, die auf **zwölf Jahre** vom Bundestag und Bundesrat je zur Hälfte mit einer Zweidrittelmehrheit gewählt werden. Die Mitglieder des BVerfG dürfen weder Organen der Legislative noch der Exekutive des Bundes oder der Länder angehören, Art. 94 Abs. 2 S. 2, 3 GG. Der Präsident ist Vorsitzender des Ersten Senats, der Vizepräsident Vorsitzender des Zweiten Senats. Das BVerfG wird nur auf Antrag tätig. Ob das BVerfG einen Antrag annimmt oder nicht, entscheidet es selbst.

Hinweis

Das BVerfG kann gem. Art. 93 Abs. 1 Nr. 5, Art. 99 GG, § 13 Nr. 10 BVerfGG auch als Landesverfassungsgericht tätig werden. Prüfungsmaßstab ist dann die Landesverfassung.

1 Bundesverfassungsgerichtsgesetz, abgedruckt in: Staats- und Verwaltungsrecht der Bundesrepublik Deutschland, Nr. 20.

I. Die Zuständigkeit des Bundesverfassungsgerichts

50 Die Zuständigkeiten des BVerfG sind nach einem sog. **Enumerativsystem** geregelt (Enumeration = Aufzählung). Die Zuständigkeit des BVerfG ist also nicht schon dann gegeben, sobald eine Streitigkeit Verfassungsrecht betrifft. Das BVerfG ist vielmehr nur zuständig, wenn die Streitigkeit sich einer der in Art. 93 Abs. 1 GG oder sonst im Grundgesetz **genannten Verfahrensarten** zuordnen lässt.

Hinweis

Das Gegensystem zum Enumerativsystem wäre eine **Generalklausel**. Ein Beispiel hierfür ist die Zuständigkeit der Verwaltungsgerichte nach § 40 Abs. 1 S. 1 VwGO: Der Verwaltungsrechtsweg ist in allen öffentlich-rechtlichen Streitigkeiten nichtverfassungsrechtlicher Art eröffnet.

Dem gemäß besteht die Zulässigkeitsprüfung bei Rechtsmitteln zum BVerfG aus zwei Schritten: Erstens müssen Sie klären, welches die einschlägige Verfahrensart ist. Die Aufzählung finden Sie im Grundgesetz und in § 13 BVerfGG. Zweitens müssen Sie prüfen, ob die Zulässigkeitsvoraussetzungen für die jeweilige Verfahrensart vorliegen. Die je nach Verfahrensart unterschiedlichen Zulässigkeitsvoraussetzungen finden Sie, nach Verfahrensart gegliedert, im 3. Teil des BVerfGG.

51 Die fünf wichtigsten Verfahrensarten sind
- das **Organstreitverfahren** (Art. 93 Abs. 1 Nr. 1 GG, § 13 Nr. 5 BVerfGG),
- die **abstrakte Normenkontrolle** (Art. 93 Abs. 1 Nr. 2 und 2a GG, § 13 Nr. 6 BVerfGG),
- der **Bund-Länder-Streit** (Art. 93 Abs. 1 Nr. 3 und 4 GG, § 13 Nr. 7 und 8 BVerfGG),
- die **Verfassungsbeschwerde** (Art. 93 Abs. 1 Nr. 4a GG, § 13 Nr. 8a BVerfGG),
- die **konkrete Normenkontrolle** (Art. 100 Abs. 1 GG, § 13 Nr. 11 BVerfGG).

Diese Verfahrensarten lassen sich in zwei Gruppen einteilen. Organstreit, Bund-Länder-Streit und Verfassungsbeschwerde sind Verfahren, in denen es um die **Verletzung subjektiver Rechte** durch den Antragsgegner geht. Es handelt sich um sog. **kontradiktorische Verfahren**. Die abstrakte und die konkrete Normenkontrolle hingegen sind **objektive Beanstandungsverfahren**. Sie dienen nicht der Verteidigung subjektiver Rechte gegenüber dem Antragsgegner, sondern allein einer **objektiven Kontrolle der Verfassungsmäßigkeit** des einfachen Rechts.

JURIQ-Klausurtipp

Dieser Unterschied hat Auswirkungen auf die Zulässigkeitsprüfung. Bei allen kontradiktorischen Verfahrensarten müssen Sie prüfen, ob der Antragsteller die Möglichkeit geltend macht, durch eine Maßnahme oder Unterlassung des Antragsgegners **in eigenen verfassungsrechtlichen Rechten verletzt** zu sein. Anders die objektiv-rechtlichen Verfahrensarten: Bei ihnen gibt es keinen Antragsgegner, keine Antragsbefugnis und keine Antragsfristen. In ihren Zulässigkeitsvoraussetzungen sind diese Verfahrensarten darum einfacher.

II. Überblick über die Verfahrensarten des Verfassungsprozessrechts

1. Die Normenkontrolle

Normenkontrolle ist die gerichtliche Prüfung der Vereinbarkeit eines Rechtssatzes mit dem Grundgesetz. Nur das BVerfG darf feststellen, dass ein Gesetz mit dem Grundgesetz nicht vereinbar ist. Wenn ein anderes Gericht ein Gesetz für verfassungswidrig hält und es deshalb nicht anwenden will, muss es zuvor die Entscheidung des BVerfG einholen (**konkrete Normenkontrolle**). Darüber hinaus können die Bundesregierung, eine Landesregierung oder ein Drittel der Mitglieder des Bundestages die Verfassungsmäßigkeit einer Rechtsnorm überprüfen lassen **(abstrakte Normenkontrolle).** 52

a) Die abstrakte Normenkontrolle

Im Gegensatz zur konkreten Normenkontrolle nach Art. 100 Abs. 1 GG, die aus Anlass eines bestimmten Rechtsstreits erfolgt, ist die abstrakte Normenkontrolle i.S.d. Art. 93 Abs. 1 Nr. 2 GG **fallunabhängig**. Sie dient einzig und allein dem Ziel, die **Gültigkeit** oder **Ungültigkeit einer Norm** zu klären. Man spricht daher von einem **objektiven Verfahren zum Schutz der Rechtsordnung**.[2] Die Prüfungsvoraussetzungen der abstrakten Normenkontrolle sind in Art. 93 Abs. 1 Nr. 2 GG, §§ 13 Nr. 6, 76 ff. BVerfGG geregelt. 53

---

2 *BVerfGE* 1, 396, 407.

PRÜFUNGSSCHEMA

„Die abstrakte Normenkontrolle ist erfolgreich, wenn sie zulässig und begründet ist."

A. Zulässigkeit

I. Zuständigkeit des Bundesverfassungsgerichts, Art. 93 Abs. 1 Nr. 2 GG, § 13 Nr. 6 BVerfGG

II. Antragsberechtigung, Art. 93 Abs. 1 Nr. 2 GG, § 76 Abs. 1 BVerfGG
Antrag der Bundesregierung, einer Landesregierung oder eines Drittels der Mitglieder des Bundestages

III. Antragsgegenstand, Art. 93 Abs. 1 Nr. 2 GG, § 76 Abs. 1 BVerfGG
Bundes- oder Landesrecht
Zu prüfendes Gesetz ist noch nicht in Kraft getreten Rn. 56

IV. Antragsgrund, Art. 93 Abs. 1 Nr. 2 GG
„Meinungsverschiedenheiten oder Zweifel" bzw. § 76 Abs. 1 Nr. 1 BVerfGG: „für nichtig halten" Rn. 57

V. Besonderes Klarstellungsinteresse

VI. Form, § 23 Abs. 1 BVerfGG
Schriftliche Begründung

B. Begründetheit

„Der Antrag ist begründet, wenn das X-Gesetz mit Normen des Grundgesetzes nicht vereinbar ist." (Prüfungsgegenstand ist ein formelles Bundesgesetz)
Oder:
„Der Antrag ist begründet, wenn das Y-Gesetz mit dem Grundgesetz oder sonstigem Bundesrecht nicht vereinbar ist." (Prüfungsgegenstand ist ein Landesgesetz)

I. Formelle Rechtmäßigkeit
1. Zuständigkeit
2. Verfahren
3. Form

II. Materielle Rechtmäßigkeit

C. Entscheidung des Bundesverfassungsgerichts, § 78 BVerfGG
„Gemäß § 78 S. 1 BVerfGG wird das BVerfG das X-Gesetz für nichtig erklären."

aa) Die Zulässigkeitsvoraussetzungen der abstrakten Normenkontrolle

54 Aus der objektiven Natur der abstrakten Normenkontrolle folgt, dass es in diesem Verfahren **keinen Antragsgegner, keine Antragsbefugnis und keine Antragsfristen** gibt. Die Urheber der Norm, deren Unvereinbarkeit mit höherrangigem Recht gerügt wird, sind nicht Antragsgegner. Sie werden gem. § 77 BVerfGG um eine Stellungnahme gebeten und insoweit an dem Verfahren beteiligt.

(1) Antragsberechtigung

55 Wer zur Einleitung eines abstrakten Normkontrollverfahrens berechtigt ist, wird in § 76 BVerfGG abschließend festgelegt: die Bundesregierung, jede Landesregierung und ein Drittel der Mitglieder des Bundestages. Der Bundesrat ist nicht antragsberechtigt. Dies ist auch nicht erforderlich, weil die Landesregierungen ein Antragsrecht haben. So können sie z.B. Bundesgesetze überprüfen lassen, die möglicherweise in die Zuständigkeit der Länder eingreifen.

Das niedrige Quorum im Bundestag ermöglicht es in der Regel der **parlamentarischen Opposition**, eine abstrakte Normenkontrolle einzuleiten. Dieses Quorum dient, ebenso wie die Antragsberechtigung der Landesregierungen, dem **Minderheitenschutz**. Die jeweilige parlamentarische Minderheit im Bundestag dürfte immer ein Drittel von dessen Mitgliedern oder eine Landesregierung aufbieten können, um den „Gang nach Karlsruhe" anzutreten.

Hinweis

Als objektives Beanstandungsverfahren kennt die abstrakte Normenkontrolle keinen Antragsgegner.

(2) Antragsgegenstand

Antragsgegenstand kann jede Rechtsnorm des Bundes oder eines Landes jeglicher Rangstufe (formelles Gesetz, Rechtsverordnung, Satzung) sein. 56

Beispiel Im Rahmen einer abstrakten Normenkontrolle könnte die Vereinbarkeit der Rechtsverordnung eines Landes mit einer Bundesrechtsverordnung geklärt werden. ■

» Machen Sie sich hier den wesentlichen Unterschied zur konkreten Normenkontrolle klar, bei der ein förmliches, nachkonstitutionelles Gesetz notwendig ist. «

Das zu prüfende Gesetz ist **noch nicht in Kraft getreten**. Grundsätzlich muss es sich bei der zu prüfenden Norm um **bestehendes, geltendes Recht** handeln. Von diesem Grundsatz wird aber eine **Ausnahme** gemacht, wenn ein Gesetz zwar noch nicht in Kraft getreten, wohl aber nach Art. 82 Abs. 1 Satz 1 GG **verkündet** ist. Begründen lässt sich diese Ausnahme damit, dass die Tätigkeit aller am Rechtsetzungsverfahren beteiligten Organe abgeschlossen und die Geltung lediglich noch eine Frage des Zeitablaufs ist.[3] Nach dem Außerkrafttreten einer Norm kann ein Normenkontrollverfahren solange eingeleitet werden, wie die Norm **Rechtswirkungen** hat.

Hinweis

Kein zulässiger Antragsgegenstand eines abstrakten Normenkontrollverfahrens sind Verordnungen und Richtlinien der Europäischen Gemeinschaft. Sie liegen außerhalb der Kontrollkompetenz des BVerfG. Zuständig sind der EuGH und das Europäische Gericht Erster Instanz.

(3) Antragsgrund

Zulässiger Antragsgrund sind Meinungsverschiedenheiten oder Zweifel über die Vereinbar- 57
keit des Prüfungsgegenstandes mit höherrangigem Recht (Art. 93 Abs. 1 Nr. 2 GG) bzw. die Überzeugung von der Nichtigkeit der Norm (§ 76 BVerfGG).

Gem. Art. 93 Abs. 1 Nr. 2 GG reichen **„Meinungsverschiedenheiten oder Zweifel"** über die Rechtmäßigkeit des Gesetzes aus, während § 76 I Nr. 1 BVerfGG darüber hinausgehend verlangt, dass der Antragsteller die Norm für nichtig hält. Einfaches Gesetzesrecht kann jedoch ein nach der Verfassung bestehendes Antragsrecht nicht einschränken, so dass wegen des Geltungsvorrangs des Art. 93 Abs. 1 Nr. 2 GG Meinungsverschiedenheiten oder Zweifel als

3 *BVerfGE* 1, 396, 400.

Antragsgrund ausreichen. § 76 BVerfGG muss hier verfassungskonform im Sinne von Art. 93 I Nr. 2 GG interpretiert werden.[4]

Gem. § 76 I Nr. 2 BVerfGG kann ein Normenkontrollverfahren auch das Ziel haben, die Vereinbarkeit von Bundes- oder Landesrecht mit höherrangigem Recht positiv festzustellen – ein sog. **Normbestätigungsverfahren**.

» **Zur konkurrierenden Gesetzgebung s. Rn. 195 ff.** «

Ein Sonderfall ergibt sich aus Art. 93 Abs. 1 Nr. 2a GG, § 76 Abs. 2 BVerfGG. Bundesgesetze, die im Rahmen der konkurrierenden Gesetzgebung erlassen worden sind, können darauf geprüft werden, ob sie mit der **Erforderlichkeitsklausel des Art. 72 Abs. 2 GG** vereinbar sind. Art. 93 I Nr. 2a GG erweitert für diesen Sonderfall den Kreis der Antragsberechtigten: Zusätzlich zu den Landesregierungen sind die Landtage und der Bundesrat antragsberechtigt.

(4) Besonderes Klarstellungsinteresse

58 Das BVerfG verlangt als **ungeschriebene** Zulässigkeitsvoraussetzung ein „besonderes objektives Interesse an der Klarstellung der Geltung" der zur Prüfung gestellten Norm. Ein solches Interesse wird bei einem Antrag auf Normverwerfung (§ 76 Abs. 1 Nr. 1 BVerfGG) als gegeben angesehen, wenn der Antragsteller von der Nichtigkeit „überzeugt" ist. Im Falle eines Antrags auf Normbestätigung (§ 76 Abs. 1 Nr. 2 BVerfGG) wird verlangt, dass eine zuständige Stelle die fragliche Norm tatsächlich nicht angewendet hat.[5]

Hinweis

Das Klarstellungsinteresse wird durch die **Möglichkeit anderer Rechtsschutzformen** nicht berührt. Selbst wenn daher der Antragsteller sein Begehren im Wege eines Organstreits oder einer Bund-Länder-Streitigkeit geltend machen könnte, wird dadurch die Zulässigkeit der abstrakten Normenkontrolle nicht eingeschränkt.

Es ist nicht notwendig, dass der Antragsteller von der zu überprüfenden Norm betroffen ist. Auf ein Rechtsschutzbedürfnis des Antragstellers kommt es nicht an.

Hinweis

Der Antrag der abstrakten Normenkontrolle ist unbefristet zulässig.

bb) Die Prüfung der Begründetheit der abstrakten Normenkontrolle

59 Die abstrakte Normenkontrolle ist begründet, wenn der Prüfungsgegenstand, insbesondere das Bundesgesetz, mit höherrangigem Recht, insbesondere mit dem Grundgesetz, unvereinbar ist, Art. 93 Abs. 1 Nr. 2 GG i.V.m. § 78 S. 1 BVerfGG.

4 *BVerfGE* 96, 133, 137.
5 *BVerfGE* 106, 244, 250.

JURIQ-Klausurtipp

Beachten Sie bei der Begründetheit, dass der Prüfungsmaßstab sich aus § 78 S. 1 BVerfGG ergibt: Bundesrecht kann nur auf seine Vereinbarkeit mit dem Grundgesetz, Landesrecht auch auf seine Vereinbarkeit mit sonstigem Bundesrecht überprüft werden.

Der anzuwendende Prüfungsmaßstab muss sich den Obersätzen entnehmen lassen.

cc) Die Normenkontrollentscheidung des Bundesverfassungsgerichts

Gelangt das BVerfG zu der Überzeugung, dass eine ihm zur Prüfung vorgelegte Norm mit höherrangigem Recht unvereinbar ist, so erklärt es diese Norm gem. § 78 S. 1 BVerfGG grundsätzlich für **nichtig**. Gem. § 31 Abs. 2 BVerfGG hat die Entscheidung des BVerfG **Gesetzeskraft**. Sie wird – wie jedes Gesetz auch – im Bundesgesetzblatt veröffentlicht. 60

Ist ein Gesetz teilweise verfassungswidrig, so wird es vom BVerfG insgesamt für nichtig erklärt, wenn der verbleibende, nicht verfassungswidrige Rest, isoliert betrachtet, keinen Sinn mehr macht und vom Gesetzgeber nicht isoliert erlassen worden wäre. In den Fällen der Teilnichtigkeit kommt es also darauf an, ob das Gesetz teilbar ist oder ob es eine Sinneinheit darstellt.[6]

b) Die konkrete Normenkontrolle (Richtervorlage)

Wenn ein Gericht bei einem konkreten, aktuell verhandelten Fall, der Meinung ist, dass das dabei anzuwendende Recht nicht mit dem Grundgesetz vereinbar ist, dann muss dieses Gericht das **laufende Verfahren unterbrechen** und eine **Entscheidung des BVerfG abwarten**. Dieses Verfahren wird konkrete Normenkontrolle oder Richtervorlage genannt. Schließt das BVerfG sich der Auffassung des vorlegenden Gerichtes an, so wird die Norm vom BVerfG für **nichtig** erklärt. Dies hat für das vorlegende Gericht die Folge, dass es diese Norm nicht anzuwenden braucht. Schließt das BVerfG sich dagegen der Auffassung des vorlegenden Gerichtes nicht an, so ist dies für das vorlegende Gericht verbindlich. Es muss die Norm anwenden, auch wenn es sie für verfassungswidrig hält. 61

Hinweis

Gäbe man jedem Gericht selbst die Kompetenz, eine Norm wegen Verfassungswidrigkeit nicht anzuwenden, führte das zu erheblicher Rechtsunsicherheit: Manche Gerichte würden dann eine Norm vielleicht anwenden, weil sie diese Norm für verfassungsgemäß halten. Andere Gerichte, die der gegenteiligen Ansicht sind, würden dieselbe Norm nicht anwenden. Um hier für eine einheitliche Linie zu sorgen, wird die Befugnis, eine Norm für verfassungswidrig zu erklären und nicht anzuwenden, beim BVerfG zentral angesiedelt. Man spricht vom **Verwerfungsmonopol des BVerfG**.

Sie müssen in den Fällen der konkreten Normenkontrolle also stets zwischen dem **Ausgangsverfahren** und dem **Verfahren vor dem BVerfG** unterscheiden. Das Ausgangsverfahren ist das Verfahren, das vor dem vorlegenden Gericht anhängig ist. Dieses Verfahren wird

6 Vertiefend zur abstrakten Normenkontrolle *Hillgruber/Goos* Verfassungsrecht Rn. 491 ff.

ausgesetzt, wenn das Gericht dem BVerfG nach Art. 100 Abs. 1 GG eine Norm zur Prüfung vorlegt. Sobald das BVerfG entscheiden hat, wird das Ausgangsverfahren auf der Grundlage der Entscheidung des BVerfG fortgesetzt und zum Abschluss, d.h. zu einer Entscheidung gebracht. Das Normenkontrollverfahren ist insoweit ein **Zwischenverfahren**.

Die konkrete Normenkontrolle ist in Art. 100 Abs. 1 GG und in den §§ 13 Nr. 11 und 80 ff. BVerfGG geregelt.

PRÜFUNGSSCHEMA

„Die konkrete Normenkontrolle ist erfolgreich, wenn sie zulässig und begründet ist."

A. Zulässigkeit

I. Zuständigkeit des Bundesverfassungsgerichts, Art. 100 Abs. 1 GG, § 13 Nr. 11 BVerfGG

II. Antragsberechtigung, Art. 100 Abs. 1 S. 1, Abs. 2 GG
Gericht

III. Antragsgegenstand, Art. 100 Abs. 1 S. 1 GG
Gesetz

IV. Richterliche Überzeugung von der Verfassungswidrigkeit des Gesetzes, Art. 100 Abs. 1 S. 1 GG
„Hält … für verfassungswidrig"
- Mehrheit des Gerichts hat lediglich Zweifel Rn. 65
- Möglichkeit verfassungskonformer Auslegung Rn. 65

V. Entscheidungserheblichkeit, Art. 100 Abs. 1 S. 1 GG
„auf dessen Gültigkeit es bei der Entscheidung ankommt"
- Kein anderes Ergebnis bei Verfassungsmäßigkeit Rn. 66
- Vorlagepflicht bei Mehrfachvorlagen Rn. 66

VI. Form, §§ 23 Abs. 1, 80 Abs. 2 BVerfGG
Schriftliche Begründung

B. Begründetheit

„Der Antrag ist begründet, wenn die vorgelegte Norm gegen grundgesetzliche Bestimmungen verstößt." (Art. 100 Abs. 1 S. 1 Alt. 2 GG)
Oder:
„Der Antrag ist begründet, wenn die vorgelegte Norm gegen grundgesetzliche Bestimmungen oder sonstiges Bundesrecht verstößt." (Art. 100 Abs. 1 S. 2 GG)

I. Formelle Verfassungsmäßigkeit
1. Zuständigkeit
2. Verfahren
3. Form

II. Materielle Verfassungsmäßigkeit

C. Entscheidung des Bundesverfassungsgerichts, §§ 81, 82 Abs. 1 i.V.m. § 78 BVerfGG
„Das BVerfG wird das X-Gesetz gem. §§ 82 Abs. 1, 78 S. 1 BVerfGG für nichtig erklären."

aa) Die Zulässigkeitsvoraussetzungen der konkreten Normenkontrolle

Die Zulässigkeitsvoraussetzungen entnehmen Sie abschließend dem Art. 100 Abs. 1 GG. § 80 Abs. 1 BVerfGG verweist auf diese Norm. Daraus ergeben sich insbesondere folgende Prüfungspunkte: 62

» Machen Sie sich den Unterschied klar: Die abstrakte Normenkontrolle heißt abstrakt, weil sie unabhängig von einem konkreten Rechtsstreit ist. Bei der konkreten Normenkontrolle hingegen geht es um eine Rechtsform, die ein Gericht in einem Rechtsstreit anzuwenden hat. «

(1) Antragsberechtigung

Antragsberechtigt sind nur Gerichte. Das sind alle Stellen, die sachlich unabhängig sind, in einem formell gültigen Gesetz mit den Aufgaben eines Gerichtes betraut und als Gerichte bezeichnet werden.[7] 63

Beispiel Kein Gericht im Sinne von Art. 100 Abs. 1 GG ist ein einzelner Rechtspfleger. ■

(2) Antragsgegenstand

Zulässiger Antragsgegenstand nach Art. 100 Abs. 1 GG ist jedes Landes- oder Bundesgesetz. 64
Gemeint ist hier nur das **förmliche nachkonstitutionelle Gesetz**. Förmliche Gesetze sind **Gesetze eines Legislativorgans**, aber auch das Grundgesetz und Landesverfassungen.

Beispiel Die Straßenverkehrsordnung ist als Bundesrechtsverordnung (vgl. Art. 80 GG, § 6 Abs. 1 StVG) zwar Gesetz im materiellen, nicht aber im formellen Sinne. Sie ist daher kein tauglicher Prüfungsgegenstand. ■

Nachkonstitutionell sind Gesetze, die **später als das Grundgesetz**, also nach dem 23. Mai 1949 erlassen worden sind. Allerdings kann vorkonstitutionelles Recht dann zulässiger Antragsgegenstand sein, wenn der nachkonstitutionelle Gesetzgeber es in seinen Willen aufgenommen, es also geändert oder neu bekannt gemacht hat.

Beispiel Deshalb sind das BGB, das StGB oder die ZPO nachkonstitutionelles Recht, obwohl diese Gesetze ursprünglich weit vor 1949 erlassen worden sind. ■

Satzungen, Verwaltungsvorschriften und Rechtsverordnungen kann jedes Gericht **selbst verwerfen**, braucht sie also nicht dem BVerfG zur Prüfung vorzulegen. Das Verfahren der konkreten Normenkontrolle ist dann überflüssig.

Beispiel Zur Umsetzung einer Rechtschreibreform müssen sowohl die Bundes- als auch die Landesverwaltung entsprechende Verwaltungsvorschriften erlassen. Im Zuge der letzten Rechtschreibreform kam es in der Folge zu divergierenden Entscheidungen der Verwaltungsgerichte, die zu einer uneinheitlichen Verbindlichkeit der Rechtschreibregeln führte. ■

Hinweis

Die Normverwerfungskompetenz des BVerfG betrifft nur förmliche nachkonstitutionelle Gesetze.

7 *BVerfGE* 6, 55, 63.

(3) Überzeugung von der Verfassungswidrigkeit der Norm

65 Das Vorlagegericht muss gem. Art. 100 Abs. 1 S. 1 GG die fragliche Norm für verfassungswidrig halten. Dies erfordert die Überzeugung von der Verfassungswidrigkeit. Zweifel reichen insofern nicht aus. Das BVerfG stellt hier strenge Anforderungen, um zu verhindern, dass es von den Fachgerichten als Instanz zur Klärung schwieriger Rechtsfragen in Anspruch genommen wird. Eine Vorlage aus Neugier oder eine Vorlage aus Unsicherheit wären unzulässig.

Nur einer der Beisitzer ist von der Verfassungswidrigkeit überzeugt, während die Mehrheit des Gerichts lediglich Zweifel hat. Das Gericht hat folglich **keinen** ausreichenden Grund zur Vorlage.

Das Gericht ist von der Verfassungswidrigkeit der Norm überzeugt. Gleichzeitig ist es der Auffassung, dass es sie durch eine **verfassungskonforme Auslegung** beheben kann. Diese Möglichkeit schließt die Überzeugung von der Verfassungswidrigkeit aus, so dass die Vorlage **unzulässig** ist.

Hinweis

Ein schwerer Fehler wäre es, im Verfahren der Normenkontrolle auf die Grundrechtsverletzung des Klägers abzustellen.

(4) Entscheidungserheblichkeit

66 Ein Gericht kann nicht jedes förmliche nachkonstitutionelle Gesetz dem BVerfG vorlegen. Es muss **auf die Gültigkeit** der vorgelegten Norm im Ausgangsverfahren **ankommen**. Auf diese Weise wird eine überflüssige Inanspruchnahme des BVerfG vermieden. Kommt es für die Entscheidung des vorlegenden Gerichts auf die Verfassungsmäßigkeit einer Norm gar nicht an, so ist eine Befassung des BVerfG **unzulässig**.

Entscheidungserheblich in diesem Sinne ist eine Vorschrift, wenn der Ausgangsrechtsstreit bei ihrer Ungültigkeit anders zu entscheiden wäre, als bei ihrer Gültigkeit.

Das Gericht ist von der Verfassungswidrigkeit des anzuwendenden Strafgesetzes überzeugt. Es möchte den Angeklagten aber auch aus anderen Gründen freisprechen. Da die Verfassungswidrigkeit des Gesetzes zwar zum Freispruch führte, kein anderes Ergebnis aber bei seiner Verfassungsmäßigkeit einträte, ist die Vorlagefrage **nicht entscheidungserheblich**.

Gem. § 80 Abs. 2 BVerfGG muss das vorlegende Gericht in dem Vorlagebeschluss angeben, inwiefern von der Gültigkeit der Rechtsvorschrift seine Entscheidung abhängig ist und mit welcher übergeordneten Rechtsnorm sie unvereinbar ist.

Hinweis

Beachten Sie, dass der Antrag ist nicht an eine Frist gebunden ist.

Vorlagepflicht bei Mehrfachvorlagen: Fraglich ist, ob für ein Gericht eine Vorlagepflicht besteht, wenn das BVerfG mit der konkreten Frage bereits aufgrund einer anderen Richtervorlage beschäftigt ist. Alternativ wäre eine **Aussetzung des Verfahrens** bis zur Entscheidung des BVerfG denkbar. **Gegen** Mehrfachvorlagen spricht der Prüfungsgegenstand, der in beiden Fällen derselbe ist. Eine einzelne Entscheidung hätte wegen § 31 Abs. 2 BVerfGG („Gesetzeskraft") ohnehin Allgemeinverbindlichkeit. **Für** Mehrfachvorlagen spricht, dass sich die Erstvorlage u.U. erledigen könnte, ohne dass über die Verfassungswidrigkeit der Normen entschieden wurde (z.B. bei Unzulässigkeit der ersten Vorlage). Vor allem aber ist dem Wortlaut des Art. 100 Abs. 1 S. 1 GG („ist ... einzuholen") keine Einschränkung zu entnehmen. Schließlich bieten Mehrfachvorlagen dem BVerfG auch eine breitere Entscheidungsgrundlage. Somit besteht die Vorlagepflicht.

bb) Die Prüfung der Begründetheit der konkreten Normenkontrolle

Für die Sachentscheidung des BVerfG gelten dieselben Regeln wie bei der abstrakten Normenkontrolle. § 82 Abs. 1 BVerfGG verweist auf diese Regeln.[8] **67**

JURIQ-Klausurtipp

Beachten Sie bitte, dass sich bei der Prüfung der Begründetheit der **Prüfungsmaßstab unmittelbar aus den Obersätzen** ergibt. Sie brauchen ihn deshalb nicht separat zu erläutern. Falls Sie ihn dennoch knapp darstellen wollen, könnten Sie wie folgt formulieren:

- „Als formelles Bundesgesetz wird das X-Gesetz am gesamten Grundgesetz in sachlicher und förmlicher Hinsicht gemessen."
- „Das Landesgesetz Y wird sowohl am Grundgesetz als auch an sonstigem Bundesrecht gemessen."

cc) Exkurs: Das Vorabentscheidungsverfahren nach Art. 234 EG

Ein ähnliches Vorlageverfahren gibt es auf europäischer Ebene: das Vorabentscheidungsverfahren vor dem Europäischen Gerichtshof (EuGH) gem. Art. 234 EG. Danach entscheidet der EuGH im Wege der Vorabentscheidung **68**

- über die Auslegung des EG-Vertrags,
- über die Gültigkeit und die Auslegung der Handlungen der Organe der Gemeinschaft und der EZB,
- über die Auslegung der Satzungen der durch den Rat geschaffenen Einrichtungen, soweit diese Satzungen dies vorsehen.

Wird eine derartige Frage einem nationalen Gericht gestellt und hält dieses Gericht eine Entscheidung darüber zum Erlass seines Urteils für erforderlich, so ist die Vorlage vor dem EuGH zulässig. Dabei ist zwischen Instanzgerichten und letztinstanzlichen Gerichten zu unterscheiden: **Instanzgerichte können** Auslegungsfragen dem EuGH vorlegen; **letztinstanzliche Gerichte müssen** dies tun. Auf diese Weise wird eine einheitliche Auslegung und Anwendung des Gemeinschaftsrechts durch die nationalen Gerichte gewährt.[9]

8 Vertiefend *Hillgruber/Goos* Verfassungsprozessrecht Rn. 566 ff.
9 Hierzu auch *Hillgruber/Goos* Verfassungsprozessrecht Rn. 638.

2. Die Verfassungsbeschwerde

69 Verfassungsbeschwerden können nach Art. 93 Abs. 1 Nr. 4a GG **von jedem** mit der Behauptung erhoben werden, durch den Staat in einem Grundrecht verletzt worden zu sein. Diese Verletzung kann zum Beispiel durch einen **Verwaltungsakt** oder ein **Gerichtsurteil** erfolgen. Verfassungsbeschwerden können ferner nach Art. 93 Abs. 1 Nr. 4b GG von **Gemeinden** (Kommunen) und **Gemeindeverbänden** wegen Verletzung des Selbstverwaltungsrechts der Gemeinden aus Art. 28 Abs. 2 GG erhoben werden.

Das BVerfG prüft nur die **Einhaltung der Grundrechte**. Die Beurteilung sonstiger Rechtsfragen und die Feststellung von Tatsachen obliegen allein den übrigen Gerichten.

Beispiel Das BVerfG kann auf eine Verfassungsbeschwerde hin weder Schadensersatz zuerkennen noch Maßnahmen der Strafverfolgung einleiten. Der einzelne Staatsbürger hat grundsätzlich auch keinen mit der Verfassungsbeschwerde verfolgbaren Anspruch auf ein bestimmtes Handeln des Gesetzgebers.

„Die Verfassungsbeschwerde ist erfolgreich, wenn sie zulässig und begründet ist."

A. Zulässigkeit

I. Zuständigkeit des BVerfG, Art. 93 Abs. 1 Nr. 4a GG iVm § 13 Nr. 8a BVerfGG

II. Beschwerdefähigkeit

Jedermann (Art. 93 Abs. 1 Nr. 4a GG); gem. Art. 19 Abs. 3 GG auch juristische Personen des Privatrechts

III. Prozessfähigkeit

IV. Beschwerdegegenstand

Jeder Akt der öffentlichen Gewalt (vgl. Art. 93 Abs. 1 Nr. 4a GG)

Unterlassen als Maßnahme der öffentlichen Gewalt Rn. 71

V. Beschwerdebefugnis

Verfassungsbeschwerde gegen Normen Rn. 72

Verfassungsbeschwerde gegen Gerichtsurteile Rn. 72

1. **Möglichkeit der Grundrechtsverletzung**
2. **Betroffenheit**
   a) Selbst, d.h. Adressaten des öffentlichen Aktes
   b) Gegenwärtig, d.h. der öffentliche Akt muss sich zum Zeitpunkt der Beschwerde auf Rechte des Beschwerdeführers auswirken.
   c) Unmittelbar, d.h. der öffentliche Akt muss grundsätzlich direkt wirken; Bejahung aber auch, wenn öffentlicher Akt (Gesetz) vorab zu Dispositionen führt, die später nicht oder nur sehr schwer zu korrigieren sind.

VI. Rechtswegerschöpfung

Grundsatz der allgemeinen Subsidiarität der Verfassungsbeschwerde

VII. Form

1. Schriftliche Begründung (§§ 23 Abs. 1 S. 1 und 2, 92 BVerfGG)
2. Nennung der Grundrechtsverletzung (§ 92 BVerfGG)

VIII. Frist

Monatsfrist (§ 93 Abs. 1 BVerfGG); bei Gesetzen Jahresfrist (§ 93 Abs. 3 BVerfGG)

B. Begründetheit

„Die Verfassungsbeschwerde ist begründet, wenn die angegriffene Maßnahme den Beschwerdeführer **tatsächlich in seinen Grundrechten verletzt. Dies ist der Fall,** wenn die Maßnahme in den Schutzbereich dieses Grundrechts eingreift (I.) und der Eingriff verfassungsrechtlich nicht gedeckt (II.) ist."

Verfassungsverstoß wegen gesetzgeberischen Unterlassens Rn. 74

C. Entscheidung des Gerichts, § 95 BVerfGG

Das BVerfG kann die Verfassungswidrigkeit eines Aktes der öffentlichen Gewalt feststellen, ein Gesetz für nichtig erklären oder eine verfassungswidrige Entscheidung aufheben und die Sache an ein zuständiges Gericht zurückverweisen.

PRÜFUNGSSCHEMA

a) Die Zulässigkeitsvoraussetzungen der Verfassungsbeschwerde

70 **Hinweis**

Die Verfassungsbeschwerde bedarf der Annahme zur Entscheidung, § 93a Abs. 1 BVerfGG. Sie ist zur Entscheidung anzunehmen:

- soweit ihr **grundsätzliche verfassungsrechtliche Bedeutung** zukommt. Dies ist nicht der Fall, wenn die von ihr aufgeworfenen verfassungsrechtlichen Fragen in der Rechtsprechung des BVerfG bereits geklärt sind.
- wenn es **zur Durchsetzung der in § 90 Abs. 1 BVerfGG genannten Rechte angezeigt** ist. Dies kann auch der Fall sein, wenn dem Beschwerdeführer durch die Versagung der Entscheidung zur Sache ein besonders schwerer Nachteil entsteht (§ 93a Abs. 2 BVerfGG).

Diese Prüfung ist bei den meisten Sachverhalten jedoch meist erfolgt, so dass Sie direkt in die Prüfung der Zulässigkeit einsteigen können.

aa) Der Beschwerdegegenstand

71 Beschwerdegegenstand ist gem. § 90 Abs. 1 BVerfGG **jeder Akt der öffentlichen Gewalt**, d.h. Maßnahmen der Legislative, Exekutive oder Judikative.

Der Beschwerdeführer wendet sich mit seiner Verfassungsbeschwerde gegen ein **Unterlassen** des Gesetzgebers. Ein Unterlassen kann Maßnahme der öffentlichen Gewalt im Sinne des Art. 93 Abs. 1 Nr. 4a GG, § 90 Abs. 1 BVerfGG sein. Es kann zur Verletzung eines Grundrechts führen, wenn aus dem Grundrecht ein Anspruch auf Tätigwerden des Gesetzgebers besteht.

bb) Die Beschwerdebefugnis

» Merken Sie sich: Der Vollzug ist unzumutbar bei Gefahr eines „Strafmakels". «

72 Der Beschwerdeführer muss geltend machen können, in einem seiner Grundrechte (oder grundrechtsgleichen Rechte) verletzt zu sein, § 90 Abs. 1 BVerfGG. Dies erfordert zumindest die **Möglichkeit einer Verletzung** in eigenen Grundrechten sowie eine **eigene, gegenwärtige und unmittelbare Beschwer**.

Verfassungsbeschwerden gegen Normen: Gesetze, Rechtsverordnungen oder Satzungen können mit der Verfassungsbeschwerde nur ausnahmsweise unmittelbar angegriffen werden, und zwar dann, wenn sie den Beschwerdeführer selbst, gegenwärtig und unmittelbar beschweren. In der Regel bedürfen Rechtsvorschriften jedoch des **Vollzuges**, d.h. der Anwendung im einzelnen Fall durch eine behördliche oder gerichtliche Entscheidung, gegen die der Betroffene den Rechtsweg vor den zuständigen Gerichten erschöpfen muss. In aller Regel ist die Verfassungsbeschwerde daher in solchen Fällen erst nach der Entscheidung des letztinstanzlichen Gerichts zulässig (§ 90 Abs. 2 BVerfGG). Wenn aber ein Verstoß gegen die angegriffene Norm zu einer **Sanktion des Straf- oder Ordnungswidrigkeitenrechts** führt, so ist dem Beschwerdeführer ein Abwarten der Strafe nicht zuzumuten.

» Beachten Sie: Das BVerfG ist keine „Superrevisionsinstanz". «

Verfassungsbeschwerden gegen Gerichtsurteile: Die Möglichkeit einer Grundrechtsverletzung ist immer dann problematisch, wenn der Beschwerdeführer Gerichtsentscheidungen angreift. Die Verfassungsbeschwerde ist ein außerordentlicher Rechtsbehelf. Die Überprüfung des einfachen Rechts obliegt grundsätzlich den dafür zuständigen Fachgerichten. Das BVerfG prüft nicht, ob die angefochtene Entscheidung nach Maßgabe des einfachen

Rechts rechtens ist, sondern nur, ob eine **spezifische Verletzung von Grundrechten** vorliegt. Eine solche ist gegeben bei:

- Anwendung einer verfassungswidrigen Rechtsgrundlage,
- Nichtanwendung eines Grundrechts,
- fehlerhafter Anwendung eines Grundrechts,
- Verkennung der Bedeutung und Tragweite eines Grundrechts.

cc) Rechtswegerschöpfung/Subsidiaritätsgrundsatz

Die Anrufung des BVerfG ist grundsätzlich nur und erst dann zulässig, wenn der Beschwerde- 73
führer zuvor den Rechtsweg erschöpft und darüber hinaus die ihm zur Verfügung stehenden weiteren Möglichkeiten ergriffen hat, um eine Korrektur der geltend gemachten Verfassungsverletzung zu erreichen oder diese zu verhindern. Die Verfassungsbeschwerde ist unzulässig, wenn und soweit eine anderweitige Möglichkeit besteht oder bestand, die Grundrechtsverletzung zu beseitigen oder ohne Inanspruchnahme des BVerfG im praktischen Ergebnis dasselbe zu erreichen. Vor Erhebung der Verfassungsbeschwerde müssen daher **alle verfügbaren Rechtsbehelfe** (z.B. Berufung, Revision, Beschwerde, Nichtzulassungsbeschwerde) genutzt worden sein.

Hinweis

Die Erhebung einer Verfassungsbeschwerde zum Landesverfassungsgericht wird dagegen für eine zulässige Verfassungsbeschwerde zum BVerfG nicht vorausgesetzt.

b) Die Prüfung der Begründetheit der Verfassungsbeschwerde

Die Verfassungsbeschwerde ist begründet, wenn der Beschwerdeführer durch den Akt der 74
öffentlichen Gewalt in einem seiner Grundrechte oder grundrechtsgleichen Rechte verletzt ist. Dies ist der Fall, wenn ein **Eingriff in den Schutzbereich** eines solchen Rechts vorliegt und dieser Eingriff **verfassungsrechtlich nicht gerechtfertigt** werden kann.

JURIQ-Klausurtipp

Kommen mehrere Grundrechte in Betracht, beginnen Sie mit dem spezielleren bzw. weisen Sie auf Konkurrenz oder Subsidiarität hin.

Verfassungsverstoß wegen gesetzgeberischen Unterlassens: Die Verfassungsbeschwerde könnte hier ungeeignet sein, die rechtliche Stellung des Beschwerdeführers zu verbessern, da das BVerfG aus Gründen der Gewaltenteilung gehindert ist, einen Verfassungsverstoß festzustellen. Das BVerfG hält sich jedoch in mehreren Fällen für befugt, über Verfassungsbeschwerden gegen legislatives Unterlassen zu entscheiden:

- Eine Entscheidung des BVerfG ist zunächst dann möglich, wenn ein ausdrücklicher Auftrag des Grundgesetzes besteht, eine bestimmte gesetzliche Regelung zu erlassen. Ein solcher **verfassungsrechtlicher Gesetzgebungsauftrag** besteht z.B. in Art. 6 Abs. 5 GG.
- Ein gesetzgeberisches Unterlassen ist auch dann verfassungsrechtlich justiziabel, wenn der Gesetzgeber es trotz bestehender **grundrechtlicher Handlungs- und Schutzpflichten** gänzlich unterlassen hat, gesetzliche Vorschriften zu erlassen.

- Ein gesetzgeberisches Unterlassen ist schließlich auch dann justiziabel, wenn der Gesetzgeber durch seine Untätigkeit eine **verfassungsrechtliche Pflicht zur Nachbesserung** einer ursprünglich als verfassungskonform angesehenen Regelung verletzt hat.[10]

3. Das Organstreitverfahren

75 Beim Organstreit gem. Art. 93 Abs. 1 Nr. 1 GG, §§ 13 Nr. 5, 63 ff. BVerfGG handelt sich um ein **kontradiktorisches Streitverfahren**, bei dem das BVerfG den Streit zwischen zwei Verfassungsorganen um ihre Rechte und Pflichten aus der Verfassung entscheidet. Dabei sind insbesondere Zuständigkeiten und Kompetenzen gegeneinander abzugrenzen.

PRÜFUNGSSCHEMA

„Das Organstreitverfahren hat Erfolg, falls der Antrag zulässig und begründet ist."

A. Zulässigkeit

I. Zuständigkeit des Bundesverfassungsgerichts
„Die Zuständigkeit des BVerfG für das Organstreitverfahren ergibt sich aus Art. 93 I Nr. 1 GG, § 13 Nr. 5 BVerfGG."

II. Parteifähigkeit von Antragsteller und Antragsgegner, Art. 93 Abs. 1 Nr. 1 GG, § 63 BVerfGG

III. Streitgegenstand, § 64 Abs. 1 BVerfGG
Maßnahme oder Unterlassung

IV. Antragsbefugnis, § 64 Abs. 1 BVerfGG
Geltendmachung der Verletzung von Rechten und Pflichten, die durch das Grundgesetz übertragen sind
Prozessstandschaft im Organstreit Rn. 78

V. Antragsform, §§ 23 Abs. 1, 64 Abs. 2 BVerfGG
a) Schriftliche Begründung
b) Bezeichnung der Bestimmung des Grundgesetzes

VI. Frist, § 64 Abs. 3 BVerfGG
6 Monate ab Bekanntwerden der Maßnahme oder Unterlassung

B. Begründetheit
„Das Organstreitverfahren ist begründet, wenn die beanstandete Maßnahme des Antragsgegners gegen Normen der Verfassung verstößt, auf die der Antragsteller sich berufen kann."

C. Entscheidung des Bundesverfassungsgerichts, § 67 BVerfGG
Feststellungsurteil

10 *BVerfGE* 88, 203, 310; vertiefend zum Rechtsbehelf der Verfassungsbeschwerde *Hillgruber/Goos* Verfassungsprozessrecht Rn. 72 ff.

a) Die Zulässigkeitsvoraussetzungen des Organstreits

aa) Parteifähigkeit

Parteifähig sind zunächst alle **obersten Bundesorgane**. Dies sind jene Organe, die im organisch hierarchischen Sinn keinem anderen Organ untergeordnet sind und denen vom Grundgesetz die Wahrnehmung eigenständiger Aufgaben im Bereich der politischen Staatsleitung zugewiesen ist. Hierzu zählen: der Bundespräsident, der Bundestag, der Bundesrat und die Bundesregierung sowie nach **h.M.** die Bundesversammlung und der Gemeinsame Ausschuss. **76**

Zudem sind **„andere Beteiligte"** parteifähig, sofern sie durch das Grundgesetz oder die Geschäftsordnung eines obersten Bundesorgans mit eigenen Rechten ausgestattet sind. Als andere Beteiligte kommen nur solche Inhaber von Staatsgewalt in Betracht, die nach Rang und Funktion den obersten Bundesorganen gleich stehen.

Beispiel Fraktionen des Bundestages, da diese durch die GOBT mit eigenen Rechten ausgestattet sind; die Gruppe im Bundestag, da ihr durch § 10 Abs. 4 GOBT eigene Rechte verliehen werden; Ausschüsse des Bundestags und des Bundesrats, auch der Vermittlungsausschuss; der Bundestagspräsident, dem § 7 GOBT Rechte verleiht, sowie der Bundesratspräsident; der Bundeskanzler sowie einzelne Bundesminister, da diese als Teil des Organs Bundesregierung durch Art. 65 GG mit eigenen Rechten ausgestattet sind. ■

„Andere Beteiligte" außerhalb des Kreises der Organteile sind, wenn und soweit sie um Rechte kämpfen, die sich aus ihrem besonderen verfassungsrechtlichen Status ergeben und diese Rechte gegenüber einem anderen Verfassungsorgan geltend gemacht werden:

- **der einzelne Abgeordnete**. Dieser ist gem. Art. 38 Abs. 1 S. 2 GG mit eigenen Rechten ausgestattet. Er kann jedoch keine Grundrechtsverletzung geltend machen.
- **Politische Parteien**, wenn es um ihre verfassungsrechtliche Funktion gem. Art. 21 GG geht, nicht jedoch, wenn sie eine Grundrechtsverletzung gelten machen.

bb) Streitgegenstand

Streitgegenstand kann eine **Maßnahme** oder **Unterlassung** des Antragsgegners sein, die den Antragsteller in seinen Rechten und Pflichten aus dem Grundgesetz verletzt oder unmittelbar gefährdet. Die Maßnahme oder Unterlassung muss rechtserheblich sein.[11] **77**

Beispiel Erlass und Unterlassen eines Gesetzes,[12] Erlass oder Anwendung der Geschäftsordnungen,[13] Besetzung der Ausschüsse durch den Bundestag, die Nichtzuerkennung des Fraktionsstatus;
NICHT jedoch eine parlamentarische Rüge des Bundestagspräsidenten gegenüber einem Abgeordneten und Handlungen, die einen vorbereitenden Charakter haben: bloße Gesetzentwürfe, die Beantwortung einer mündlichen Anfrage im Bundestag. ■

JURIQ-Klausurtipp

Unterscheiden Sie: Vorschriften der Geschäftsordnungen können eine rechtserhebliche Maßnahme sein. Diese Vorschrift muss aber Rechte und Pflichten **aus dem Grundgesetz** verletzen. Eine Verletzung von Rechten aus der Geschäftsordnung, die sich nicht auf das Grundgesetz zurückführen lassen, reicht nicht aus.

11 *BVerfGE* 60, 374, 381.
12 *BVerfGE* 73, 40, 65.
13 *BVerfGE* 80, 188, 209.

cc) Antragsbefugnis

78 Der Antragsteller muss geltend machen, durch die angegriffene Maßnahme in seinen verfassungsrechtlichen Rechten und Pflichten oder in denjenigen des Organs, dem er angehört, verletzt oder unmittelbar gefährdet zu sein.

Hinweis

Dabei kann es immer nur um **organschaftliche Rechte** gehen, nicht aber um subjektivrechtliche Positionen wie z.B. Grundrechte.

Der Sachvortrag muss die Verletzung oder Gefährdung der durch das Grundgesetz übertragenen organschaftlichen Rechte und Pflichten als **möglich** erscheinen lassen (Möglichkeitsformel). Wie schon beim Streitgegenstand muss auch hier ein Bezug zum Grundgesetz bestehen. Rechte nur aus der Geschäftsordnung oder aus einfachen Gesetzen sind für die Antragsbefugnis nicht ausreichend. Die gegenseitigen Rechte und Pflichten müssen sich aus einem „verfassungsrechtlichen Rechtsverhältnis" ergeben,[14] also aus einem vom Grundgesetz geordneten Rechtsverhältnis zwischen Antragsteller und Antragsgegner.

Beispiel Diese Möglichkeit ist dann ausgeschlossen, wenn der Antragsteller Rechte anführt, die offenkundig weder ihm noch dem Organ zustehen, dem er angehört. ■

Prozessstandschaft im Organstreit: Grundsätzlich ist prozessführungsbefugt nur, wer eigene Rechte wahren will. Ausnahmsweise gestattet § 64 Abs. 1 S. 1 BVerfGG („oder das Organ, dem er angehört") die Prozessstandschaft des Organteils für sein Organ. Dies bedeutet, dass der Antragsteller i.S.d. § 64 Abs. 1 BVerfGG verfassungsrechtliche Rechte des Organs, dem er angehört, in eigenem Namen geltend macht. Hier ist zunächst zu prüfen, ob **dem Organ** die behaupteten Rechte aus dem Grundgesetz zustehen. Darüber hinaus setzt eine solche Prozessstandschaft voraus, dass das betreffende Organ **selbst parteifähig** ist und dass der Organteil eine ständige, organisierte Gliederung des betreffenden Organs ist. So können etwa Fraktionen, **nicht aber einzelne Abgeordnete** Rechte des Gesamtorgans Bundestag geltend machen. Dass z.B. die Mehrheit des betreffenden Organs seine Rechte nicht verletzt sieht, steht der Antragsbefugnis aus Gründen des Minderheitenschutzes nicht entgegen.

dd) Form und Frist

79 Der Antrag ist unter Bezeichnung der verletzten Normen des Grundgesetzes schriftlich zu begründen, §§ 23, 64 Abs. 2 BVerfGG. Es gilt eine **Frist von 6 Monaten**. Sie beginnt, sobald die Maßnahme oder Unterlassung dem Antragsteller bekannt wurde, § 64 Abs. 3 BVerfGG. Bei einem Unterlassen beginnt die Frist spätestens dann, wenn der Antragsgegner sich **erkennbar eindeutig weigert**, in der Weise tätig zu werden, die der Antragsteller zur Wahrung seiner Rechte aus dem Grundgesetz für erforderlich hält.

14 *BVerfGE* 73, 1, 30.

b) Die Prüfung der Begründetheit des Organstreits

Das Gericht prüft, ob die Maßnahme oder Unterlassung gegen die im Grundgesetz begründeten Rechte und Pflichten verstößt. Ist der Antrag begründet, spricht es durch das Urteil die **Feststellung** aus, dass eine **Rechtsverletzung** vorliegt. Dieses Urteil hat gem. § 31 Abs. 1 BVerfGG **Bindungswirkung** für alle Verfassungsorgane des Bundes und der Länder sowie alle Gerichte und Behörden.[15] 80

Hinweis

Beachten Sie, dass durch das BVerfG **keine Verurteilung** des Antragsgegners zu einer bestimmten **Handlung** erfolgt.

4. Das Bund-Länder-Streitverfahren

Beim Bund-Länder-Streit geht es um gegenseitige Rechte und Pflichten **aus der Verfassung**, insbesondere bei der Ausführung von Bundesrecht durch die Länder (Art. 83 ff. GG) und bei der Ausübung der Bundesaufsicht. 81

PRÜFUNGSSCHEMA

„Ein Bund-Länder-Streit beim BVerfG hat Aussicht auf Erfolg, wenn er zulässig und begründet ist."

A. Zulässigkeit

- **I. Zuständigkeit des Bundesverfassungsgerichts,** Art. 93 Abs. 1 Nr. 3 GG, § 13 Nr. 7, §§ 68 ff. BVerfGG
- **II. Parteifähigkeit,** § 68 BVerfGG
  1. Für den Bund: Bundesregierung
  2. Für das Land: Landesregierung
- **III. Streitgegenstand,** Art. 93 Abs. 1 Nr. 3 GG
  Streitigkeiten über die Ausführung von Bundesrecht oder Ausübung der Bundesaufsicht
- **IV. Antragsbefugnis,** Art. 93 Abs. 1 Nr. 2 GG, §§ 69, 64 BVerfGG
- **V. Form,** §§ 23 Abs. 1, 69, 64 Abs. 1 BVerfGG
  Schriftlich begründeter Antrag
- **VI. Frist,** §§ 69, 64 Abs. 3 BVerfGG
  6 Monate

B. Begründetheit

„Der Antrag ist begründet, wenn die gerügte Maßnahme oder Unterlassung gegen eine Bestimmung des GG verstößt und den Antragsteller tatsächlich in seinen Rechten verletzt."

C. Entscheidung des Bundesverfassungsgerichts, § 67 BVerfGG

Feststellungsurteil

15 Vgl. zum Organstreit *Hillgruber/Goos* Verfassungsprozessrecht Rn. 303 ff.

JURIQ-Klausurtipp

Es handelt sich um ein kontradiktorisches Verfahren. Sie müssen also die konkrete Rechtsverletzung prüfen.

82 Parteifähig sind gem. § 68 BVerfGG Bundes- und Landesregierungen. Es dürfen nicht auf beiden Seiten Länder am Prozess beteiligt sein. Bei den weiteren Zulässigkeitsvoraussetzungen gilt das zum Organstreit Ausgeführte entsprechend (s. dazu Rn. 75 ff.), denn § 69 BVerfGG verweist insofern auf §§ 64 bis 67 BVerfGG. Beachten Sie, dass in den Fällen der Bundesaufsicht bei Ausführung von Bundesgesetzen durch die Länder als eigene Angelegenheit ein erfolgloses Vorverfahren Zulässigkeitsvoraussetzung ist, Art. 84 Abs. 4 GG i.V.m. § 70 BVerfGG.

Prüfungsmaßstab im Bund-Länder-Streit sind insbesondere die Kompetenzvorschriften des GG, aber auch der Grundsatz der Bundestreue, s. Rn. 45. Die Prüfung der Begründetheit entspricht der Prüfung im Organstreitverfahren.[16]

JURIQ-Klausurtipp

Die Reihenfolge der Prüfungspunkte im Schema ist nicht zwingend. Soweit die Prüfungspunkte unproblematisch sind, sollten sie möglichst kurz geprüft werden. Dabei können Sie auch mal vom Gutachtenstil abweichen.

B. Der Bundestag

83 Der Bundestag ist – ebenso wie Landtage, Kreistage und Gemeinderäte – ein volksgewähltes und damit unmittelbar demokratisch legitimiertes Organ. Seine Mitglieder werden in den Bundestagswahlen gewählt.

I. Die Bundestagswahlen

84 Durch Wahlen erhalten die Volksvertretungen ihre politische Legitimation. Gem. Art. 39 Abs. 1 S. 1 GG wird der Bundestag regelmäßig **aller vier Jahre** neu gewählt. Eine Neuwahl darf frühestens drei Monate und muss spätestens einen Monat vor Ablauf der Wahlperiode stattfinden.

Eine **vorzeitige Auflösung** des Bundestages ist nur in zwei Fällen vorgesehen:
- wenn es nicht zur Wahl des Bundeskanzlers kommt (Art. 63 Abs. 4 S. 3 GG, s. Rn. 165) oder
- wenn der Vertrauensantrag des Bundeskanzlers vom Parlament abgelehnt wird (Art. 68 GG, s. Rn. 168).

Im Falle der vorzeitigen Auflösung des Bundestags findet die Neuwahl innerhalb von 60 Tagen nach der Auflösung statt (Art. 39 Abs. 1 S. 4 GG).

16 Vgl. zum Bund-Länder-Streit *Hillgruber/Goos* Verfassungsprozessrecht Rn. 400 ff.

Mit dem Ende der Wahlperiode des Bundestages gelten alle Vorlagen (mit Ausnahme von Petitionen und Vorlagen, die keiner Beschlussfassung bedürfen) als erledigt (§ 125 GOBT). Dieser (verfassungsgewohnheitsrechtlich begründete) **Grundsatz der Diskontinuität** bedeutet etwa, dass alle noch nicht beschlossenen Gesetzentwürfe unabhängig vom Stand der Beratungen erneut in den neu gewählten Bundestag einzubringen sind. Der Diskontinuitätsgrundsatz gilt nur für den Bundestag, nicht hingegen für Bundesrat und Bundesregierung.

1. Personalisierte Verhältniswahl in der Bundesrepublik Deutschland

In Art. 38 Abs. 1 und 2 GG werden nur die Grundzüge der Wahl der Abgeordneten des Deutschen Bundestages umrissen. Gem. Art. 38 Abs. 3 GG bestimmt das Nähere ein Bundesgesetz. Damit hat der Verfassungsgeber die konkrete Ausgestaltung des Wahlsystems bewusst offen gelassen. Der Gesetzgeber ist insoweit aufgerufen, das materielle Verfassungsrecht auszufüllen. Von dieser Ermächtigung hat er mit Erlass des BWahlG[17] Gebrauch gemacht. **85**

Der Gesetzgeber darf in Ausführung dieses Regelungsauftrags das Verfahren der Wahl zum Deutschen Bundestag als **Mehrheitswahl** oder als **Verhältniswahl** gestalten. Er darf auch beide Wahlsysteme miteinander verbinden, solange es dabei die Grundsätze des Art. 38 Abs. 1 S. 1 GG berücksichtigt. **86**

Wahlsysteme	
Mehrheitswahl	**Verhältniswahl (nach Listen)**
• Ein Kandidat pro Wahlkreis wird gewählt: derjenige mit den meisten Stimmen. • **Vorteil:** Stabilität (Funktionsfähigkeit) des Parlaments durch klare Mehrheitsverhältnisse und enge persönliche Beziehung des Abgeordneten zu Wahlbürgern im Wahlkreis (BVerfGE 95, 335, 352). • **Nachteil:** Stimmen, die für einen unterlegenen Kandidaten abgegebenen wurden, bleiben am Ende unberücksichtigt. Erhebliche Beeinträchtigung des gleichen Erfolgswerts der Stimmen. Wahlgleichheit erschöpft sich in der Forderung nach möglichst gleich großen Wahlkreisen.	• Jede Partei stellt zunächst eine Liste mit ihren Kandidaten auf. Das Verhältnis der für die verschiedenen Parteien abgegebenen Stimmen bestimmt dann, bis zu welchem Listenplatz die Kandidaten in das Parlament gewählt wurden. • **Vorteil:** Parlament als Spiegelbild des parteipolitischen Proporzes (BVerfGE 95, 335, 352) und bestmögliche Verwirklichung des gleichen Erfolgswerts der Stimmen, da grundsätzlich jede abgegebene Stimme berücksichtigt wird. • **Nachteil:** Mögliche Instabilität des Parlaments aufgrund einer Zersplitterung der Sitzverteilung.

Das geltende Wahlrecht verbindet beide Systeme: Nach § 1 Abs. 1 S. 2 BWahlG werden die Abgeordneten des Deutschen Bundestags, deren regelmäßige Zahl nach § 1 Abs. 1 Satz 1 BWahlG 598 beträgt, nach den Grundsätzen einer **personalisierten Verhältniswahl** gewählt. **87**

- Jeder Wähler erhält nach § 4 BWahlG **zwei Stimmen**. Das Element der **Personenwahl** findet darin seinen Ausdruck, dass die Hälfte der Abgeordneten gem. § 1 Abs. 2, § 4 BWahlG mit der **Erststimme** auf der Grundlage von Kreiswahlvorschlägen in Wahlkreisen nach den Grundsätzen der **Mehrheitswahl** gewählt werden und dadurch ein **Direktmandat** gewinnt. Mit der **Zweitstimme** werden die übrigen 299 Abgeordneten aufgrund von Landeslisten der politischen Parteien nach den Grundsätzen der **Verhältniswahl** gewählt, § 1 Abs. 2, § 4 Hs. 2, § 27 Abs. 1 S. 1 BWahlG.

17 Bundeswahlgesetz, abgedruckt in: Staats- und Verwaltungsrecht Bundesrepublik Deutschland Nr. 30.

- Das Verhältnis von Erst- und Zweitstimme ist in §§ 5 bis 7 BWahlG geregelt, nach denen die Sitze im Deutschen Bundestag zugeteilt werden. Die **Mandatszuteilung** vollzieht sich nach diesen Regelungen in mehreren Schritten. Zunächst werden die in den Wahlkreisen errungenen **Direktmandate** ermittelt. Sodann wird die jeder **Landesliste** zustehende Abgeordnetenzahl berechnet. Schließlich werden für die endgültige Mandatsverteilung die in den Wahlkreisen errungenen Mandate auf die für jede Landesliste ermittelte Abgeordnetenzahl **angerechnet**. Die Direktmandate verbleiben dem gewählten Bewerber und damit der Partei, für die er kandidiert hat, gem. § 6 Abs. 5 S. 1 BWahlG auch dann, wenn die Zahl der von einer Partei in einem Land errungenen Direktmandate die Zahl der ihr nach dem Anteil der Wählerzweitstimmen zustehenden Sitze übersteigt.
- Mit der Änderung des § 6 Abs. 2 BWahlG vom 17. März 2008 wurde ein neues Berechnungsverfahren für die Sitzverteilung im Deutschen Bundestag und die Verteilung der Wahlkreise auf die Länder eingeführt. Die bisher verwendete „Hare/Niemeyer"- Methode wird ab 2009 bei den Wahlen zum Deutschen Bundestag durch die **„Sainte-Laguë/Schepers" – Methode** abgelöst. Das Verfahren nach Sainte-Laguë/Schepers wurde bereits in den Bundesländern Hamburg und Bremen auf die Sitzzuteilung in den Bürgerschaften (Landesparlamente) angewandt. Baden-Württemberg und Nordrhein-Westfalen sehen das Verfahren für die Sitzzuteilung ab der jeweils nächsten Landtagswahl vor.

Hinweis

Derzeit erfolgt in Bayern, Berlin, Brandenburg, Hessen, Mecklenburg-Vorpommern, Rheinland-Pfalz, Sachsen-Anhalt und Thüringen die Sitzverteilung für die Landtage nach **„Hare/Niemeyer"**. Die einer Partei zuzuteilenden Sitze werden nach diesem Verfahren in zwei Schritten berechnet: Zuerst wird jeweils die Anzahl der Zweitstimmen einer Partei mit der Gesamtanzahl der zu vergebenden Sitze multipliziert und durch die Gesamtanzahl aller zu berücksichtigenden Zweitstimmen geteilt. Im zweiten Schritt wird das Ergebnis aufgespalten in den ganzzahligen Anteil und den Rest. Die ganzzahligen Anteile werden der jeweiligen Partei als Sitze zugeschrieben. Die übrigen Sitze werden den Parteien in der Reihenfolge der Reste nach deren Größe zugewiesen.

- Bei der „Sainte-Laguë/Schepers" – Methode werden die jeweiligen **Anzahlen der Zweitstimmen** für die einzelnen Parteien durch einen gemeinsamen **Divisor** geteilt. Die sich ergebenden Quotienten werden standardmäßig zu Sitzzahlen gerundet, d.h., bei einem Bruchteilsrest von mehr oder weniger als 0,5 wird auf- oder abgerundet. Bei einem Rest von genau 0,5 entscheidet das Los. Der Divisor wird dabei so bestimmt, dass die Sitzzahlen in der Summe mit der Gesamtzahl der zu vergebenden Mandate übereinstimmen: Im ersten Schritt wird die **Gesamtanzahl aller zu berücksichtigenden Stimmen** durch die **Gesamtanzahl der zu verteilenden Sitze** geteilt und auf diese Weise ein vorläufiger Zuteilungsdivisor ermittelt wird. Etwa verbleibende Diskrepanzen werden in den folgenden Schritten durch Herauf- oder Herabsetzung des Zuteilungsdivisors so lange abgebaut, bis die Endzuteilung erreicht ist, bei der die Sitzzuteilung mit der Anzahl der zu vergebenden Sitze übereinstimmt.

Verfahren nach § 6 Abs. 2 BWahlG

Formel:

$$\frac{\text{Zweitstimmenanzahl der Partei}}{\text{Zuteilungsdivisor}} = \text{Sitzanzahl der Partei}$$

↑

Ermittlung des Zuteilungsdivisors:

$$\frac{\text{Gesamtanzahl der Stimmen}}{\text{Gesamtzahl der zu verteilenden Sitze}} = \text{vorläufiger Zuteilungsdivisor}$$

ggf. Herauf- bzw. Herabsetzung des Zuteilungsdivisors, bis Berechnung in der Summe die Summe der zu verteilenden Sitze ergibt.

- Steht die Anzahl der Mandate einer Partei innerhalb eines Bundeslandes fest, werden zunächst die **Direktmandate** berücksichtigt, die verbleibenden Mandate werden aus der **Landesliste** besetzt, § 6 Abs. 4 und 5, § 7 Abs. 3 S. 2 BWahlG. Dieses Anrechnungsverfahren bewirkt, dass grundsätzlich die Erststimme nur darüber entscheidet, welche Personen als **Wahlkreisabgeordnete** in den Bundestag einziehen. Die Mehrheitsverhältnisse aber richten sich – im Grundsatz – allein nach dem Zweitstimmenverhältnis.
- Hat die Partei innerhalb eines Landes mehr Direktmandate erworben als sie insgesamt Mandate nach dem Verhältnis der Zweitstimmen hat, verbleiben ihr diese als sog. **Überhangmandate**, § 6 Abs. 5 BWahlG.

» Zur Problematik Überhangmandate und Wahlrechtsgleichheit vgl. Rn. 98 ff. «

2. Die Wahlrechtsgrundsätze des Art. 38 Abs. 1 GG

Gem. Art. 38 Abs. 1 GG werden die Abgeordneten des Deutschen Bundestages in **allgemeiner, unmittelbarer, freier, gleicher und geheimer Wahl** gewählt. 88

Hinweis

Diese Grundsätze gelten gem. Art. 28 Abs. 1 S. 2 GG auch für die Volksvertretungen in Ländern, Kreisen und Gemeinden.

Die Wahlrechtsgrundsätze des Art. 38 Abs. 1 GG binden den Gesetzgeber, wenn er gem. Art. 38 Abs. 3 GG das Wahlrecht in einem Bundesgesetz näher ausgestaltet. Eingriffe des Gesetzgebers in die Wahlrechtsgrundsätze bedürfen zu ihrer Rechtfertigung eines zwingenden Grundes.[18]

18 *BVerfGE* 28, 220, 225.

a) Allgemein

89 Der Grundsatz der Allgemeinheit der Wahl untersagt den **unberechtigten Ausschluss von Staatsbürgern** von der Teilnahme an der Wahl. Er verbietet dem Gesetzgeber, bestimmte Bevölkerungsgruppen aus politischen, wirtschaftlichen oder sozialen Gründen von der Ausübung des Wahlrechts auszuschließen und fordert, dass grundsätzlich jeder sein Wahlrecht in möglichst gleicher Weise ausüben können soll.[19]

Beispiel Bis zur Einführung des Wahlrechts für Frauen im Jahr 1918 war diese Bevölkerungsgruppe von der Ausübung des Wahlrechts ausgeschlossen. Ein Gegenbeispiel ist auch das Zensuswahlrecht, bei dem das Wahlrecht abhängig vom Einkommen ist.

Wahlberechtigt ist nach Art. 38 Abs. 2 GG, wer das **achtzehnte Lebensjahr** vollendet hat.

Hinweis

Für eine Absenkung des Wahlalters wäre eine Grundgesetzänderung notwendig.

Nach § 12 Abs. 1 BWahlG sind **Ausländer** vom Wahlrecht auf Bundesebene ausgeschlossen. Fraglich ist, ob dies mit dem Art. 38 Abs. 1 GG, dem Grundsatz der allgemeinen Wahl, zu vereinbaren ist. Die **h.M.** geht davon aus, dass die Wahl der Willensbildung durch das Staatsvolk als Souverän dient, vgl. Art. 20 Abs. 2 GG, welches in der **Präambel** und **Art. 146 GG** jeweils explizit als das **„deutsche Volk"** bezeichnet wird. Ist aber das „Volk" in diesem Sinne durch die Wahlrechtsgrundsätze berechtigt, kann ein Verstoß gegen Art. 38 Abs. 1 GG dann nicht vorliegen, wenn Personen ausgeschlossen werden, die überhaupt nicht zum so definierten Volk gehören. Die Zugehörigkeit zum Staatsvolk vermittelt jene **dauerhafte Beziehung** des Bürgers zum Staat, die durch die dauerhafte **Unterwerfung unter die Staatsgewalt** gekennzeichnet ist. Hieraus folgt die Notwendigkeit der demokratischen Legitimation dieser Staatsgewalt. Für den Ausländer besteht diese dauerhafte Bindung zum Staat nicht. Eine Neudefinition des Volkes durch Änderung des Grundgesetzes ist daher wegen Art. 79 Abs. 3 GG nicht möglich. Dies gilt auch für die **Landtagswahlen** wegen des Homogenitätsgebotes in Art. 28 Abs. 1 S. 1 GG. Für **kommunale Wahlen** sind zum Teil abweichende Auffassungen vertreten worden, der Volksbegriff könne hierfür abweichend bestimmt werden. Das **BVerfG**[20] ist dem entgegengetreten, hat aber die Möglichkeit einer Verfassungsänderung offen gehalten. Durch die Verfassungsänderung vom 21.12.1992 wurde für den Bereich der Kommunalwahlen in Art. 28 Abs. 1 S. 3 GG explizit ein Wahlrecht für Personen aus anderen **Mitgliedstaaten der Europäischen Gemeinschaft** ermöglicht, nicht jedoch für Ausländer aus anderen Staaten.[21]

Hinweis

Beim Erwerb der Staatsangehörigkeit werden zwei Rechtsprinzipien unterschieden:

- „ius sanguinis" = Recht des Blutes, Erwerb der Staatsangehörigkeit durch Abstammung (so etwa in Deutschland)
- „ius soli" = Recht des Bodens, Erwerb der Staatsangehörigkeit durch Geburt auf dem Territorium eines Landes

Staatsangehörigkeit kann auch durch Einbürgerung erworben werden.

---

19 *BVerfGE* 58, 202, 205.

20 *BVerfGE* 83, 37 ff.

21 Vgl. hierzu *Degenhart* Staatsrecht I Rn. 68 f.

Einschränkungen des Wahlrechts sind nur zulässig, wenn sie sich aus dem Wesen des Wahlrechts ergeben. Diese sind in §§ 12, 13 BWahlG geregelt. Danach unterliegt das Wahlrecht der sog. „**Auslandsdeutschen**" geringen Einschränkungen: Deutsche Staatsangehörige, die ihren ständigen Wohnsitz im außereuropäischen Ausland haben, verlieren ihr Wahlrecht nach 25 Jahren, § 12 Abs. 2 S. 1 Nr. 3 BWahlG. Keinen Einschränkungen unterliegen diejenigen, die als Angehörige des öffentlichen Dienstes ihren Dienstort im Ausland haben sowie Staatsangehörige, die ihren ständigen Wohnsitz in einem Mitgliedsstaat des Europarates haben, § 12 Abs. 2 S. 1 Nr. 1 und 2 BWahlG. Der Ausschluss vom Wahlrecht wegen einer **strafgerichtlichen Verurteilung** ist engen Schranken unterworfen. Die Aberkennung muss gesetzlich vorgesehen sein und darf im Höchstfall fünf Jahre betragen, § 45 Abs. 5 StGB.

b) Unmittelbar

Mit der Stimmabgabe muss direkt klar sein, welcher Abgeordnete gewählt werden soll. 90
Der Wähler muss vor dem Wahlakt klar erkennen, wer sich um ein Mandat bewirbt und wie sich seine Stimmabgabe darauf auswirkt.[22] Dies wird durch den Grundsatz der Unmittelbarkeit der Wahl gewährleistet.

Unmittelbar ist eine Wahl, wenn zwischen die Entscheidung des Wählers und der Wahl des Bewerbers kein weiterer Willensakt fällt.

Beispiel Die Entscheidung durch ein sog. **Wahlmännergremium** wie bei den Präsidentschaftswahlen in den USA ist in Deutschland ausgeschlossen. Hingegen verstößt die nach § 6 BWahlG vorgesehene Listenwahl nicht gegen den Grundsatz der Unmittelbarkeit, weil die Entscheidung über die Liste der Wahl vorausgeht (§ 27 BWahlG) und die festgelegte Reihenfolge unabänderlich ist (§ 6 Abs. 4 S. 2 BWahlG).

c) Geheim

Der Wahl als Instrument demokratischer Legitimation und pluralistischer Willensbildung 91
muss eine geheime Wahl zugrunde liegen, um Auskunft darüber zu geben, was der Bürger wirklich denkt. Der Wahlvorgang hat geheim zu bleiben. Dabei verbietet der Grundsatz der geheimen Wahl auch einen **freiwilligen Verzicht** auf das Wahlgeheimnis während des Wahlvorgangs. Es ist allerdings niemand gehindert, die Partei seiner Wahl zu nennen.

Hinweis

Die Auszählung der Stimmen folgt wegen der nach dem Demokratieprinzip erforderlichen Transparenz hingegen öffentlich.

22 *BVerfGE* 95, 335, 350.

d) Frei

92 Die Entscheidung des Wählers muss ohne Einflussnahme von außen erfolgen. Der Grundsatz der freien Wahl bedeutet deshalb die **Freiheit vor unzulässiger Einflussnahme** auf den Wähler. So dürfen Inhaber staatlicher oder kommunaler Ämter in ihrer Funktion keine Kandidaten unterstützen. Die Strafvorschriften der §§ 108 bis 108b StGB dienen der Ahndung einer Einflussnahme während der Stimmabgabe, die den Wähler zu einem bestimmten Wahlverhalten nötigt. Legitim hingegen sind der Wahlkampf und die ihn bestimmende Wahlpropaganda und -werbung.

Bei der **Briefwahl** ist freie und geheime Wahl nur bedingt gewährleistet. Es kann nicht ausgeschlossen werden, dass bei der Stimmabgabe Dritte beteiligt waren und Einfluss genommen haben. Andererseits **dient die Briefwahl der Allgemeinheit der Wahl**, da auch Wähler abstimmen können, denen der Gang zum Wahllokal am Wahltermin nicht möglich ist. Deshalb werden im Rahmen der Briefwahl gewisse Einschränkungen der geheimen Wahl hingenommen. Jedoch hat das **BVerfG** die mit der Briefwahl verbundene Gefährdung der geheimen und freien Stimmabgabe nur unter engen Voraussetzungen hingenommen:[23] Der Wähler hat eidesstattlich zu versichern, dass er den Stimmzettel **persönlich und unbeeinflusst** ausgefüllt hat. Die Stimmabgabe im **Wahllokal** hat der **Regelfall** zu sein.

Zum Einsatz von **Wahlcomputern** bei der Bundestagswahl 2005 hat das BVerfG entschieden, dass der Einsatz elektronischer Wahlgeräte die Überprüfbarkeit der wesentlichen Schritte der Wahlhandlung und der Ergebnisermittlung durch den Bürger voraussetzt. Das Gericht beruft sich dabei auf dem Grundsatz der Öffentlichkeit der Wahl, der sich aus den verfassungsrechtlichen Grundentscheidungen für Demokratie, Republik und Rechtsstaat ergibt. Die bei der Bundestagswahl 2005 eingesetzten rechnergesteuerten Wahlgeräte entsprachen nach der Entscheidung des Bundesverfassungsgerichts nicht den Anforderungen, die die Verfassung an die Verwendung elektronischer Wahlgeräte stellt. Die Wahlgeräte ermöglichten keine wirksame Kontrolle der Wahlhandlung, da wegen der ausschließlich elektronischen Erfassung der Stimmen auf einem Stimmspeichermodul weder Wähler noch Wahlvorstände oder im Wahllokal anwesende Bürger die unverfälschte Erfassung der abgegebenen Stimmen überprüfen konnten. Auch die wesentlichen Schritte bei der Ergebnisermittlung konnten von der Öffentlichkeit nicht nachvollzogen werden, da Programmierfehler in der Software oder zielgerichtete Wahlfälschungen durch Manipulation der Software bei elektronischen Wahlgeräten nur schwer erkennbar sind. Der Wähler selbst muss ohne nähere computertechnische Kenntnisse nachvollziehen können, ob seine abgegebene Stimme als Grundlage für die Auszählung oder jedenfalls als Grundlage einer späteren Nachzählung unverfälscht erfasst wird. Der unzulässige Einsatz der Wahlcomputer führt nach Ansicht des Gerichts jedoch nicht zur Auflösung des Bundestages, weil der Bestandsschutz der gewählten Volksvertretung die festgestellten Wahlfehler überwiegt.[24]

e) Gleich

93 Die Gleichbehandlung aller Staatsbürger bei der Ausübung des Wahlrechts ist eine der wesentlichen Grundlagen der freiheitlich-demokratischen Grundordnung.[25] Der Grundsatz der Gleichheit der Wahl trägt diesem Rechnung.[26] Er gebietet, dass alle Staatsbürger das aktive und passive Wahlrecht möglichst in **formal gleicher Weise** ausüben können.

23 *BVerfGE* 59, 119, 126.
24 *BVerfG* 2 BvC 3/07 und 2 BvC 4/07 vom 3.3.2009.
25 *BVerfGE* 11, 351, 360.
26 *BVerfGE* 99, 1, 13.

Hinweis

Die Gleichheit der Wahl muss nicht nur beim Wahlvorgang selbst, sondern auch bei der Wahlvorbereitung, der Wahlwerbung und der Wahlkampfkostenerstattung gewährleistet sein.

Der Grundsatz der Gleichheit der Wahl fordert, dass die Stimme jedes Wahlberechtigten – im Rahmen des vom Gesetzgeber nach Art. 38 Abs. 3 GG festzulegenden Wahlsystems – die **gleiche rechtliche Erfolgschance** hat. Diese Anforderungen sind im Sinne einer strengen und formalen Gleichheit zu verstehen. Sie verlangen sie nicht nur Zählwertgleichheit, sondern auch **Erfolgswertgleichheit aller Stimmen**. Der Grundsatz der Wahlrechtsgleichheit spiegelt sich in Bezug auf das passive Wahlrecht im Grundsatz der **Chancengleichheit der Parteien**.[27]

Wahlgleichheit bedeutet deshalb zum einen, dass jede abgegebene Stimme als eine Stimme zählt (one man one vote) – Grundsatz der **Zählwertgleichheit**. 94

Beispiel Um das Gewicht der Familien mit Kindern zu stärken, sollen sog. Familienwahlen eingeführt werden, bei denen die Erziehungsberechtigten Minderjähriger zusätzliche Stimmen für ihre Kinder bekommen. Eine solche Regelung würde gegen den Grundsatz der Zählwertgleichheit verstoßen.[28] ■

Zum anderen bedeutet Wahlgleichheit, dass jede Stimme gleiches Gewicht für die Zusammensetzung des Parlaments, also gleiche rechtliche Erfolgschancen hat[29] – Grundsatz der **Erfolgswertgleichheit**. Diesen Erfordernissen hat der Gesetzgeber im Bundeswahlgesetz Rechnung zu tragen.

Der Grundsatz der Wahlgleichheit wirkt sich in den Systemen der Mehrheits- und der Verhältniswahl unterschiedlich aus. Dem Zweck der **Mehrheitswahl** entspricht es, dass nur die für den Mehrheitskandidaten abgegebenen Stimmen zur Mandatszuteilung führen. Die auf den Minderheitskandidaten entfallenden Stimmen bleiben hingegen bei der Vergabe der Mandate unberücksichtigt. Die Wahlgleichheit fordert hier über den gleichen Zählwert aller Stimmen hinaus nur, dass bei der Wahl alle Wähler auf der Grundlage möglichst gleich großer Wahlkreise und von daher mit annähernd gleichem Stimmgewicht teilnehmen können.[30] Hingegen bedeutet Wahlgleichheit bei der **Verhältniswahl**, dass jeder Wähler mit seiner Stimme den gleichen Einfluss auf die Zusammensetzung der Vertretung haben muss.[31] Ziel des Verhältniswahlsystems ist es, dass alle Parteien in einem möglichst den Stimmenzahlen angenäherten Verhältnis in dem zu wählenden Organ vertreten sind. Zur Zählwertgleichheit tritt im Verhältniswahlrecht die Erfolgswertgleichheit hinzu.

» Näheres zur Mehrheits- und Verhältniswahl finden Sie unter Rn. 86. «

Der Grundsatz der Gleichheit der Wahl unterliegt ebenso wie der Grundsatz der Chancengleichheit der politischen Parteien **keinem absoluten Abweichungsverbot**. Allerdings bedürfen Differenzierungen des Gesetzgebers bei der Ordnung des Wahlrechts stets der Rechtfertigung. Es genügen in diesem Zusammenhang „zureichende", „aus der Natur des 95

27 *BVerfGE* 95, 408, 417.
28 *Degenhart* Staatsrecht I Rn. 41.
29 *BVerfGE* 82, 322, 337.
30 *BVerfGE* 95, 335, 353.
31 *BVerfGE* 16, 130, 139.

Sachbereichs der Wahl der Volksvertretung sich ergebende Gründe".[32] Hierzu zählt insbesondere die Verwirklichung der mit der Wahl verfolgten Ziele. Dazu gehören die Gewährleistung der Funktionsfähigkeit der zu wählenden Volksvertretung (s. Fünf-Prozent-Sperrklausel, Rn. 96) und die Sicherung des Charakters der Wahl als eines Integrationsvorgangs bei der politischen Willensbildung des Volkes (zur Problematik der Grundmandate s. Rn. 97).

aa) Die Fünf-Prozent-Sperrklausel

» Zur Chancengleichheit der Parteien s. Rn. 17. «

96 Nach der **Fünf-Prozent-Sperrklausel** des § 6 Abs. 6 Hs. 1 BWahlG bleiben Parteien bei der Sitzvergabe im Bundestag unberücksichtigt, die nicht mindestens fünf Prozent der gültigen Zweitstimmen erhalten haben. Entsprechend ist der Erfolgswert der für sie abgegebenen Stimmen gleich Null – im Gegensatz zu den Stimmen, die für die erfolgreichen Parteien abgegeben wurden. Die Sperrklausel bedeutet also eine erhebliche **Einschränkung der Wahlrechtsgleichheit**.

Gleichzeitig werden die **Parteien** durch die Sperrklausel ungleich behandelt: Scheitern sie an der Fünf-Prozent-Hürde, werden sie bei der Vergabe der Mandate nicht berücksichtigt.

Diese Ungleichbehandlung wird mit dem Argument der **Wahrung der Handlungs- und Entscheidungsfähigkeit des Parlaments** durch die Bildung regierungsfähiger Mehrheiten gerechtfertigt. Die auch in anderen Staaten mit Verhältniswahlsystem übliche Sperrklausel soll in Reaktion auf die Verhältnisse in der Weimarer Republik eine politische Zersplitterung des Parlamentes verhindern, die seine Handlungsfähigkeit gefährden könnte. Denn ohne derartige Hürden bestünde die Gefahr, dass es auch kleinen Gruppen mit zerstreuter Wählerschaft gelänge, ins Parlament einzuziehen. Regierungsbildung und Regierungsstabilität würden dadurch erschwert. Wegen der Funktion der Wahlen, zur Integration aller Kräfte und Strömungen im Volk beizutragen, sieht das BVerfG bei einer Sperrklausel von fünf Prozent jedoch die Obergrenze.[33]

Hinweis

Die Interessenvertretung und Regionalpartei des Südschleswigschen Wählerverbands (SSW), die für das Landesparlament von Schleswig-Holstein kandidiert, ist als Partei nationaler Minderheiten (dänische Minderheit in Schleswig- Holstein) von der Fünf-Prozent-Sperrklausel gem. § 6 Abs. 6 S. 2 BWahlG befreit.

Ausnahmen von der Fünf-Prozent-Sperrklausel gelten bei **Direktmandaten**:

- Ein Abgeordneter, der ein Direktmandat erworben hat, erhält **in jedem Fall** einen Sitz im Bundestag.
- Hat eine Partei drei Direktmandate errungen, gilt für sie die Sperrklausel nicht. Nach der sog. **Grundmandatsklausel** des § 6 Abs. 6 Hs. 2 BWahlG erhält diese Partei so viele Mandate, wie ihr nach dem Verhältnis der Zweitstimmen zustehen (s. Rn. 97).

Listenverbindungen von zwei oder mehr Parteien, die für sich jeweils die Fünf-Prozent-Hürde nicht überwinden, aber zusammen mehr als fünf Prozent der abgegebenen Wählerstimmen erzielen, sind außerhalb von § 7 BWahlG unzulässig. Der Erfolgswert der Stimmen würde dadurch unterschiedlich gewichtet und die Sperrklausel umgangen.[34]

32 *BVerfGE* 6, 84, 92.
33 *BVerfGE* 95, 408, 418 f.
34 *BVerfGE* 82, 322, 345 f.

bb) Das Grundmandat

Durch die Grundmandatsklausel wird die Fünf-Prozent-Sperrklausel des § 6 Abs. 6 S. 1 Hs. 1 BWahlG gelockert: Sie bestimmt, dass die Parteien auch bei **Unterschreiten der Fünf-Prozent-Hürde** an der Sitzverteilung nach Landeslisten teilnehmen, wenn ihre Kandidaten mit den Erststimmen der Wähler **in mindestens drei Wahlkreisen** ein Direktmandat errungen haben. 97

Beispiel Im Oktober 1994 erlaubte die Grundmandatsklausel der PDS den Wiedereinzug in den Bundestag. Sie erzielte zwar nur einen Zweitstimmenanteil von 4,4 Prozent, errang aber vier Direktmandate. ■

Die Regelung bedeutet eine **Beeinträchtigung der Wahlrechtsgleichheit** zu Lasten der Parteien, die keine Direktmandate erringen. Sie hat bei einem Wahlergebnis von jeweils unter fünf Prozent zur Folge, dass Zweitstimmen, die für eine Partei mit drei Direktmandaten gegeben wurden, einen **höheren Erfolgswert** haben als Zweitstimmen für eine Partei, die nicht drei Direktmandate gewonnen hat. Damit schränkt die Grundmandatsklausel den Grundsatz der Gleichheit der Wahl gem. Art. 38 Abs. 1 S. 1 GG ein. Zudem betrifft sie den Grundsatz der Chancengleichheit der Parteien gem. Art. 21 Abs. 1 i.V.m. Art. 38 Abs. 1 S. 1 GG.

Das BVerfG rechtfertigt diese Ungleichbehandlung dadurch, dass der Erwerb eines Direktmandats Rückschlüsse auf die **Integrationskraft politischer Parteien** und deren Verankerung in der Bevölkerung erlaubt. Wenn es einer insgesamt unterhalb der Fünf-Prozent-Grenze liegenden Partei gelingt, mit ihren Kandidaten mehrere Wahlkreismandate zu erringen, soll der Gesetzgeber dies als Indiz dafür werten dürfen, dass diese Partei besondere Anliegen aus der Bevölkerung aufgegriffen hat, die allgemein eine Repräsentanz im Parlament rechtfertigen. Er darf sie in diesem Sinne als politisch bedeutsam ansehen und deswegen an der Verteilung der Listenmandate teilnehmen lassen.[35]

cc) Das Überhangmandat

Erringt eine Partei in einem Bundesland mehr Wahlkreise, als Mandate auf ihre Landesliste entfallen, so stehen ihr diese Direktmandate als Überhangmandate zu, § 6 Abs. 5 BWahlG. Dies führt zu einer **Einschränkung der Erfolgswertgleichheit** der Stimmen: Die Partei erhält mehr Direktmandate in einem Bundesland als ihr nach dem Verhältnis der Zweitstimmen zustehen. 98

Damit haben Überhangmandate Einfluss auf den Parteienproporz. Sie geben der Erststimme nicht nur auf die personelle, sondern auch auf die politische Zusammensetzung des Parlaments Einfluss. Das Erringen von Überhangmandaten kann im Einzelfall das Zünglein an der Waage für das Kräfteverhältnis im Parlament sein.

35 *BVerfGE* 95, 408, 420 f.

Beispiel Bei der Bundestagswahl 2002 bekamen CDU/CSU und SPD annähernd gleich viele Zweitstimmen. Damit wären beide Parteien auf die gleiche Anzahl der 598 Sitze gekommen. Da die Union zusätzlich dazu nur ein und die SPD vier Überhangmandate erhielt, wurden die Sozialdemokraten stärkste Fraktion in der 15. Wahlperiode und konnten den Kanzler stellen. Bei der Wahl zum 16. Deutschen Bundestag konnten CDU/CSU sieben Überhangmandate gewinnen, die SPD neun. Durch diese Überhangmandate erhöhte sich die Zahl der Abgeordneten im 16. Deutschen Bundestag von 598 auf 614. ■

99 Verfassungsrechtliche Bedenken bestehen dahingehend, dass es keinen Ausgleich für die Überhangmandate in Form einer erneuten Berechnung gibt, § 6 Abs. 5 S. 2 Hs. 2 BWahlG. Überhangmandate können so zum **Effekt des „negativen Stimmgewichts"** führen und sich damit auf das Wahlergebnis auswirken.

Zum Effekt des negativen Stimmgewichts kommt es durch § 7 Abs. 3 S. 2 in Verbindung mit § 6 Abs. 4 und 5 BWahlG bei der Verteilung der Sitze auf Landesebene. Bei geringen Verschiebungen der Zweitstimmen kann es sein, dass sich die Sitzzahl einer Partei zwar nicht im Verhältnis zu den anderen Parteien ändern würde, wohl aber die Verteilung **zwischen den einzelnen Landeslisten**. Ein Sitz, der einer Partei bundesweit zusteht, kann bereits dann aus dem einen Bundesland A in das Bundesland B wandern, wenn die Partei im Bundesland A ein paar Tausend Stimmen weniger bekommt.

Wenn nun diese Partei den Sitz im Bundesland A abgeben müsste, gleichzeitig aber dort Überhangmandate hat, also ohnehin mehr Sitze, als ihr zustehen, verliert sie dort nichts: Rein rechnerisch hat sie zwar einen Listenplatz weniger, aber ihre Direktmandate dort darf sie behalten. Es entsteht ein **zusätzliches Überhangmandat**, so dass die Partei im Ergebnis im Bundesland A die Zahl ihrer Mandate behält. Wenn es für die Partei im Bundesland B keine Überhangmandate gab, so erhöht der herüber gewanderte Sitz für die Landesliste auch tatsächlich die Zahl der zu vergebenden Mandate dieser Partei. Obwohl die Partei im Bundesland A weniger Zweitstimmen bekommen hat, gewinnt sie bundesweit einen zusätzlichen Sitz im Parlament.

Umgekehrt kann es diesen Effekt ebenfalls geben: Gewinnt eine Partei in einem Bundesland, in dem sie Überhangmandate hat, aufgrund eines etwas höheren Zweitstimmenanteils rein rechnerisch einen weiteren Listenplatz dazu, so kommt dieser dort – wegen der Überhangmandate – nicht zum Tragen. Erfolgt diese Verschiebung zu Lasten eines Landes, in dem sie keine Überhangmandate hat, geht dort dieser Sitz aber effektiv verloren. Im Bundestag verliert die Partei damit trotz Stimmgewinnen einen Sitz.

100 Genau dieser Fall drohte 2005 in Sachsen – konnte aber durch geschicktes Wählerverhalten bei der Dresdner Nachwahl vermieden werden. Das **BVerfG**[36] entschied daraufhin, dass der Effekt des negativen Stimmgewichts die Grundsätze der Gleichheit und Unmittelbarkeit der Wahl verletze: Die Erfolgswertgleichheit fordere, dass der Erfolgswert jeder Stimme, für welche Partei sie auch immer abgegeben wurde, gleich ist. Dies bedeute auch, dass sie für die Partei für die sie abgegeben wurde, positive Wirkung entfalten können muss. Ein Wahlsystem, in dem ein Zuwachs an Stimmen zu Mandatsverlusten führt und umgekehrt, lässt den demokratischen Wettbewerb um Zustimmung bei den Wahlberechtigten widersinnig erscheinen. § 7 Abs. 3 in Verbindung mit § 6 Abs. 4 und 5 BWahlG, aus denen sich der Effekt des negativen Stimmgewichts ergibt, dienten zwar Belangen des **föderalen Proporzes**, die

36 *BVerfG*, 2 BvC 7/07 vom 3. Juli 2008.

grundsätzlich bei der Ausgestaltung des Wahlrechts berücksichtigt werden. Diese Aspekte bildeten jedoch keinen zwingenden Grund, der geeignet wäre, den Effekt des negativen Stimmgewichts zu rechtfertigen. Darüber hinaus verletze die Regelung auch die **Unmittelbarkeit der Wahl**: Der Wähler kann nicht erkennen, ob sich seine Stimme für die zu wählende Partei und deren Wahlbewerber positiv oder negativ auswirkt.

Das **BVerfG** entschied daher, dass § 7 Abs. 3 in Verbindung mit § 6 Abs. 4 und 5 BWahlG **verfassungswidrig** sei, soweit er den Effekt des negativen Stimmgewichts bewirkt. Gleichwohl führe der Wahlfehler nicht zur Ungültigerklärung der Wahl und damit zur Auflösung des 16. Deutschen Bundestags, da das **Interesse am Bestandsschutz** der im Vertrauen auf die Verfassungsmäßigkeit des Bundeswahlgesetzes zusammengesetzten Volksvertretung überwiege.

Der Gesetzgeber wurde verpflichtet, **spätestens bis zum 30. Juni 2011** eine verfassungsgemäße Regelung zu treffen. Dabei hat er nach Ansicht des BVerfG mehrere Möglichkeiten: Im Hinblick darauf, dass der Effekt des negativen Stimmgewichts untrennbar mit den Überhangmandaten und der Möglichkeit von Listenverbindungen (§ 7 BWahlG) zusammenhängt, kann eine Neuregelung

- beim Entstehen der Überhangmandate,
- bei der Verrechnung von Direktmandaten mit den Zweitstimmenmandaten oder
- bei der Möglichkeit von Listenverbindungen ansetzen.

Hinweis

Behalten Sie die Entwicklung hier im Blick. Je nach dem, für welche Alternative sich der Gesetzgeber entscheidet, können sich Auswirkungen auf das gesamte Wahlsystem ergeben.

3. Wahlprüfung durch das Bundesverfassungsgericht

Über die Gültigkeit einer Bundestagswahl, einschließlich der Gültigkeit der Wahl eines Abgeordneten, entscheidet das BVerfG im **Wahlprüfungsverfahren** nach Art. 41 Abs. 2 GG, §§ 13 Nr. 3, 48 BVerfGG. Es soll die gesetzmäßige Zusammensetzung des Deutschen Bundestages gewährleisten. **101**

Antragsberechtigt sind:

- Der **Abgeordnete**, dessen Mitgliedschaft bestritten ist.
- Jeder einzelne **Wahlberechtigte**, wenn seiner Beschwerde mindestens 100 weitere Wahlberechtigte beitreten.
- Eine **Fraktion oder eine Minderheit des Bundestages**, die mindestens ein Zehntel der gesetzlichen Mitglieder umfasst.

» Abgesehen vom ersten Fall handelt es sich um ein objektives Beanstandungsverfahren, der Antragsteller muss nicht geltend machen, in eigenen Rechten verletzt zu sein. «

Hinweis

Dem verfassungsgerichtlichen Verfahren ist ein Wahlprüfverfahren beim Bundestag vorgeschaltet. Zum Verfahren lesen Sie sich bitte die §§ 1 ff. WahlprüfG durch.

102 Für die **Begründetheit** des Verfahrens kommt es darauf an, dass Fehler im Wahlverfahren sich auf die Mandatsverteilung auswirken konnten. Ein Wahlfehler liegt immer dann vor, wenn durch die geltend gemachte Rechtsverletzung die gesetzmäßige Zusammensetzung der zu wählenden Körperschaft berührt sein kann. Dabei darf es sich nicht nur um eine theoretische Möglichkeit handeln. Das BVerfG prüft im Wahlprüfungsverfahren nicht nur den angegriffenen Beschluss des Deutschen Bundestages in formeller Hinsicht und darauf, ob Vorschriften des materiellen Rechts zutreffend angewandt worden sind, sondern auch, ob das angewandte Wahlgesetz mit der Verfassung in Einklang steht. Im Gegensatz zum Bundestag verfügt das BVerfG bei verfassungswidrigen Wahlrechtsnormen über eine **Verwerfungskompetenz**.[37]

JURIQ-Klausurtipp

Beim Wahlprüfungsverfahren bestehen deutliche Parallelen zur Normenkontrolle. Sollte in einer Klausur dieses „exotische" Verfahren gefragt sein, können Sie Ihre Kenntnisse zur Normenkontrolle anwenden.

Bei der Feststellung von Wahlfehlern kann die Wahl dann für ungültig erklärt werden, wenn bei fehlerfreiem Wahlverlauf das Wahlergebnis anders ausgefallen wäre. Grundsätzlich ist das Erfordernis des **Bestandsschutzes** einer gewählten Volksvertretung, das seine rechtliche Grundlage im Demokratiegebot findet, mit den **Auswirkungen des festgestellten Wahlfehlers** abzuwägen. Wahlbeeinflussungen einfacher Art und ohne jedes Gewicht führen nicht zur Ungültigkeit einer Wahl. Die Ungültigerklärung einer gesamten Wahl setzt einen erheblichen Wahlfehler von solchem Gewicht voraus, dass ein Fortbestand der in dieser Weise gewählten Volksvertretung unerträglich erschiene.[38]

Hinweis

Der Ausgleich erfolgt nach dem Grundsatz der praktischen Konkordanz:[39]

Wo Kollisionen zwischen zwei verfassungsrechtlichen Rechtsgütern entstehen, sind diese Verfassungsgüter einander so zuzuordnen, dass beide zu optimaler Wirksamkeit gelangen, es darf nicht eines einseitig auf Kosten des anderen durchgesetzt werden.

103 **Beispiel** Der Wahlberechtigte A legte im November 2002 Einspruch beim Deutschen Bundestag gegen die Wahl zum 15. Deutschen Bundestag ein. Zur Begründung machte er geltend, dass die vorgenommene Berücksichtigung der Zweitstimmen von Wählern, die in zwei Berliner Wahlkreisen mit ihrer Erststimme der jeweiligen Wahlkreiskandidatin der X-Partei zu einem Mandat verhalfen, mit ihrer Zweitstimme jedoch für eine andere Landesliste gestimmt haben, gegen den Grundsatz der Gleichheit der Wahl verstoße. § 6 Abs. 5 S. 2 und § 7 Abs. 3 S. 2 i.V.m. § 6 Abs. 5 S. 2 BWahlG würden insoweit gegen Art. 38 Abs. 1 S. 1 GG verstoßen, als sie die Zuteilung von Überhangmandaten ohne Verrechnung oder Ausgleich zulassen.

Der Deutsche Bundestag wies diesen Wahleinspruch am 6. November 2003 als offensichtlich unbegründet zurück. Gegen diesen Beschluss erhob A am 5. Januar 2004

37 Vgl. *Degenhart* Staatsrecht I Rn. 65 f.

38 *BVerfGE* 103, 111, 134; vgl. auch *BVerfG* 2 BvC 3/07 und 2 BvC 4/07 vom 3.3.2009.

39 *Hesse* Verfassungsrecht Rn. 72 ff.

Beschwerde. Sie wurde von mehr als 100 Wahlberechtigten unterstützt. Der Beschwerdeführer wiederholte seine Rügen aus dem Einspruchsverfahren.

Am 21. Juli 2005 löste der Bundespräsident den 15. Deutschen Bundestag auf Vorschlag des Bundeskanzlers gem. Art. 68 GG auf. Aufgrund der Wahl vom 18. September 2005 konstituierte sich inzwischen der 16. Deutsche Bundestag. Am 3. Juli 2008 entschied das BVerfG, dass die Vorschriften des BWahlG, soweit sie ermöglichen, dass ein Zuwachs an Zweitstimmen zu einem Verlust an Sitzen der Landeslisten oder umgekehrt führen kann, sowohl den Grundsatz der Gleichheit als auch der Unmittelbarkeit der Wahl verletzen. Gleichzeitig gibt es dem Gesetzgeber auf, die diesbezüglichen Regelungen bis spätestens zum 30. Juni 2011 zu ändern.

Der Beschwerdeführer verfolgt seine Beschwerde weiter. Hat sie Aussicht auf Erfolg?

Problematisch war bei dieser Entscheidung des BVerfG[40] die **Zulässigkeit**:

1. Da der 15. Deutsche Bundestag aufgelöst worden ist und sich ein neuer Bundestag konstituiert hat, kann eine Entscheidung über die Wahlprüfungsbeschwerde keine **Auswirkungen** mehr auf die ordnungsgemäße Zusammensetzung des 15. Deutschen Bundestages haben. Die Wahlprüfungsbeschwerde ist insoweit gegenstandslos geworden.
   Jedoch kann auch nach Ablauf einer Wahlperiode ein öffentliches Interesse an einer Entscheidung des BVerfG über die Verfassungsmäßigkeit von Wahlrechtsnormen und die Anwendung des geltenden Wahlrechts bestehen, soweit ein möglicher Wahlfehler über den Einzelfall hinaus **grundsätzliche Bedeutung** hat.
   Das BVerfG bleibt in diesen Fällen auch nach der Auflösung eines Bundestages oder dem regulären Ablauf einer Wahlperiode befugt, die im Rahmen einer zulässigen Wahlprüfungsbeschwerde erhobenen Rügen der Verfassungswidrigkeit von Wahlrechtsnormen und wichtige wahlrechtliche Zweifelsfragen zu prüfen.
2. Das **öffentliche Interesse** an der Weiterführung des Wahlprüfungsverfahrens könnte aber durch die Entscheidung des BVerfG vom 3. Juli 2008 entfallen sein. Denn Wahlrechtsvorschriften entfalten über die jeweilige Wahlperiode hinaus solange Wirkung, bis sie vom Gesetzgeber geändert oder vom BVerfG für nichtig oder für mit dem Grundgesetz unvereinbar erklärt werden.
   In seinem Urteil zum sog. negativen Stimmgewicht vom 3.7.2008 hat das BVerfG die von A beanstandeten Regelungen aus einem anderen Grund für verfassungswidrig erklärt und dem Gesetzgeber aufgegeben, den entsprechenden Regelungskomplex bis spätestens zum 30. Juni 2011 zu ändern. Somit ist der Gesetzgeber bereits aufgerufen, das Regelungsgeflecht der Berechnung der Sitzzuteilung im Deutschen Bundestag auf eine neue Grundlage zu stellen. An der Entscheidung über die Beschwerde des A besteht insofern kein öffentliches Interesse mehr. Die Beschwerde ist somit unzulässig. ■

Ein Verstoß gegen den Grundsatz der Wahlrechtsgleichheit kann außerdem im Wege der **Verfassungsbeschwerde** geltend gemacht werden, Art. 93 Abs. 1 S. 1 GG.

Hinweis

Hinsichtlich der Wahlrechtsgleichheit ist Art. 38 Abs. 1 S. 1 GG lex specialis zu Art. 3 Abs. 1 GG. Der Antrag kann daher nicht auf den allgemeinen Gleichheitsgrundsatz gestützt werden.

40 *BVerfG*, 2 BvC 4/04 vom 15.1.2009.

4. Übungsfall Nr. 4[41]

104 „Die Fünf-Prozent-Klausel"

Nachdem die A-Partei bei den letzten Kommunalwahlen in zahlreichen Gemeinden und Landkreisen an der Fünf-Prozent-Hürde gescheitert ist, hat sie sich die Abschaffung der Fünf-Prozent-Sperrklausel zumindest auf kommunaler Ebene zum Ziel gesetzt. Deshalb bringt sie einen Gesetzentwurf zur Abschaffung der Fünf-Prozent-Sperrklausel im Kommunalwahlgesetz des Bundeslandes B in den Landtag ein. Der Antrag wird in der Sitzung am 29. Januar 2009 mit der Mehrheit der Stimmen abgelehnt. Die Vertreter der beiden größeren Fraktionen argumentieren damit, dass die Fünf-Prozent-Sperrklausel seit Jahren erfolgreich den Einzug rechtsextremistischer Parteien in die kommunalen Vertretungen verhindere. Im Übrigen halte sie Splitterparteien von den kommunalen Vertretungsorganen fern und stelle somit die Funktionsfähigkeit der Volksvertretung sicher.

Die A-Partei fühlt sich in ihrem Recht auf Wahlgleichheit und auf Chancengleichheit verletzt und beantragt am 16. Februar 2009 beim BVerfG, im Wege des Organstreits festzustellen, dass die Ablehnung des Gesetzesentwurfs gegen die Verfassung des Bundeslandes B verstoße. Sie führt aus, dass schwerwiegende Störungen der Funktionsfähigkeit der Kommunalvertretungen aus anderen Ländern ohne Fünf-Prozent-Sperrklausel nicht bekannt geworden seien. Darüber hinaus seien die kommunalen Vertretungen im Bundesland B nicht mit den Parlamenten auf Landes- oder Bundesebene zu vergleichen, denn ihr Aufgabenbereich beschränke sich auf verwaltende Tätigkeiten. Die Leitung der Verwaltung obliege aber den Bürgermeistern und Landräten, die seit der Einführung ihrer Direktwahl vom Vertrauen der Volksvertretung nicht mehr abhängig seien. Zudem enthalte sowohl die Gemeinde- als auch die Kreisordnung Sonderregelungen, die die Entscheidungsfähigkeit der Kommunalvertretungen auch dann sicherstellen, wenn das übliche Quorum der Beschlussfähigkeit nicht zu wahren ist.

Der Präsident des Landtages ist hingegen der Ansicht, dass es sich bei der Ablehnung eines Gesetzentwurfs durch den Landtag um einen rein parlamentsinternen Vorgang handele, der vom BVerfG nicht überprüft werden kann.

Hat der Antrag Aussicht auf Erfolg?

Anmerkung:
Art. 38 der Verfassung des Bundeslandes B regelt: „Für Landesverfassungsstreitigkeiten verbleibt es bis zur Errichtung des Landesverfassungsgerichts bei der Zuständigkeit des BVerfG."

41 Der Fall ist *BVerfG* 2 BvK 1/07 vom 13.2.2008 nachgebildet.

Lösung

105

Der Antrag der A-Partei hat Aussicht auf Erfolg, wenn er zulässig und begründet ist.

A. Zulässigkeit

I. Zuständigkeit des Bundesverfassungsgerichts

Die Zuständigkeit des BVerfG im Organstreitverfahren bestimmt sich grundsätzlich nach Art. 93 Abs. 1 Nr. 1 GG, § 13 Nr. 5 BVerfGG. Da diese Vorschriften sich nur auf die Auslegung des Grundgesetzes beziehen, die A Partei sich in ihrem Antrag aber auf Landesverfassungsrecht stützt, ist fraglich ist, ob das BVerfG zuständig ist. Jedoch ist bei Verfassungsrechtsstreitigkeiten innerhalb eines Landes der Rechtsweg zum BVerfG gem. Art. 99 GG, § 13 Nr. 10 BVerfGG eröffnet. Eine entsprechende Zuweisung der Zuständigkeit enthält Art. 38 der Landesverfassung von B.

II. Antragsberechtigung und Antragsgegner

Wer im Organstreitverfahren antragsberechtigt ist, regeln Art. 93 Abs. 1 Nr. 1 GG, § 63 BVerfGG. Fraglich ist, ob die A-Partei antragberechtigt ist, da politische Parteien in beiden Vorschriften nicht erwähnt sind. Nach der Rechtsprechung des BVerfG sind sie gleichwohl im Organstreit parteifähig und berechtigt, eine behauptete Verletzung ihres verfassungsrechtlichen Status durch das Wahlrecht im Wege der Organklage zu rügen.

Sie sind im Organstreitverfahren als „andere" durch Art. 21 GG mit eigenen Rechten ausgestattete Beteiligte parteifähig.[42] Im Fall von Einwendungen der Parteien gegen gesetzliche Regelungen, die die Zusammensetzung der gewählten Volksvertretung betreffen, steht der verfassungsrechtliche Status der Partei in Rede.

Antragsgegner ist der Landtag, der als Gesetzgebungsorgan des Bundeslandes B für die Aufrechterhaltung der Fünf-Prozent-Sperrklausel verantwortlich ist.

42 *Hillgruber/Goos* Verfassungsprozessrecht Rn. 352.

III. Streitgegenstand

Nach § 64 Abs. 1 BVerfGG, der sinngemäß auch für Organstreitigkeiten innerhalb eines Landes gilt, ist ein Antrag im Organstreitverfahren zulässig, wenn der Antragsteller geltend machen kann, dass er durch eine Maßnahme oder eine Unterlassung des Antragsgegners in seinen ihm durch die Verfassung übertragenen Rechten und Pflichten verletzt oder unmittelbar gefährdet ist.

Fraglich ist, ob die Ablehnung eines Gesetzentwurfs als Maßnahme zu werten ist oder ob es sich lediglich um einen parlamentsinternen Vorgang handelt. Unstreitig läge eine Maßnahme bei Erlass eines Gesetzes zur Einführung einer Sperrklausel vor, da hierdurch in die Statusrechte von Parteien eingegriffen würde. Es stellt sich die Frage, ob dem die Ablehnung des Gesetzentwurfs über die Abschaffung der Sperrklausel gleichsteht. In beiden Fällen befasst sich der Gesetzgeber im parlamentarischen Verfahren inhaltlich mit der Frage der Sperrklausel. Auch mit der endgültigen Ablehnung des Gesetzentwurfs ist die unmittelbar nach außen wirkende und die verfassungsrechtlich garantierten Rechte der A Partei berührende Beibehaltung der Fünf-Prozent-Sperrklausel verbunden. Somit handelt es sich nicht nur um einen parlamentsinternen Vorgang, der keinerlei Außenwirkung entfaltet. Die Ablehnung und die damit verbundene Beibehaltung der Fünf-Prozent-Sperrklausel ist folglich ein zulässiger Streitgegenstand.

IV. Antragsbefugnis

Der Antragsteller muss geltend machen, durch die angegriffene Maßnahme in seinen verfassungsrechtlich gewährleisteten Rechten verletzt zu sein, § 64 Abs. 1 BVerfGG. Nicht erforderlich ist dabei, dass der Betroffene der Adressat des Aktes ist. Eine Verletzung oder unmittelbare Gefährdung in eigenen Rechten ist vielmehr schon dann gegeben, wenn der Antragsteller zwangsläufig von der Maßnahme mitbetroffen ist. Die A Partei, die an den Kommunalwahlen in Bundesland B teilnimmt, wird durch die Aufrechterhaltung der Fünf-Prozent-

Sperrklausel in ihren Rechten auf Chancengleichheit und Gleichheit der Wahl und damit in ihren statusmäßigen Rechten betroffen. Somit ist die A Partei gem. § 64 Abs. 1 BVerfGG antragsbefugt.

V. Antragsform und Frist

Es ist davon auszugehen, dass ein schriftlicher und begründeter Antrag gestellt wurde, § 23 Abs. 1 BVerfGG, der insbesondere die betroffenen Bestimmungen des Grundgesetzes hinreichend bezeichnet, § 64 Abs. 2 BVerfGG. Gem. § 73 Abs. 2 i.V.m. § 64 Abs. 3 BVerfGG muss der Antrag im Landesorganstreitverfahren binnen sechs Monaten, nachdem die beanstandete Maßnahme oder Unterlassung dem Antragsteller bekannt geworden ist, gestellt werden. Vorliegend ist der Antrag innerhalb der ab dem 29. Januar 2009 zu berechnenden Sechsmonatsfrist eingegangen.

VI. Zwischenergebnis

Der Antrag ist zulässig.

B. Begründetheit

Das Organstreitverfahren ist begründet, wenn die beanstandete Maßnahme des Antragsgegners gegen Normen der Landesverfassung verstößt, auf die der Antragsteller sich berufen kann. Das BVerfG wird hier gem. Art. 93 Abs. 1 Nr. 5, Art. 99 GG als Landesverfassungsgericht für das Bundesland B tätig. Prüfungsmaßstab ist daher die Landesverfassung.

Gem. Art. 28 Abs. 1 S. 2 GG sind die Wahlrechtsgrundsätze des Art. 38 Abs. 1 GG auch für Kommunalwahlen verbindlich. Der Grundsatz der Gleichheit der Wahl gebietet, dass alle Staatsbürger das aktive und passive Wahlrecht möglichst in formal gleicher Weise ausüben können. Daraus folgt für das Wahlgesetz, dass die Stimme eines jeden Wahlberechtigten grundsätzlich den gleichen Zählwert und die gleiche rechtliche Erfolgschance haben muss. Alle Wähler sollen mit der Stimme, die sie abgeben, den gleichen Einfluss auf das Wahlergebnis haben.

Der Grundsatz der Chancengleichheit der Wahlbewerber findet für die Parteien seine Grundlage in Art. 21 Abs. 1 GG. Er verlangt, dass jeder Partei, jeder Wählergruppe und ihren Wahlbewerbern grundsätzlich die gleichen Möglichkeiten im gesamten Wahlverfahren und damit gleiche Chancen bei der Verteilung der Sitze eingeräumt werden. Das Recht der Parteien auf Chancengleichheit bei Wahlen folgt auf Landesebene aus ihrem in Art. 21 Abs. 1 GG umschriebenen verfassungsrechtlichen Status, der unmittelbar auch für die Länder gilt und Bestandteil der Landesverfassungen ist.[43]

Die Fünf-Prozent-Sperrklausel im Kommunalwahlgesetz bewirkt eine Ungleichgewichtung der Wählerstimmen. Während der Zählwert aller Wählerstimmen von der Fünf-Prozent-Sperrklausel unberührt bleibt, werden die Wählerstimmen hinsichtlich ihres Erfolgswerts ungleich behandelt.

Diejenigen Wählerstimmen, welche für Parteien abgegeben worden sind, die mehr als fünf Prozent der Stimmen erhalten haben, haben unmittelbaren Einfluss auf die Sitzverteilung nach dem Verhältnisausgleich. Dagegen bleiben diejenigen Wählerstimmen, die für Parteien abgegeben worden sind, die an der Sperrklausel gescheitert sind, ohne Erfolg. Die Fünf-Prozent-Sperrklausel nimmt diesen Stimmen insoweit ihren Erfolgswert.

Zugleich wird durch die Fünf-Prozent-Sperrklausel das Recht der A-Partei auf Chancengleichheit beeinträchtigt. Die A-Partei ist schon bei vorangegangenen Wahlen an der Fünf-Prozent-Sperrklausel gescheitert und konnte damit – im Gegensatz zu Parteien, die die Fünf-Prozent-Hürde überwunden hatten – an der Sitzverteilung teilnehmen.

Sowohl der Grundsatz der Wahlgleichheit als auch der Grundsatz der Chancengleichheit der politischen Parteien können bei entsprechender Rechtfertigung differenziert werden.

Fraglich ist, ob die Einschränkung der Wahlfreiheit und der Chancengleichheit der Parteien durch die Fünf-Prozent-Sperrklausel damit gerechtfertigt werden konnte, dass auf diese Weise rechtsextremistische Parteien von der Beteiligung an kommunalen Vertretungsorga-

43 *BVerfGE* 66, 107, 114.

Übungsfall Nr. 4

nen ferngehalten werden können. Dagegen spricht zum einen, dass die Fünf-Prozent-Sperrklausel nicht nur gegen extremistische Parteien wirkt. Vielmehr trifft sie alle Wahlbewerber gleichermaßen. Zum anderen verbietet Art. 21 Abs. 2 GG die staatliche Bekämpfung einer politischen Partei, solange das BVerfG sie nicht durch Urteil für verfassungswidrig erklärt und aufgelöst hat. Es steht dem Gesetzgeber somit nicht zu, über die Einführung oder Beibehaltung einer Sperrklausel bestimmte Parteien gezielt von ihrer Mitwirkung an der politischen Willensbildung auszuschließen.

Jedoch könnte die Fünf-Prozent-Sperrklausel damit gerechtfertigt sein, dass durch sie die Funktionsfähigkeit einer Volksvertretung sichergestellt und der Einzug von Splitterparteien mit der Folge instabiler Mehrheiten verhindert wird. Zumindest auf Bundesebene hat das BVerfG mit dieser Argumentation die Erforderlichkeit der Fünf-Prozent-Sperrklausel anerkannt. Fraglich ist, ob diese Rechtsprechung auf kommunale Vertretungen übertragbar ist. Hierzu ist auf die Vergleichbarkeit der Sachverhalte einzugehen.

Zunächst ist zu berücksichtigen, dass Gemeindevertretungen und Kreistage nicht Parlamente im staatsrechtlichen Sinne sind. Die Gemeindevertretung ist ein Organ der Verwaltung, dem in erster Linie verwaltende Tätigkeiten anvertraut sind. Anders als Parlamente auf Landes- oder Bundesebene üben Gemeindevertretungen und Kreistage keine Gesetzgebungstätigkeit aus. Hieran ändern auch die kollegiale Struktur des Vertretungsorgans sowie die Befugnis zur Satzungsgebung nichts.[44] Schließlich unterliegen die Entscheidungen der kommunalen Vertretungsorgane der Rechtsaufsicht.

Für die Einschätzung der Wahrscheinlichkeit des Einzugs von Splitterparteien und damit einhergehender Funktionsstörungen bei der Aufgabenerfüllung der kommunalen Vertretungsorgane kommt der Ausgestaltung des Kommunalverfassungsrechts in dem jeweiligen Bundesland entscheidendes Gewicht zu. Bedeutsam sind vor allem die gesetzlichen Zuständigkeiten der kommunalen Vertretungsorgane sowie das Instrumentarium, um Entscheidungsausfälle zu vermeiden und Störungen durch kleine Gruppen zu begegnen. Die Beeinträchtigung der Funktionsfähigkeit der Vertretungen darf nicht nur eine theoretische Möglichkeit sein, sie muss vielmehr mit einiger Wahrscheinlichkeit zu erwarten sein.

Mit der Wahl des Bürgermeisters oder Landrats liegt eine wesentliche Personalentscheidung unmittelbar beim Volk. Sie tragen in eigener Zuständigkeit die alleinige umfassende Verantwortung für die Leitung der Gemeindeverwaltung, für die sachliche und wirtschaftliche Erledigung der Aufgaben und für den Geschäftsgang der Verwaltung.

Durch ihre Direktwahl sind stabile Mehrheitsverhältnisse, die durch das Auftreten von Splitterparteien in Kommunalvertretungen und Kreistagen gefährdet werden könnten, nicht mehr notwendig. Hier liegt ein wesentlicher Unterschied zu den Landesparlamenten und zum Bundestag. So wird der Bundeskanzler gem. Art. 67 Abs. 1 und 2 GG mit den Stimmen der Mehrheit der Mitglieder des Bundestages gewählt, was bei einer parteipolitischen Zersplitterung der Abgeordneten zu Instabilität führen könnte.

Bürgermeister und Landrat sind seit der Einführung ihrer Direktwahl vom Vertrauen der Volksvertretung nicht mehr abhängig. Die unmittelbare Wahl durch das Volk sichert dem Bürgermeister und dem Landrat eine besondere institutionelle Unabhängigkeit. Dies garantiert bereits weitgehend eine funktionierende Gemeindeverwaltung, unabhängig von den Mehrheitsverhältnissen in der Gemeindevertretung

Darüber hinaus enthalten die Gemeinde- und die Kreisordnung Sonderregelungen, die die Entscheidungsfähigkeit der Kommunalvertretungen auch dann sicherstellen, wenn das übliche Quorum der Beschlussfähigkeit nicht zu wahren ist. Diese Regelungen bieten auch beim Einzug von Splitterparteien Gewähr für die Handlungs- und Funktionsfähigkeit der Vertretungen.

44 *Meyer* Kommunales Parteien- und Fraktionenrecht, 1990, S. 223 m. w. N.

Auch können die in anderen Ländern ohne Fünf-Prozent-Sperrklausel gemachten Erfahrungen nicht gänzlich außer Betracht gelassen werden. Die Tatsache, dass schwerwiegende Störungen der Funktionsfähigkeit der Kommunalvertretungen aus anderen Ländern ohne Fünf-Prozent-Sperrklausel nicht bekannt geworden sind, spricht ebenfalls gegen eine Rechtfertigung der Fünf-Prozent-Klausel im Bundesland B.

C. Ergebnis

106 Der Landtag hat die Rechte der A Partei aus Art. 3 Abs. 1 der Verfassung des Bundeslands B und aus Art. 21 Abs. 1 GG dadurch verletzt, dass er in seiner Sitzung vom 29. Januar 2009 den Gesetzentwurf der Fraktion der A Partei zur Abschaffung der Fünf-Prozent-Klausel im Kommunalwahlgesetz abgelehnt hat. Der Antrag ist somit zulässig und begründet.

Hinweis

Gem. § 72 Abs. 2 BVerfGG kann das BVerfG im Organstreitverfahren lediglich feststellen, ob die streitige Maßnahme oder Unterlassung gegen eine bestimmte Vorschrift der Landesverfassung verstößt. Es kann dagegen nicht feststellen, dass eine Norm gegen Vorschriften der Landesverfassung oder des Grundgesetzes verstößt und damit nichtig ist.

II. Die Arbeit des Bundestages

1. Die Zuständigkeit des Bundestages

Die Zuständigkeit des Bundestages umfasst grundsätzlich alle Angelegenheiten, die in die Kompetenz des Bundes fallen. Angelegenheiten, die der ausschließlichen Länderhoheit unterliegen, bzw. rein kommunale Angelegenheiten fallen nicht in seine Entscheidungskompetenz. Zudem darf der Bundestag **nicht in den Kernbereich der Zuständigkeiten anderer Bundesorgane** (Regierung, Bundesgerichte) eingreifen. 107

Beispiel Eine Debatte des Bundestages über die Richtigkeit eines landgerichtlichen Urteils wäre sowohl ein Eingriff in die Länderhoheit als auch in den Kernbereich der Justiz. ■

Der Bundestag entscheidet durch **Beschluss**. Zu unterscheiden sind sog.:

- **„schlichte Parlamentsbeschlüsse"**[45]: Der Bundestag kann durch einfache Beschlüsse auf politische Entwicklungen Einfluss nehmen, indem er beispielsweise die Bundesregierung auffordert, bestimmte Maßnahmen zu ergreifen, Gesetzesvorlagen einzubringen oder Planungsvorstellungen zu entwickeln. Allerdings sind derartige Beschlüsse für die Bundesregierung **rechtlich nicht verbindlich**. Sie muss in eigener Verantwortung prüfen, ob sie einem auf diese Weise geäußerten Willen des Parlaments Rechnung trägt oder möglicherweise einen politischen Konflikt in Kauf nimmt.
- **„echte (verbindliche) Parlamentsbeschlüsse"**, die im Gegensatz zu den „schlichten" Parlamentsbeschlüssen **echte Rechtswirkungen** hervorbringen. Das Grundgesetz ordnet diese Beschlüsse bei vielen Wahl- und Kreationsakten an, aber auch bei anderen Akten mit stark personalem Bezug sowie bei einigen eilbedürftigen Entscheidungen und im parlamentsinternen Bereich.

Beispiele Feststellung der Beschlussfähigkeit (§ 45 GOBT), Überweisungen eines Antrages an einen Ausschuss (§ 80 GOBT), Wahl des Präsidenten/Stellvertreters/Schriftführers (Art. 40 Abs. 1 S. 1 GG), Wahl des Bundeskanzlers (Art. 63 Abs. 1, 67 Abs. 1, 68 Abs. 1 S. 2), Wahl der Mitglieder des BVerfG (Art. 94 Abs. 1 S. 2 GG), der Mitglieder des Vermittlungsausschusses (Art. 77 Abs. 2 S. 1 GG), Wahlprüfung (Art. 41 Abs. 1 S. 1 GG), Entscheidung über die Aufhebung der Immunität von Abgeordneten (Art. 46 Abs. 2 und 4 GG), Abstimmung über die Vertrauensfrage (Art. 68 Abs. 1 GG),Beschluss, die Anwesenheit von Mitgliedern der Bundesregierung zu verlangen (Art. 43 Abs. 1 GG), Feststellung des Eintritts des Spannungsfalles (Art. 80a Abs. 1 GG) und des Verteidigungsfalles (Art. 115a Abs. 1 GG), der Erlass der GOBT (Art. 40 Abs. 1 S. 2 GG), Festlegung der Sitzungen des Plenums (Art. 39 Abs. 3 GG), Ausschluss der Öffentlichkeit von den Verhandlungen (Art. 42 Abs. 1 S. 2 GG), Einsetzung von Untersuchungsausschüssen (Art 44 GG). ■

- **Gesetzesbeschlüsse** (Art. 77 Abs. 1 GG) 108

Beispiel Der Bundeskanzler beschließt die Zusammenlegung von Innen- und Justizministerium. Im Bundestag kommt es hierüber zu heftigen Auseinandersetzungen. Es wird folgender Beschluss gefasst: „Der Bundeskanzler wird aufgefordert, die Zusammenlegung des Innen- und des Justizministeriums rückgängig zu machen." Der Bundeskanzler zeigt sich unbeeindruckt von diesem Beschluss. Er sieht hierin einen unzulässigen Zugriff des

45 *Degenhart* Staatsrecht I Rn. 33.

Parlaments auf den Kernbereich der Organisationsgewalt der Regierung. Der Bundestag könne nicht durch derartige Beschlüsse, deren Natur und Wirkungen unklar seien, über Minister und Ministerien verfügen. Drei Monate später beschließt der Bundestag wegen der Nichtbeachtung seines Beschlusses das folgende Gesetz: „Das Innen- und Justizministerium wird in das Ministerium für Inneres und das Justizministerium aufgespalten."

Der **erste Beschluss** könnte in die **Organisationsgewalt des Bundeskanzlers** eingreifen. Denn für die Errichtung und Aufhebung der Ministerien kommt die Organisationsgewalt grundsätzlich dem Bundeskanzler zu, vgl. Art. 64, 69 GG. Jedoch ist der Beschluss als **schlichter Parlamentsbeschluss** nicht rechtsverbindlich. Deshalb kann die Aufforderung zur Rückgängigmachung der Zusammenlegung der Ministerien nicht den Bestand der Organisationsgewalt der Bundesregierung berühren. Anders liegt der Fall bei dem **Gesetzesbeschluss**. Aufgrund seiner Rechtsverbindlichkeit greift er in die Organisationsgewalt des Bundeskanzlers ein. Der **Kernbereich exekutiver Eigenverantwortung**, der einen nicht ausforschbaren Initiativ-, Beratungs- und Handlungsbereich einschließt,[46] umfasst auch den Bereich der Regierungsorganisation.[47] Denn es besteht ein enger Zusammenhang zwischen der Frage der Ressortzuständigkeit und der Persönlichkeit des vorgesehenen Amtsinhabers. Somit ist die Zusammenlegung zweier Ministerien ein unzulässiger Eingriff in den zugriffsfesten Kernbereich der Organisationsgewalt. Die Zuständigkeit des Bundestags wäre also abzulehnen. Nach a.A. hat das Justizministerium unmittelbaren Bezug zu den Aufgaben der **Rechtsprechung** und gehört damit nicht zum Kernbereich der Exekutive.[48] Vielmehr sei der **Gesetzgeber** verpflichtet, in grundlegenden normativen Bereichen alle wesentlichen Entscheidungen selbst zu treffen. Die Trennung oder Zusammenlegung von Innen- und Justizministerium sei eine wesentliche Entscheidung, da grundsätzliche Verfassungsfragen, wie der Grundsatz der Gewaltenteilung und die Unabhängigkeit der Gerichte berührt seien. Dem ist aber entgegenzuhalten, dass die Wesentlichkeitstheorie nicht auf Organisationsentscheidungen, wie sie hier vorliegt, anwendbar ist.[49] ■

2. Die Aufgaben des Bundestages

109 Die Hauptfunktionen des Bundestags sind die

- Gesetzgebungsfunktion
- Kreationsfunktion und
- Kontrollfunktion gegenüber der Exekutive.

a) Gesetzgebung

110 Die wesentlichste Aufgabe des Parlaments liegt in der Gesetzgebung. Kein förmliches Gesetz kommt ohne seinen Beschluss zustande (Art. 77 Abs. 1 S. 1 GG). Näheres zum Gesetzgebungsverfahren s. Rn. 205 ff. Sollen völkerrechtliche Verträge in Deutschland Geltung erlangen, müssen auch sie das Gesetzgebungsverfahren durchlaufen, Art. 59 Abs. 2 GG.

---

46 *BVerfGE* 68, 1, 87.

47 *Butzer* NWVBl. 1996, 208, 212.

48 *NW VerfGH* NJW 1999, 1243, 1245.

49 *Böckenförde* NJW 1999, 1235 f.

b) Kreationsfunktion

Neben den Wahlen seiner eigenen Organe (z.B. Präsident, Vizepräsidenten, Schriftführer, Wehrbeauftragter) obliegt dem Bundestag die Bildung weiterer Verfassungsorgane. **111**
Insbesondere wählt er:
- den Bundeskanzler (Art. 63 Abs. 1 GG)
- die Hälfte der Bundesverfassungsrichter (Art. 94 GG)
- den Wehrbeauftragten (Art. 45b GG)
- durch Mitgliedschaft in der Bundesversammlung den Bundespräsidenten (Art. 54 Abs. 3 GG)
- durch Mitgliedschaft im Richterwahlausschuss die Bundesrichter (Art. 95 Abs. 2 GG).

c) Kontrollfunktion

Dem Bundestag obliegt die parlamentarische Kontrolle der übrigen Staatsgewalten, insbesondere der **Bundesregierung**. Instrumente der parlamentarischen Kontrolle sind vor allem: **112**
- das **Herbeirufen** von Mitgliedern der Bundesregierung (Art. 43 Abs. 1 GG, § 42 GOBT – „Zitierrecht"),
- die Einsetzung von **Untersuchungsausschüssen** (Art. 44 Abs. 1 S. 1 GG),
- das **Interpellationsrecht**, d.h. das Recht, von der Bundesregierung Auskünfte zu verlangen. Hierzu dienen insbesondere die über die Fraktion einzubringenden (vgl. § 75 Abs. 1 Nr. f, Abs. 3, § 76 GOBT) sog. **Großen Anfragen** (mit Aussprache, vgl. §§ 100 ff. GOBT), die **Kleinen Anfragen** (ohne Aussprache, vgl. § 104 GOBT) und die **Kurzen Einzelfragen** (§ 105 GOBT – diese dürfen von jedem Abgeordneten gestellt werden),
- **Anklage** gegen den **Bundespräsidenten** wegen Gesetzesverletzung (Art. 61 Abs. 1 GG),
- die Genehmigung von **Staatsverträgen** (Art. 59 Abs. 2 GG),
- die Feststellung des **Haushaltsplanes**, in dem die Budgets der einzelnen Ministerien und des Kanzleramts festgelegt werden (Art. 110 Abs. 2 GG),
- die **Rechnungskontrolle** (Art. 114 GG),
- die Genehmigung von **Bundesanleihen** (Art. 115 GG).

Die Kontrollmöglichkeiten gegenüber der **Judikative** sind aufgrund der richterlichen Unabhängigkeit (Art. 97 Abs. 1 GG) auf das – bisher nicht zur Anwendung gekommene – Recht der Richteranklage gem. Art. 98 Abs. 2 GG beschränkt.

3. Die Organisation des Bundestages

a) Die Geschäftsordnung des Bundestages

Aufgrund seiner in Art. 40 Abs. 1 S. 2 GG verankerten Geschäftsordnungs-Autonomie hat der Bundestag das Recht, seine Organisation und das Verfahren selbst festzulegen. Die Geschäftsordnung des Bundestages (GOBT)[50] enthält verbindliche Rechtsnormen mit Innenwirkung, die die Beziehungen der Abgeordneten untereinander und das Verhältnis des Bundestages zu den anderen Verfassungsorganen ausgestalten. Nach **h.M.**[51] kommt der GOBT **113**

50 Geschäftsordnung des Bundestages abgedruckt in: Staats- und Verwaltungsrecht der Bundesrepublik Deutschland, Nr. 2.

51 *BVerfGE* 1, 144, 148 f.

die Rechtsnatur einer **autonomen Satzung** zu, nach **a.A.** handelt es sich um eine **Rechtsvorschrift „sui generis"**[52] Jedenfalls kommt ihr grundsätzlich **parlamentsinterne Geltungskraft** zu. Entsprechend dem Grundsatz der Diskontinuität gilt sie nur für die jeweilige Wahlperiode und muss bei der Neukonstituierung jedes Bundestags von diesem wieder übernommen werden.

Die GOBT dient der Herstellung und Aufrechterhaltung der Arbeitsfähigkeit des Parlaments. In diesem verfassungsrechtlich vorgezeichneten Rahmen kann die GOBT auch Abgeordnetenrechte einschränken bzw. dazu ermächtigen (z.B. Begrenzung der Redezeit, disziplinarische Maßnahmen gegen Abgeordnete bei Verletzung der Ordnung, Einräumung bestimmter parlamentarischer Rechte nur für Fraktionen). Die Verletzung von Statusrechten aus der GOBT kann von Bundestagsmitgliedern gegenüber dem Bundestag im **Organstreitverfahren** geltend gemacht werden.

Hinweis

Im Gesetzgebungsverfahren führt allein der Verstoß gegen Bestimmungen der GOBT nicht zur Verfassungswidrigkeit des Gesetzes. Anders liegt es, wenn die GOBT lediglich einen bestehenden **Verfassungssatz** konkretisiert und in dem Geschäftsordnungsverstoß zugleich ein **Verfassungsverstoß** liegt.

b) Die Organe des Bundestages

aa) Der Bundestagspräsident

114 Der Bundestag wählt seinen Präsidenten, die Stellvertreter und die Schriftführer (Art. 40 Abs. 1 S. 1 GG). Der Bundestagspräsident übt die Sitzungsleitung und die Disziplinargewalt während der Sitzungen sowie gem. Art. 40 Abs. 2 S. 1 GG das Hausrecht und die Polizeigewalt im Gebäude des Bundestages aus.

Beispiel Ohne Einwilligung des Bundestagspräsidenten dürfen Polizisten in den Räumen des Bundestages nicht tätig werden. Auch richterlich angeordnete Durchsuchungen und Beschlagnahmen bedürfen der Genehmigung durch den Präsidenten (Art. 40 Abs. 2 S. 2 GG). ■

bb) Das Bundestagsplenum

115 Der Bundestag berät und entscheidet in öffentlicher Plenarsitzung, § 19 Abs. 1 S. 1 GOBT. Die möglichen Gegenstände der Beratungen des Plenums ergeben sich aus § 75 GOBT, insbesondere Gesetzentwürfe. Die Vorbereitung der Plenarsitzungen erfolgt vor allem durch die Beschlussempfehlungen der Ausschüsse. Das Letztentscheidungsrecht liegt allerdings beim Plenum.

Das Plenum ist **beschlussfähig**, wenn mehr als die Hälfte der Mitglieder des Bundestages anwesend sind (§ 45 Abs. 1 GOBT). Sind weniger Abgeordnete anwesend, kann das Plenum dennoch beschließen, es sei denn, die Beschlussunfähigkeit wird ausdrücklich festgestellt, § 45 Abs. 2, 3 GOBT. **Rederecht** im Plenum besitzen die Bundestagsabgeordneten und die Mitglieder der Bundesregierung, Art. 43 Abs. 2 S. 2 GG.

52 Vgl. *N. Achterberg/M. Schulte* in: v. Mangold, Hermann/Klein, Friedrich/Starck, Christian, Das Bonner Grundgesetz, Art. 40 Rn. 33 ff.

cc) Die Bundestagsausschüsse

Die eigentliche Sacharbeit des Bundestages wird in den Bundestagsausschüssen geleistet. Diese bereiten die Plenarbeschlüsse vor. **116**

Ausschüsse sind, wie Fraktionen, Teile des Deutschen Bundestages. Während bei Fraktionen die Teilung nach parteipolitischer Orientierung erfolgt, folgen Ausschüsse fachlichen Einteilungskriterien. So gibt es u.a. einen Rechtsausschuss, einen Haushaltsausschuss, einen Petitionsausschuss. Die Zusammensetzung von Ausschüssen richtet sich nach dem **Fraktionsproporz**, § 57 Abs. 1 S. 1 GOBT. Es gilt der **Grundsatz der Spiegelbildlichkeit** der Zusammensetzung von Parlament und Ausschuss.[53]

Jeder Abgeordnete des Bundestages soll grundsätzlich einem Ausschuss angehören, § 57 Abs. 1 S. 2 GOBT. Das Benennungsrecht liegt grundsätzlich bei den Fraktionen, § 57 Abs. 2 GOBT. Welche Ausschüsse er einrichtet, entscheidet der Bundestag in Ausübung seiner Geschäftsordnungsautonomie. Jedoch sind bestimmte Ausschüsse **verfassungsrechtlich vorgeschrieben**: Ausschüsse für auswärtige Angelegenheiten (Art. 45a Abs. 1 GG), für die Angelegenheiten der Europäischen Union (Art. 45 GG), für Verteidigung (Art. 45a Abs. 1 GG) und der Petitionsausschuss (Art. 45c GG). Der **Vermittlungsausschuss** ist gem. Art. 77 Abs. 2 GG kein Ausschuss des Bundestages, sondern ein **gemeinsamer Ausschuss von Bundestag und Bundesrat**.

dd) Beauftragte des Bundestages

Im Grundgesetz vorgesehen ist der **Wehrbeauftragte** des Deutschen Bundestages (Art. 45b GG). Dieser hat den Bundestag bei der Wahrnehmung der parlamentarischen Kontrolle zu unterstützen und auf den Schutz der Grundrechte der Soldaten hinzuwirken. Näheres regelt das Gesetz über den Wehrbeauftragten des Deutschen Bundestages.[54] **117**

III. Der Status der Bundestagsabgeordneten

Aus Bundestagswahlen gehen gem. § 1 Abs. 1 S. 1 BWahlG – vorbehaltlich der Überhangmandate – insgesamt 598 Abgeordnete hervor. Deren Status ist in Art. 38 Abs. 1 S. 2 GG geregelt. Jeder Abgeordnete des Deutschen Bundestages ist Vertreter des Volkes. Aus dem Status des Abgeordneten folgen die Rechte, die erforderlich sind, damit er der Aufgabe als Volksvertreter nachkommen kann. Einiges wird im Grundgesetz ausdrücklich genannt, so **Indemnität** (Art. 46 Abs. 1 GG), **Immunität** (Art. 46 Abs. 2 bis 4 GG) oder ein **Zeugnisverweigerungsrecht** (Art. 47 GG). Das meiste aber, z.B. ein Rederecht oder ein Recht auf Sitz und Stimme in Ausschüssen oder ein Recht auf Mitgliedschaft in einer Fraktion, muss aus dem Gesamtzusammenhang des parlamentarischen Systems abgeleitet werden. **118**

JURIQ-Klausurtipp

Es geht um die Frage: Was muss dem Abgeordneten zustehen, damit er der Aufgabe gerecht werden kann, „Vertreter des ganzen Volkes" zu sein? Diese Herleitung ermöglicht in der Klausur die Überprüfung eines Gesamtverständnisses, das über bloßes Detailwissen hinausgeht.

53 *BVerfGE* 80, 188, 222.

54 Gesetz zu Artikel 45b des Grundgesetzes in der Fassung der Bekanntmachung vom 16. Juni 1982 (BGBl. I S. 677), zuletzt geändert durch Artikel 4 Abs. 54 des Gesetzes vom 5. Mai 2004 (BGBl. I S. 718).

1. Der Grundsatz des freien Mandats

119 Die Abgeordneten des Bundestages verfügen nach Art. 38 Abs. 1 S. 2 GG über ein freies Mandat – im Gegensatz zum **imperativen Mandat**. Letzteres bindet den Abgeordneten an den Wählerwillen oder an Weisungen von Partei oder Fraktion. Beim freien Mandat ist er an Aufträge und Weisungen nicht gebunden und nur seinem **Gewissen** unterworfen. Es schützt sie vor Einflussnahme von Wählern, Wählergruppen, Parteien bzw. Fraktionen oder anderen politischen und wirtschaftlichen Gruppen und garantiert ihre Unabhängigkeit.

Eine neue Regelung im Bundeswahlgesetz legt fest, dass Abgeordnete, die über die Landesliste in den Bundestag gewählt wurden und während der Legislaturperiode **aus ihrer Partei austreten**, ihre Mitgliedschaft im Bundestag verlieren. Dagegen spricht der Grundsatz des freien Mandats: Der Abgeordnete muss die Möglichkeit haben, aus seiner Partei auszutreten, wenn er deren Politik nicht mehr mit seinem Gewissen vereinbaren kann. Zwar verdankt ein Abgeordneter, der über die Landesliste in den Bundestag gewählt wurde, sein Mandat in stärkerem Maße der Partei als ein direkt gewählter Abgeordneter. Allerdings gilt Art. 38 Abs. 1 S. 2 GG für alle Abgeordneten gleichermaßen. Eine Unterscheidung zwischen Direkt- und Listenmandat ist nicht verfassungskonform.[55]

JURIQ-Klausurtipp

Entscheiden Sie sich in Konfliktfällen für den Vorrang der Entscheidungsfreiheit des Abgeordneten i.S.d. Art. 38 Abs. 1 S. 2 GG.

2. Die Mitwirkungsrechte der Abgeordneten

120 Aus Art. 38 Abs. 1 S. 2 GG wird hergeleitet, dass der Abgeordnete über Mitwirkungsmöglichkeiten im Parlament verfügen muss, um seinem Amt als Volksvertreter nachkommen zu können. Aus dem demokratischen Gewaltenteilungsgrundsatz gem. Art. 20 Abs. 2 S. 2 GG ergibt sich zudem das Informationsrecht des Abgeordneten. Denn er kann seine **Funktion der Kontrolle der Regierung** nur wahrnehmen, wenn er die Möglichkeit hat, sich über das Handeln der Exekutive in ihrem Verantwortungsbereich zu informieren. Seine Konkretisierung erfährt das Fragerecht in §§ 104 f. GOBT. Gem. § 105 GOBT können auch einzelne Abgeordnete von der Bundesregierung Auskunft über bestimmte einzelne Bereiche verlangen.

JURIQ-Klausurtipp

Die GOBT ist kein Verfassungsrecht, sondern autonomes Satzungsrecht des Parlaments, Art. 40 Abs. 1 S. 2 GG. Ein Verstoß gegen das parlamentarische Informationsrecht des Abgeordneten muss nach den einschlägigen Normen in der **Verfassung** geprüft werden.

---

55 *Degenhart* Staatsrecht I Rn. 633.

Die parlamentarischen Mitwirkungsrechte gelten nicht unbeschränkt. Sie können im Einzelfall durch anderes Verfassungsrecht, die Grundrechte Dritter oder die Verpflichtung der Verfassungsorgane zur gegenseitigen Rücksichtnahme beschränkt werden.

Verfassungsorgantreue ist die ungeschriebene Verpflichtung der Verfassungsorgane, in ihrem Verhältnis zueinander über die positiv festgestellten Befugnisse hinaus, sich von wechselseitiger Rücksichtnahme leiten zu lassen.

Beispiel Bei der Beurteilung der Zumutbarkeit ist zu berücksichtigen, dass für die Beantwortung **Kleiner Anfragen** nur eine Frist von 14 Tagen zur Verfügung steht, § 104 Abs. 2 GOBT. Begehrt ein Abgeordneter Auskunft über einen **geheimhaltungsbedürftigen Gegenstand**, hat die Regierung – in Abwägung zwischen Informations- und Geheimhaltungsinteresse – die Möglichkeit einer Unterrichtung in nichtöffentlicher, vertraulicher oder geheimer Form. Verweigert die Regierung die Auskunft generell mit Hinweis auf das Geheimhaltungsinteresse, liegt insoweit ein Verstoß gegen das parlamentarische Informationsrecht des Abgeordneten vor.

Zudem rechtfertigt die **Gewährleistung der Funktionsfähigkeit des Parlaments** Beschränkungen der Rechte des einzelnen Abgeordneten. Jedoch dürfen den Abgeordneten die Mitwirkungsrechte nicht vollständig entzogen werden. Das BVerfG[56] definiert einen unentziehbaren **„Kernbereich" der Abgeordnetenrechte**: das Rederecht, das Stimmrecht im Plenum, die Beteiligung an der Ausübung des Frage- und Informationsrechts des Parlaments, das Recht, sich an vom Parlament vorgenommenen Wahlen zu beteiligen, parlamentarische Initiativen zu ergreifen sowie sich mit anderen Abgeordneten zu einer Fraktion zusammenzuschließen. Dabei muss nach der **Rechtsprechung**[57] ein Mindeststandard gewährleistet sein, der die sinnvolle Wahrnehmung dieser Rechte ermöglicht.

Beispiel So können zwar Redezeiten im Plenum für einzelne Abgeordnete begrenzt werden (vgl. § 35 Abs. 1 GOBT), doch liegt die Untergrenze der Redezeit dort, wo diese so kurz bemessen ist, dass eine dem Debattenthema angemessene Äußerung nicht mehr möglich ist.

3. Indemnität und Immunität

Indemnität bedeutet nach Art. 46 Abs. 1 GG, dass ein Abgeordneter wegen seiner Abstimmung oder wegen einer Äußerung, die er im Bundestag getan hat, nicht zur Verantwortung gezogen werden kann. 121

Damit schließt Art. 46 Abs. 1 GG zivilgerichtliche Klagen, Straf- und Disziplinarverfahren gegen einen Abgeordneten aus.

56 *BVerfGE* 80, 188, 218.

57 *BVerfGE* 96, 264, 285.

Immunität bedeutet nach Art. 46 Abs. 2 GG, dass ein Abgeordneter wegen einer mit Strafe bedrohten Handlung nur mit Genehmigung des Bundestages zur Verantwortung gezogen oder verhaftet werden darf, es sei denn, er wird auf frischer Tat ertappt.

Indemnität und Immunität sind beide einschlägig, soweit ein Abgeordneter wegen seiner Abstimmung oder wegen einer Äußerung im Bundestag strafrechtlich zur Verantwortung gezogen oder gar verhaftet werden soll. Ansonsten unterscheidet sich ihr Anwendungsbereich:

Die **Indemnität** schützt das **parlamentarische Verhalten des Abgeordneten**, befreit ihn diesbezüglich aber von jeder, auch der zivilrechtlichen Verantwortlichkeit. Sie gewährt Straffreiheit, auch über die Dauer des Mandates hinaus (vgl. § 36 StGB). Schutzgut der Indemnität ist die Freiheit des Mandats: Der einzelne Abgeordnete soll in seiner parlamentarischen Arbeit nicht durch die Drohung mit straf- oder zivilrechtlichen Konsequenzen behindert werden können. Folgerichtig darf das Parlament über die Indemnität eines Abgeordneten nicht verfügen.

Die **Immunität** dagegen schützt zwar auch das außerparlamentarische Verhalten, jedoch nur vor der Strafgewalt des Staates. Sie ist ein reines Strafverfolgungshindernis und besteht im Interesse des Parlamentes, dessen Arbeit vor den Strafverfolgungsorganen geschützt werden soll.

Infolgedessen kann das Parlament auf die Immunität gegen den Willen des Abgeordneten verzichten, indem es die Genehmigung zu Strafverfolgungsmaßnahmen erteilt (Art. 46 Abs. 2 GG). Auch erlischt die Immunität mit dem Mandat.

122 **Beispiel**[58] Der Abgeordnete X richtet eine Anfrage an die Bundesregierung, in der dem Bundesministers Y Beteiligung an einer Steuerhinterziehungsaffaire unterstellt wird Zugleich übergibt X seine Anfrage der Presse, die tags darauf über die angebliche Steuerhinterziehung des Y berichtet. Y beantragt gegen X vor dem zuständigen Zivilgericht eine einstweilige Verfügung, mit der X verboten werden soll, eine derartige Unterstellung zu wiederholen. Ist der auf eine einstweilige Verfügung gerichtete Antrag, zulässig?

Die Unzulässigkeit des Antrags könnte wegen Art. 46 Abs. 1 GG in Betracht kommen. Dies setzte aber eine Äußerung des X im Bundestag voraus. Hieran kann wegen der Mitteilung an die Presse gezweifelt werden. Jedoch besteht ein unmittelbarer Zusammenhang mit einem parlamentarischen Vorgang. Der **BGH** differenziert in diesen Fällen wie folgt: Wird eine in der Öffentlichkeit getane Äußerung im Parlament nur wiederholt, ist Art. 46 Abs. 1 GG nicht anwendbar. Wenn aber die Äußerung als Drucksache des Parlaments vorliegt, bevor sie an die Presse gegeben wird, es sich also um die **nachträgliche Berichterstattung** über eine im Parlament getane Äußerung handelt, unterfällt sie insgesamt dem Schutz von Art. 46 Abs. 1 GG.

Folglich schützt Art. 46 Abs. 1 GG den X. Der Antrag des Y ist unzulässig. Etwas anderes würde nur gelten, wenn die Äußerung des X als verleumderische Beleidigung zu werten gewesen wäre, Art. 46 Abs. 1 S. 2 GG. ■

58 Der Beispielsfall ist *BGHZ* 75, 384 ff. nachgebildet.

Verfolgungsverbote bei Abgeordneten		
Regelung	Indemnität Art. 46 Abs. 1 GG	Immunität Art. 46 Abs. 2 GG
umfasst	Abstimmungen/Äußerungen	jede mit Strafe bedrohte Handlung
Tatort	im Bundestag	außerhalb des Bundestages
Schutzzweck	• Gewissensfreiheit des Abgeordneten • sachgerechte Parlamentsarbeit	Funktionsfähigkeit des Parlaments
Aufhebbarkeit	nein	durch Beschluss des Bundestages

4. Die Abgeordnetenentschädigung

Nach Art. 48 Abs. 3 S. 1 GG, §§ 11 ff. AbgG haben die Abgeordneten einen Anspruch auf eine angemessene, ihre Unabhängigkeit sichernde Entschädigung. Die Tatsache, dass die Tätigkeit als Abgeordneter die Ausübung eines Berufs neben dem Mandat kaum zulässt, hat das **BVerfG**[59] in seinem grundlegenden **Diäten-Urteil** aufgegriffen: Aus der von Art. 48 Abs. 3 GG geforderten Entschädigung, die einmal eine Entschädigung für besonderen, mit dem Mandat verbundenen Aufwand war, sei die Bezahlung für die im Parlament geleistete Tätigkeit geworden. Die Diät verstehe sich als **Entgelt für die Inanspruchnahme des Abgeordneten durch sein zur Hauptbeschäftigung gewordenes Mandat**. Der Abgeordnete erhalte nicht mehr bloß eine Aufwandsentschädigung, sondern beziehe aus der Staatskasse ein echtes Einkommen. Die Alimentation sei so zu bemessen, dass sie auch für den, der kein Einkommen aus einem anderen Beruf hat, eine Lebensführung gestattet, die der Bedeutung des Mandats angemessen ist. 123

Die Entscheidung über die Diäten, insbesondere ihre Höhe und ihre Anpassung, liegt nach dem klaren Wortlaut von Art. 48 Abs. 3 GG beim Gesetzgeber. Die Höhe der Abgeordnetenentschädigung beträgt seit 1. Januar 2009 im Monat 7668 €. Sie ist einkommensteuerpflichtig. Hinzu kommt eine steuerfreie pauschale Aufwandsentschädigung von derzeit 3868 € monatlich, die u.a. die Kosten des Wahlkreisbüros, Mehraufwendungen am Sitz des Bundestags, Kosten für Fahrten im Wahlkreis etc. abdeckt. **Gehaltszulagen** sind auf wenige politisch besonders herausgehobene parlamentarische Funktionen beschränkt. Zulässig sind danach Zulagen für Fraktionsvorsitzende, nicht dagegen für stellvertretende Fraktionsvorsitzende, parlamentarische Geschäftsführer oder Ausschussvorsitzende.[60] Bezahlte Tätigkeiten neben dem Mandat müssen die Parlamentarier öffentlich machen.[61]

5. Die prozessuale Geltendmachung von Rechten der Abgeordneten

Soweit Abgeordnete eigene Rechte haben, können sie vor dem BVerfG im **Organstreitverfahren** klagen, Art. 93 Abs. 1 Nr. 1 GG, §§ 13 Nr. 5, 63 ff. BVerfGG. Dazu müssen sie eine **Verletzung eigener Rechte** geltend machen, insbesondere eine Verletzung ihres Abgeordnetenstatus. 124

59 *BVerfGE* 40, 296 ff.
60 *BVerfGE* 102, 224.
61 *BVerfGE* 118, 277.

Beispiel[61a] In einer Rede vor dem Deutschen Bundestag beschimpft der Abgeordnete A den Bundesfinanzminister B als „den bisher größten deutschen Bankrotteur des 3. Jahrtausends". Der Präsident des Deutschen Bundestages rügt diese Bezeichnung als unparlamentarisch. Diese Rüge empfindet der Abgeordnete als einen Eingriff in sein Rederecht. Deshalb beantragt er vor dem BVerfG die Feststellung, die Rüge sei rechtswidrig.

In Betracht kommt eine **Verletzung der Redefreiheit** des Abgeordneten im Parlament, die durch Art. 38 Abs. 1 S. 2 GG gewährleistet ist. Eine **Verfassungsbeschwerde** scheitert allerdings daran, dass die Redefreiheit auf dem Abgeordnetenstatus des A beruht. A beruft sich auf seine Rechte als Staatsorgan. Ein **Organstreitverfahren** scheitert daran, dass eine Rüge in der Regel nicht den Status als Abgeordneter berührt und somit keine Antragsbefugnis gegeben ist. Die **Rüge** ist das mildeste Mittel zur Aufrechterhaltung der parlamentarischen Ordnung gegenüber einem Bundestagsabgeordneten. Der Bundestagspräsident kann sie bei solchen Verstößen gegen die parlamentarische Ordnung anwenden, die er als so leicht bewertet, dass selbst ein Ordnungsruf als schwächstes der förmlichen Disziplinarmittel der Geschäftsordnung noch nicht angezeigt erscheint. Die Rüge, die zum Teil auch als Mahnung bezeichnet wird, ist an keine bestimmte Form gebunden. Kennzeichnend für die Rüge als Ordnungsmaßnahme ist ihr **präventiver, hinweisender Charakter**. Sie ist eine **Maßnahme unterhalb der Sanktion** für die Verletzung der parlamentarischen Form, ein Hinweis, die parlamentarischen Gepflogenheiten zu beachten. Dementsprechend gibt es gegen die Rüge auch keinen Einspruch an den Bundestag, wie er in § 39 GOBT für die Fälle des Ordnungsrufes und des Ausschlusses vorgesehen ist. Aus dem vorwiegend mahnenden Charakter der parlamentarischen Rüge folgt, dass dieses Ordnungsmittel in der Regel nicht die verfassungsmäßigen Rechte des Abgeordneten, gegen den sie sich richtet, beeinträchtigen kann. Eine Rüge durch den Präsidenten bringt zwar auch eine Missbilligung der Äußerung oder des Verhaltens eines Abgeordneten zum Ausdruck, hat jedoch **weder unmittelbar noch mittelbar einen Rechtsnachteil zur Folge**. Somit ist auch das Organstreitverfahren unzulässig.

Anders wäre der Fall, wenn der Bundestagsabgeordnete wegen einer Äußerung in einer Plenardebatte mit einer **Ordnungsmaßnahme** – Ordnungsruf oder Ausschluss gem. §§ 36 ff GOBT – belegt worden wäre. Dabei ist zwischen Rüge und Ordnungsruf allerdings streng zu trennen. Ein Ordnungsruf im Sinne des § 36 S. 2 GOBT liegt nur dann vor, wenn er vom Präsidenten des Bundestages auch nach außen hin ausdrücklich als solcher **kenntlich** gemacht worden ist. Er muss mindestens den Begriff „Ordnung" enthalten. Durch dieses strenge Formerfordernis soll gerade sichergestellt werden, dass der Ordnungsruf, gegen den der betroffene Abgeordnete Einspruch einlegen kann (§ 39 GOBT) und der bei zweimaliger Wiederholung zur Entziehung des Wortes führt (§ 37 GOBT), eindeutig von der Rüge im engeren Sinn zu unterscheiden ist. Bei einer Ordnungsmaßnahme wäre die zu dem **verfassungsrechtlichen Status des Abgeordneten** aus Art. 38 Abs. 1 S. 2 GG gehörende Befugnis zur Rede nachteilig berührt.[62] Das Organstreitverfahren wäre hier zulässig. ■

Im Organstreitverfahren ist neben der Geltendmachung eigener aber auch die Geltendmachung **fremder Rechte** möglich. Nach § 64 Abs. 1 BVerfGG kann ein Teil eines Organs auch eine Verletzung der Rechte des Organs, dem er angehört, und somit fremde Rechte geltend machen. Diese **Prozessstandschaft**, nähme man sie wörtlich, gäbe jedem einzelnen Abge-

61a Vgl. *BVerfGE* 60, 374.

62 *BVerfGE* 10, 4, 12.

ordneten das Recht, etwa Rechte, die dem Bundestag insgesamt gegenüber der Bundesregierung zustehen, geltend zu machen, möglicherweise gegen den Willen der Mehrheit im Bundestag. Das BVerfG beschränkt die Möglichkeiten der Prozessstandschaft deshalb auf **Fraktionen und Ausschüsse**.[63]

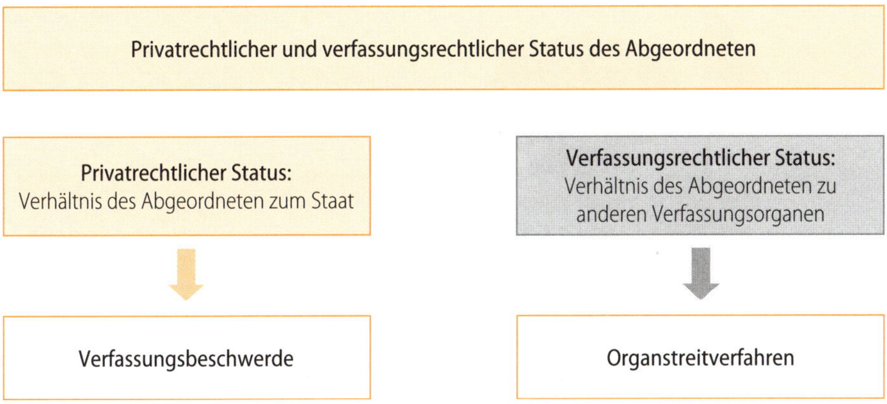

63 *BVerfGE* 2, 143 ff.

6. Übungsfall Nr. 5[64]

125 „Mandat im Mittelpunkt"

Im Oktober 2005 tritt ein Gesetz in Kraft, das eine Regelung enthält, nach der die Ausübung des Mandats im Mittelpunkt der Tätigkeit des Abgeordneten stehen muss. Der Abgeordnete A, der neben seinem Mandat eine Rechtsanwaltskanzlei betreibt, hält das Gesetz für verfassungswidrig, da es eine Mandatsausübung für Unternehmer, Freiberufler und sonstige Selbstständige faktisch unmöglich mache. Von einer Gefährdung der Unabhängigkeit des Mandats könne bei der Ausübung einer Tätigkeit neben der Ausübung des Mandats keine Rede sein. Vielmehr widerspreche die Mittelpunktregelung dem Grundgesetz, das eine pluralistische Zusammensetzung des Bundestages voraussetze. Ohne jede Rechtfertigung werde in den Status der Freiheit der Abgeordneten eingegriffen, wenn ihnen vorgeben wird, wie viel Zeit sie für ihr Mandat zu verwenden hätten.

Mit einer Klage beim BVerfG wendet er sich gegen eine Verletzung seines Abgeordnetenstatus (Art. 38 Abs. 1 S. 2 und Art. 48 Abs. 2 GG) durch die getroffenen Neuregelung. Hat der Antrag Aussicht auf Erfolg?

126 Lösung

Der Antrag hat Aussicht auf Erfolg, wenn er zulässig und begründet ist.

A. Zulässigkeit

I. Verfassungsbeschwerde

Der Antragsteller könnte Grundrechtsverletzungen, die sich aus den befürchteten Auswirkungen des Gesetzes auf seine berufliche Tätigkeit ergeben, im Wege einer Verfassungsbeschwerde geltend machen.

Jedoch beziehen sich die den Abgeordneten in dem Gesetz auferlegten Pflichten nach Ziel, Regelungsgehalt und Regelungswirkung auf den Abgeordnetenstatus. Grundsätzlich kann ein Abgeordneter bei allen Fragen, die seinen Abgeordnetenstatus i.S.d. Art. 38 Abs. 1 S. 2 GG betreffen, seine Rechte ausschließlich im Organstreit geltend machen. Die von dem Antragsteller befürchteten mittelbaren Auswirkungen auf berufliche Tätigkeiten neben dem Mandat sind im Rahmen der Regelung des Abgeordnetenstatus abwägend zu berücksichtigen.

II. Organstreitverfahren

In Betracht kommt ein Organstreitverfahren gem. Art. 93 Abs. 1 Nr. 1 GG, § 13 Nr. 5, §§ 63 ff. BVerfGG. Danach entscheidet das BVerfG über die Auslegung des Grundgesetzes aus Anlass von Streitigkeiten über den Umfang der Rechte und Pflichten eines obersten Bundesorgans oder anderer Beteiligter, die durch das Grundgesetz oder in der Geschäftsordnung eines obersten Bundesorgans mit eigenen Rechten ausgestattet sind.

1. Parteifähigkeit

a) Im Organstreit kann der einzelne Abgeordnete die Verletzung oder Gefährdung jedes Rechts, das mit seinem Status verfassungs-

64 Der Fall ist *BVerfGE* 118, 277 ff. nachgebildet.

rechtlich verbunden ist, geltend machen. Der Antragsteller ist somit parteifähig im Sinne von Art. 93 Abs. 1 Nr. 1 GG, § 63 BVerfGG.

b) Der Deutsche Bundestag als Antragsgegner ist parteifähig.

Hinweis

Gegen welche Person oder Institution der Antrag zu richten ist, hängt davon ab, wer die beanstandete Maßnahme oder Unterlassung verursacht hat und rechtlich verantworten muss. Wird der Erlass eines Gesetzes beanstandet, so ist der Antrag gegen die Gesetzgebungskörperschaften zu richten. Er braucht aber nicht sowohl gegen den Bundestag als auch gegen den Bundesrat gerichtet zu werden; der Bundestag allein reicht als Antragsgegner aus.

2. Gegenstand des Verfahrens

Der Antragsgegenstand ergibt sich aus Art. 93 Abs. 1 Nr. 1 GG, § 64 Abs. 1 BVerfGG. Es muss sich um eine Maßnahme oder ein Unterlassen des Antragsgegners handeln, durch die der Antragsteller in seinen ihm durch das Grundgesetz übertragenen Rechten und Pflichten verletzt oder unmittelbar gefährdet ist.

Als rechtserhebliche Maßnahme kommt jedes Verhalten des Antragsgegners in Betracht, das geeignet ist, die Rechtsstellung des Antragstellers zu beeinträchtigen. Maßnahme im Sinne des § 64 Abs. 1 BVerfGG kann nicht nur ein punktueller Einzelakt, sondern auch der Erlass eines Gesetzes oder die Mitwirkung an einem Normsetzungsakt sein.

Hinweis

Ebenso kann der Erlass oder die Änderung einer Vorschrift der Geschäftsordnung eine Maßnahme im Sinne des § 64 Abs. 1 BVerfGG darstellen, sofern sie beim Antragsteller eine aktuelle rechtliche Betroffenheit auszulösen vermag.

Danach stellen sich die angegriffenen Regelungen als rechtserhebliche Maßnahmen dar. Es erscheint nicht von vornherein ausgeschlossen, dass Verfassungsnormen, welche die dem Bereich des Verfassungslebens angehörende Rechte der Antragsteller sichern (Art. 38 Abs. 1 S. 2 und Art. 48 Abs. 2 GG), bei der inhaltlichen Gestaltung dieser Bestimmungen nicht beachtet wurden.

3. Antragsbefugnis

Der Antragsteller muss antragsbefugt gem. Art. 93 Abs. 1 Nr. 1 GG, § 64 Abs. 1 BVerfGG sein. Dies wäre der Fall, wenn nicht von vornherein ausgeschlossen werden kann, dass der Antragsgegner Rechte des Antragstellers, die aus einem verfassungsrechtlichen Rechtsverhältnis zwischen den Beteiligten erwachsen, durch die beanstandete rechtserhebliche Maßnahme verletzt oder unmittelbar gefährdet hat.

Die als verletzt geltend gemachte Rechtsposition muss darüber hinaus in einem Verfassungsrechtsverhältnis gründen. Ein Verfassungsrechtsverhältnis liegt vor, wenn auf beiden Seiten des Streits Verfassungsorgane oder Teile von Verfassungsorganen stehen und um verfassungsrechtliche Positionen streiten.

Hinweis

Der Organstreit ist kein objektives Beanstandungsverfahren; er dient dem Schutz der Rechte der Staatsorgane im Verhältnis zueinander, nicht aber einer allgemeinen Verfassungsaufsicht.

Hier liegt ein Antragsteller und Antragsgegner umschließendes Verfassungsrechtsverhältnis vor. Der Antragsteller macht eine Verletzung seines Abgeordnetenstatus (Art. 38 Abs. 1 S. 2 und Art. 48 Abs. 2 GG) durch die getroffenen Neuregelungen geltend. Die behauptete Beeinträchtigung seiner Abgeordnetenstellung erscheint nicht von vornherein ausgeschlossen.

4. Form und Frist

Nach § 64 Abs. 3 BVerfGG muss der Antrag binnen sechs Monaten nachdem die beanstandete Maßnahme dem Antragsteller bekannt geworden ist gestellt werden.

Hinweis

Es handelt sich um eine gesetzliche Ausschlussfrist, nach deren Ablauf im Organstreitverfahren Rechtsverletzungen nicht mehr geltend gemacht werden können.

Die Form, welche von §§ 23 Abs. 1, 64 Abs. 2 BVerfGG vorgeschrieben wird, muss bei der Antragstellung beachtet werden.

5. Zwischenergebnis

Der Antrag im Organstreitverfahren ist zulässig.

B. Begründetheit

Der Antrag ist begründet, wenn die streitgegenständliche Regelung verfassungswidrig ist und der Antragsteller hierdurch in seinen Rechten verletzt wird.

I. Die Verfassungsmäßigkeit der Mittelpunktregelung

1. Mangels anderweitiger Anhaltspunkte im Sachverhalt ist von der formellen Rechtmäßigkeit des Gesetzes auszugehen.

2. Zu prüfen ist, ob die Bestimmung, dass die Ausübung des Mandats im Mittelpunkt der Tätigkeit eines Mitglieds des Bundestages steht, materiell rechtmäßig ist.

Mit der Freiheit des Mandats gem. Art. 38 Abs. 1 S. 2 GG sind nicht nur Rechte, sondern auch Pflichten verbunden. Zu den Pflichten eines Abgeordneten gehört es, dass er in einer Weise und einem Umfang an den parlamentarischen Aufgaben teilnimmt, die deren Erfüllung gewährleistet. Dabei verlangt die parlamentarische Demokratie vom Abgeordneten mehr als nur eine ehrenamtliche Nebentätigkeit. Vielmehr fordert sie den ganzen Menschen, der allenfalls unter günstigen Umständen neben seiner Abgeordnetentätigkeit noch versuchen kann, seinem Beruf nachzugehen. Nur dieser Umstand rechtfertigt, dass ihnen ein voller Lebensunterhalt aus Steuermitteln finanziert wird.

Die Annahme des Antragstellers, ein freiberuflich tätiger Abgeordneter entspreche in besonderer Weise dem verfassungsrechtlichen Leitbild des unabhängigen Abgeordneten, ist ohne tragfähige Grundlage. Bereits Art. 48 Abs. 3 S. 1 GG geht davon aus, dass die Unabhängigkeit des Abgeordneten durch die ihm zustehende Entschädigung ausreichend gesichert wird.

Die Verfassungsnorm des Art. 38 Abs. 1 S. 2 GG bestimmt den Abgeordneten zum Vertreter des ganzen Volkes, der an Weisungen nicht gebunden und nur seinem Gewissen unterworfen ist. Diese Vorschrift zielt insbesondere auf Unabhängigkeit von Interessengruppen ab, die ihre Sonderinteressen im Parlament mit finanziellen Anreizen durchzusetzen suchen. Die Wahrung der Unabhängigkeit der Abgeordneten nach dieser Seite hin hat besonders hohes Gewicht; denn hier geht es – anders als der Einfluss der Parteien und Fraktionen im Prozess der politischen Willensbildung – um die Unabhängigkeit gegenüber Einwirkungen, die nicht durch Entscheidungen des Wählers vermittelt sind.

Von der Möglichkeit, politischen Einfluss durch ein Bundestagsmandat für die außerhalb des Mandats ausgeübte Berufstätigkeit gewinnbringend zu nutzen, gehen besondere Gefahren für die Unabhängigkeit der Mandatsausübung aus. Es genügt die abstrakte Gefahr einer Beeinträchtigung der Unabhängigkeit des Mandats. Dass vor und neben dem Mandat ausgeübte Tätigkeiten Rückwirkungen auf die Mandatsausübung haben können, liegt nicht fern. Daher durfte der Gesetzgeber das verfassungsrechtliche Leitbild des Abgeordneten in dem Sinne nachzeichnen, dass die Ausübung des Mandats im Mittelpunkt der Tätigkeit eines Mitglieds des Bundestages steht. Die Bestimmung soll die Wertigkeit der verfassungsrechtlichen Pflicht des Abgeordneten verdeutlichen, die in der Vertretung des ganzen Volkes besteht und neben der die Ausübung von Nebentätigkeiten neben dem Mandat in den Hintergrund tritt.

II. Zwischenergebnis

Das Gesetz ist formell und materiell rechtmäßig. Eine Rechtsverletzung des Antragstellers bedarf daher keiner weiteren Prüfung.

C. Ergebnis

Der Antrag ist zulässig, aber nicht begründet.

IV. Die Fraktionen

Das BVerfG hat die Fraktionen als „notwendige Einrichtungen des Verfassungslebens“[65] und „maßgebliche Faktoren der politischen Willensbildung“ bezeichnet, die „in die organisierte Staatlichkeit eingefügt“ seien und „die parlamentarische Handlungsfähigkeit garantieren“.[66] 127

1. Begriff und Rolle der Fraktion im Parlament

128 Ihre nur beiläufige Erwähnung in Art. 53a Abs. 1 S. 2 GG wird der herausragenden Rolle der Fraktionen im parlamentarischen Leben nicht gerecht. Nähere Bestimmungen finden sich in §§ 10 ff. GOBT und §§ 45 ff. AbgG. Fraktionen sind einerseits **rechtsfähige Vereinigungen von Abgeordneten**, § 46 Abs. 1 AbgG, können im eigenen Namen klagen und verklagt werden, § 46 Abs. 2 AbgG, und üben keine öffentliche Gewalt aus, § 46 Abs. 3 AbgG. Andererseits leiten sie ihre Rechte von den Abgeordneten her. Der Fraktionsstatus beruht letztlich auf der **Gesamtheit der im Abgeordnetenstatus wurzelnden Rechte** nach Art. 38 Abs. 1 S. 2 GG. Damit sind Fraktionen Teile des obersten Staatsorgans Bundestag, gehören als solche zweifelsfrei zur staatlichen Organisation und haben Teil an der Ausübung staatlicher Gewalt. Hier liegt ein wesentlicher Unterschied zu den Parteien, die gerade nicht zur organisierten Staatlichkeit gehören.

» Kommentieren Sie sich die §§ 10 ff. GOBT und die §§ 45 ff. AbgG an Art. 53a Abs. 1 S. 2 GG. «

Hinweis

Partei ist nicht gleich Fraktion:
- Parteien gehören dem politisch-gesellschaftlichen Bereich an.
- Fraktionen sind parteibezogene Untergliederungen des Bundestages und damit nicht Teil der jeweiligen Partei, wenn sie auch politisch und personell eng verbunden sind.

Nicht die Partei, sondern das Abgeordnetenmandat ermöglicht Eingang in die staatliche Organisation und die Mitwirkung an der staatlichen Willensbildung.

In der Realität sind Fraktionen und Parteien jedoch stark aufeinander bezogen. Fraktionen setzen in ihrem parlamentarischen Wirken die Parteiprogrammatik um, die bei den Wahlen durch die politischen Parteien aufgestellt wurde.

» Schauen Sie sich die Grundmandatsklausel unter Rn. 97 an. «

129 Angesichts ihrer zentralen Rolle im parlamentarischen Geschehen verlangt das allgemeine **Demokratieprinzip**, dass Fraktionen ebenfalls demokratisch organisiert sind, § 48 Abs. 1 AbgG. Die erforderliche Mindeststärke von Fraktionen im Bundestag setzt der Bundestag aufgrund seiner Geschäftsordnungsautonomie selbst fest; die in § 10 GOBT festgesetzte **Mindeststärke von fünf Prozent** spiegelt die Fünf-Prozent-Sperrklausel des § 6 Abs. 6 BWahlG wider. Das bedeutet, dass eine Partei, die aufgrund der Grundmandatsklausel in den Bundestag eingezogen ist, keine Fraktionsstärke erreichen kann. Die Abgeordneten dieser Partei können im Bundestag lediglich als **„Gruppe“** auftreten.

Die Zugehörigkeit zu einer Fraktion verändert die **Wirkungsmöglichkeiten** des einzelnen Parlamentariers erheblich. Sie gehört deshalb zum **verfassungsrechtlichen Status** eines jeden Abgeordneten. Schon die Entscheidung, sich überhaupt in Fraktionen zusammenzuschließen, wird als eine Ausübung des freien Mandats verstanden. Das hat zur Folge, dass Art. 38 Abs. 1

65 *BVerfGE* 10, 4, 14.
66 *BVerfGE* 80, 188, 202.

S. 2 GG die Fraktionen über die fraktionsangehörigen Abgeordneten mittelbar mit eigenen Rechten ausstattet, die von der **GOBT** näher festgelegt werden:

- das Einbringen von Gesetzentwürfen, § 76 Abs. 1 i.V.m. § 75 Abs. 1 Buchst. a) GOBT
- Anrufung des Vermittlungsausschusses, § 89 GOBT
- Anträge auf Änderung von Gesetzesentwürfen in der Dritten Lesung, § 85 Abs. 1 GOBT
- Kleine und Große Anfragen im Bundestag, § 76 Abs. 1 i.V.m. § 75 Abs. 1 Buchst. f) GOBT

Neben den Kleinen und Großen Anfragen, mit denen die Bundesregierung zur Rechenschaft gezogen werden kann, sind insbesondere für die **Oppositionsfraktionen** einige vom **Grundgesetz** vorgesehene Befugnisse von Bedeutung:

- Erzwingung einer Sondersitzung des Deutschen Bundestags, Art. 39 Abs. 3 S. 3 GG
- Ingangsetzen eines Normenkontrollantrags beim BVerfG, Art. 93 Abs. 1 Nr. 2 GG

2. Der fraktionslose Abgeordnete

» Machen Sie sich mit den parlamentarischen Vorgängen und der Ausschussarbeit vertraut, s. Rn. 116. «

130 Der Abgeordnete ist in seiner Mandatswahrnehmung in erheblichem Maße auf die Zugehörigkeit zu einer Fraktion oder Gruppe angewiesen. Fraktionslose Abgeordnete spielen im parlamentarischen Leben nur eine untergeordnete Rolle. Zwar haben sie ein **Rederecht** im Bundestag und auch ein **Mitwirkungsrecht in den Ausschüssen**. Letzteres jedoch **ohne Stimmrecht**. Fraktionslose Abgeordnete sind nach § 57 Abs. 2 S. 2 sog. beratende Ausschussmitglieder.

Die parlamentarische Willensbildung findet im Wesentlichen durch die Beschlussempfehlungen in den Ausschüssen statt, vgl. § 62 Abs. 1 S. 2 GOBT. Im Plenum stehen in der Regel nur bereits festgeschriebene Alternativen zur Abstimmung. Daher ist das **Stimmrecht im Ausschuss** ein wesentliches Teilhaberecht des Abgeordneten.

Die Versagung des Stimmrechts ist deshalb ein **Eingriff in das freie Mandat**, Art. 38 Abs. 1 S. 2 GG. Danach hat jeder Abgeordnete das Recht und die Pflicht, an der Arbeit des Bundestags effektiv teilzunehmen, und zwar in gleicher Weise: Nach dem Grundsatz der demokratischen Repräsentation und der Gleichheit der Wahl (Art. 38 Abs. 1 S. 1 Alt. 4 S. 2, Art. 20 Abs. 1 und 2 GG) gilt grundsätzlich Abgeordnetengleichheit, also das Recht aller Angeordneten auf gleiche Teilhabe am Prozess der parlamentarischen Willensbildung.[67]

Deshalb bedürfen Differenzierungen zwischen Abgeordneten stets eines besonderen rechtfertigenden Grundes. Das BVerfG[68] rechtfertigt dies mit der Zusammensetzung des Ausschusses als **„verkleinertes Spiegelbild des Plenums“**, in dem die Stimme eines fraktionslosen Abgeordneten „notwendigerweise überproportional“ wirken müsste.[69]

3. Der Fraktionsausschluss

131 Der Fraktionsausschluss stellt sich als schärfster Eingriff in das freie Mandat des Abgeordneten dar, denn er führt zu einer erheblichen Einschränkung seiner Wirkungsmöglichkeiten. Deshalb steht die Entscheidung einer Fraktion bzgl. des Ausschlusses eines Fraktionsmitglieds nicht im Belieben der Fraktion, sondern sie setzt unter Berücksichtigung rechtsstaatlicher und demokratischer Verfahrensregeln (formelle Voraussetzung) einen willkürfreien Beschluss der Fraktionsversammlung voraus.

---

67 *BVerfGE* 84, 304, 321 f.

68 *BVerfGE* 80, 188 ff.

69 Kritisch und vertiefend hierzu *Degenhart* Staatsrecht I Rn. 630 ff.

a) Die Voraussetzungen des Fraktionsausschlusses

Weder im GG noch im einfachen Recht findet sich eine explizite Rechtsgrundlage für den Fraktionsausschluss. Die Bestimmungen der §§ 45 ff. AbgG und des § 10 Abs. 4 und 5 PartG können weder direkt noch analog herangezogen werden. Die **Rechtsgrundlage** für einen Fraktionsausschluss auf Bundesebene kann nur **Art. 38 Abs. 1 S. 2 GG** selbst entnommen werden, da in dieser Verfassungsnorm auch das Recht auf das freie Mandat der übrigen Fraktionsmitglieder und die Funktionsfähigkeit der Fraktion als Teil des Parlaments gewährleistet werden. Die Kollision dieser verfassungsrechtlichen Positionen bedarf einer verhältnismäßigen Auflösung im Einzelfall.[70] 132

Ein Fraktionsausschluss ist unter folgenden Voraussetzungen möglich:

Rechtmäßigkeit des Fraktionsausschlusses

I. Formelle Ausschlussvoraussetzungen

1. **Einleitung nur durch Antrag eines Organs der Fraktion** Fraktionsvorstand, aus der Mitte des Fraktionsplenums oder durch ein anderes fakultatives Fraktionsorgan
2. **Schriftliche Ankündigung** des beabsichtigten Fraktionsausschlusses, Gewährung rechtlichen Gehörs und angemessene Fristsetzung zur Stellungnahme
3. **Ordnungsgemäße Ladung** zur Fraktionsversammlung unter Aufnahme des geplanten Ausschlusses als Tagesordnungspunkt sowie Beratung mit Gelegenheit zur Stellungnahme für den Betroffenen
4. **Abstimmung und Mehrheitsbeschluss**
   2/3-Mehrheit der Gesamtheit aller Abgeordneten in dieser Fraktion, Stimmrecht des Betroffenen
5. **Protokollierung des Beschlusses und Bekanntgabe**
   ggf. schriftliche Mitteilung an den betroffenen Abgeordneten

II. Materielle Ausschlussvoraussetzungen

1. **Vorliegen eines wichtigen Grundes**
   - nicht jede Differenz zwischen einem Abgeordneten und seiner Fraktion reicht aus
   - parlamentsinterne und -externe Ausschlussgründe möglich
   - Beurteilungsspielraum der Fraktion: Anhaltspunkt kann ein Verstoß gegen programmatische Entscheidungen zu wesentlichen Fragen der Politik oder mangelnde Rücksichtnahme und Loyalität gegenüber der Fraktion sein
   - zu beachten ist das Recht des freien Mandats des betroffenen Abgeordneten aus Art. 38 Abs. 1 S. 2 GG: Entscheidungsfreiheit des Abgeordneten und das Recht der Fraktion auf politische Loyalität sind in Ausgleich zu bringen; nur wenn das Verhalten eines Fraktionsmitglieds geeignet ist, die dadurch geschaffenen Wirkungsmöglichkeiten zu schwächen, kommt ein Ausschluss in Betracht.
2. **Negative Zukunftsprognose**
   Der Fraktionsausschluss dient der Aufrechterhaltung einer effektiven Arbeit der Fraktion, keine Strafe für vergangenes Fehlverhalten.

PRÜFUNGSSCHEMA

70 Vgl. zum Fraktionsausschluss *Degenhart* Staatsrecht I Rn. 633.

Im Bundestag haben sich einige Fraktionen in ihren Geschäftsordnungen entsprechende Regelungen gegeben, die sich an der einschlägigen Rechtsprechung orientieren.

Beispiel So sieht § 15 der Arbeitsordnung der CDU/CSU-Fraktion im Deutschen Bundestag vor: „Die Fraktionsversammlung kann in geheimer Abstimmung den Ausschluss von Mitgliedern aus der Fraktion beschließen. Der Antrag auf Fraktionsausschluss muss allen Fraktionsmitgliedern schriftlich bekannt gegeben werden. Zwischen der Bekanntgabe und der Abstimmung müssen drei Tage liegen. Der Beschluss bedarf einer Mehrheit von zwei Dritteln der Mitglieder der Fraktion." ■

133 Auch wenn die formellen und materiellen Voraussetzungen für den Fraktionsausschluss gegeben sind, ist die Fraktionsversammlung nicht zum Ausschluss des Mitglieds verpflichtet. Es besteht vielmehr ein von politischen Zweckmäßigkeitserwägungen geprägtes **Ausschlussermessen**. Grenzen des Ermessens sind insbesondere die Grundsätze der Verhältnismäßigkeit und der **Gleichbehandlung** in ähnlich gelagerten Fällen. So können die zeitweise Suspendierung, der Rückruf aus einem Ausschuss oder eine Abmahnung als **milderes Mittel** in Betracht kommen.

Hinweis

Der Abgeordnete ist in seinem Mandat unabhängig von der Zugehörigkeit zu einer Partei, so dass der Parteiausschluss für sich allein genommen noch keinen Grund für einen Fraktionsausschluss darstellt. Dies folgt aus der strikten rechtlichen Trennung von Partei und Fraktion. Nur wenn die den Parteiausschluss begründenden und vom Parteischiedsgericht festgestellten Tatsachen zugleich einen durch das Fraktionsplenum auszusprechenden Fraktionsausschluss rechtfertigen, kann ein paralleler Ausschluss aus Partei und Fraktion erfolgen. Allerdings sind an den Fraktionsausschluss höhere Anforderungen zu stellen, da dieser einen stärkeren Eingriff in Art. 38 Abs. 1 S. 2 GG darstellt.

b) Rechtsschutz gegen den Fraktionsausschluss

134 Rechtsschutz gegen den Ausschluss kann der betroffene Abgeordnete in einem **Organstreitverfahren** gem. Art. 93 Abs. 1 Nr. 1 GG, §§ 13 Nr. 5, 63 ff. BVerfGG (bzw. im einstweiligen Rechtsschutz nach § 32 BVerfGG) suchen. Vom BVerfG wird in vollem Umfang überprüft, ob die verfassungsrechtlich vorgegebenen Verfahrensvoraussetzungen eingehalten wurden sowie ob die Fraktion von einem zutreffenden Sachverhalt ausgegangen ist. Beim eigentlichen Ausschlussgrund wird im Hinblick auf den anerkannten **Beurteilungsspielraum der Fraktion** nur eine **Evidenz- und Willkürprüfung** vorgenommen.

4. Übungsfall Nr. 6[71]

„Der ausgeschlossene Abgeordnete“ 135

H wurde auf der Bundeswahlliste der Q-Partei in den Bundestag gewählt. Er war Mitglied der Q-Fraktion und wurde von dieser für den Sport- und den Verkehrsausschuss benannt. In beiden Ausschüssen ist er sehr engagiert, stellt sich jedoch aus persönlicher Überzeugung gegen die politische Linie seiner Fraktion. Daraufhin wird H in einem rechtmäßigen Verfahren aus der Q-Fraktion ausgeschlossen. Die Q-Fraktion benennt ein anderes Fraktionsmitglied für die Ausschussplätze, die zuvor H innehatte. Die Vorsitzenden der Ausschüsse verweigern H die weitere Teilnahme. Sie weisen darauf hin, dass es nach der Geschäftsordnung des Bundestages allein Sache der Fraktionen sei, über die Ausschusszusammensetzung zu verfügen. H könne als fraktionsloser Abgeordneter zwar an den Plenarsitzungen teilnehmen, habe aber keine Rechte auf Anwesenheit oder Abstimmung in nichtöffentlichen Ausschusssitzungen.

H wendet sich an den Bundestagspräsidenten und verlangt, beiden Ausschüssen mit Sitz und Stimme zugewiesen zu werden. Jedenfalls müsse ihm dies für einen der beiden Ausschüsse gewährt werden. Der Bundestagspräsident lehnt dies mit der Begründung ab, dass schon nach der Anzahl von Ausschussplätzen jedem Abgeordneten rein rechnerisch nur ein Sitz in einem Ausschuss zustehe. Stattdessen wählt der Bundestagspräsident im Losverfahren den Innenausschuss aus und weist H dort einen Platz ohne Stimmrecht zu. Im Übrigen weigert er sich, dem Begehren des H zu entsprechen.

H ist empört: Der Innenausschuss behandele kein einziges Thema, zu dem er irgendeine Beziehung habe. Seine Wahl als Repräsentant des Volkes werde zur Farce, wenn er nicht dort arbeiten dürfe, wo sein politischer Interessenschwerpunkt liege. H will sein Anliegen im Wege des Organstreitverfahrens vor das BVerfG bringen.

Hat der Antrag des H beim BVerfG Aussicht auf Erfolg?

Lösung 136

Der Antrag hat Aussicht auf Erfolg, wenn er zulässig und begründet ist.

A. Zulässigkeit

I. Zuständigkeit

Die Zuständigkeit des BVerfG ergibt sich aus Art. 93 Abs. 1 Nr. 1 GG i.V.m. §§ 13 Nr. 5, 63 ff. BVerfGG.

II. Parteifähigkeit

H müsste zunächst in einem Organstreitverfahren antragsberechtigt sein. Gem. § 63 BVerfGG sind nur Bundesorgane oder Organteile mit eigenen Rechten antragsberechtigt, nach Art. 93 Abs. 1 Nr. 1 GG auch „andere Beteiligte“, die mit eigenen Rechten ausgestattet sind, ohne zwingend Organteil i.S.v. § 63 BVerfGG zu sein. Die Regelung des Grundgesetzes hat Vorrang vor dem einfachen Gesetz, so dass auch „andere Organteile“ parteifähig sein können.

H ist als einzelner Abgeordneter zunächst in der GOBT mit eigenen Rechten ausgestattet, vgl. etwa Art. 38 Abs. 1 GG, §§ 47 S. 1, 57 Abs. 1 S. 2 GOBT. Auch ist er als Abgeordneter des Bundestages Teil dieses Organs. Mithin ist der Abgeordnete H antragsberechtigt, sei es als selbstständiger „anderer Beteiligter“ oder als Teil des Bundestags.

III. Streitgegenstand

Gem. § 64 Abs. 1 BVerfGG sind taugliche Streitgegenstände rechtserhebliche Maßnahmen oder Unterlassungen des Antragsgegners.

Vorliegend ist die Ausschusszuweisung des Bundestagspräsidenten als rechtserhebliche Maßnahme ein tauglicher Streitgegenstand.

71 Der Fall ist *BVerfGE* 80, 188 ff. nachgebildet.

IV. Antragsbefugnis

Der Antragsteller muss geltend machen, durch die angegriffene Maßnahme in seinen verfassungsrechtlich gewährleisteten Rechten verletzt zu sein, § 64 Abs. 1 BVerfGG. Geltendmachung bedeutet substantiierte Behauptung, wobei die Verletzung eigener Rechte zumindest möglich erscheinen muss.

Vorliegend ist eine Verletzung des freien Mandats gem. Art. 38 Abs. 1 S. 2 GG jedenfalls nicht von vornherein ausgeschlossen, die Antragsbefugnis mithin zu bejahen.

V. Form und Frist (§§ 23 Abs. 1, 64 Abs. 2 und 3 BVerfGG)

Es sind das Schriftformerfordernis mit spezifischer Begründung und die Sechs-Monats-Frist zu beachten.

VI. Zwischenergebnis

Das beabsichtigte Organstreitverfahren ist zulässig.

B. Begründetheit

Eine Verletzung der Rechte des H könnte in der Weigerung des Bundestagspräsidenten liegen, H beiden Ausschüssen zuzuweisen.

Fraglich ist, ob der H durch die Weigerung des Bundestagspräsidenten in seinen Rechten aus dem freien Mandat, Art. 38 Abs. 1 S. 2 GG verletzt wurde.

Das freie Mandat berechtigt und verpflichtet alle Abgeordneten in gleicher Weise zur Mitarbeit (insbes. Abstimmung) im Bundestag. Dazu zählt auch die vorbereitende Arbeit in den Ausschüssen. Vorliegend kann H an den Plenarsitzungen zwar teilnehmen, ihm werden jedoch die Zuweisung zu beiden (I) selbst gewählten (II) Ausschüssen sowie das Stimmrecht in den Ausschüssen (III) verweigert. Fraglich ist, ob diese Einschränkung bei der Ausschussarbeit gegen den Grundsatz des freien Mandats verstößt.

I. § 57 Abs. 1 S. 2 GOBT sieht lediglich vor, dass jeder Abgeordnete grundsätzlich einem Ausschuss angehören soll. Somit wäre das Handeln des Bundestagspräsidenten durch die GOBT gerechtfertigt. Es könnte jedoch sein, dass § 57 Abs. 1 S. 2 GOBT gegen Art. 38 Art. 1 S. 2 GG verstößt. Bei der vorliegenden Anzahl von Ausschussplätzen steht jedoch rein rechnerisch jedem Abgeordneten nur ein Sitz in einem Ausschuss zu. Das freie Mandat verpflichtet den Bundestag nicht zur Schaffung weiterer Ausschussplätze. Dies fällt allein in die Organisationshoheit des Bundestages, vgl. Art. 40 Abs. 1 S. 2 GG. Die Weigerung des Bundestagspräsidenten, H beiden Ausschüssen zuzuweisen, verstößt somit nicht gegen Art. 38 Abs. 1 S. 2 GG und ist auch ansonsten nicht verfassungswidrig.

II. Das freie Mandat könnte durch die Zuweisung des H in den Innenausschuss und die damit verbundene Weigerung des Bundestagspräsidenten, H dem Ausschuss seiner Wahl zuzuweisen, verletzt sein.

Gem. § 57 Abs. 2 S. 1 GOBT benennen die Fraktionen die Ausschussmitglieder. Hierbei haben die Abgeordneten keine freie Ausschusswahl. Im Interesse einer Fraktion liegt jedoch regelmäßig die Berücksichtigung der besonderen Kenntnisse und Interessen der Abgeordneten, damit eine effiziente Mitarbeit im Ausschuss möglich ist. Dieser Grundsatz muss auch auf die fraktionslosen Abgeordneten übertragen werden: Der Bundestagspräsident hätte somit zumindest versuchen müssen, die Präferenzen des H zu berücksichtigen. Die rein zufällige Zuordnung des H zu dem Innenausschuss stellt daher eine unzulässige Ungleichbehandlung gegenüber den übrigen Abgeordneten dar.

III. § 57 Abs. 2 S. 2 GOBT sieht für fraktionslose Abgeordnete die Zuweisung an einen Ausschuss nur als beratendes Mitglied – ohne Stimmrecht – vor. Fraglich ist, ob hierin eine Verletzung des freien Mandats gem. Art. 38 Abs. 1 S. 2 GG liegt.

Hinter den Regelungen der § 57 Abs. 1 und 2 GOBT steht der in § 12 S. 1 GOBT niedergelegte Proportionalitätsgrundsatz: Die Zusammensetzung der Ausschüsse soll ein Spiegelbild der Fraktionen im Plenum darstellen. Nur so wird gewährleistet, dass entscheidende Vorarbeiten bspw. für Gesetze in die Ausschüsse vorverlagert werden können. Würde man fraktionslosen

Abgeordneten ein Stimmrecht zubilligen, käme es zu einer Verzerrung der jeweiligen Stimmengewichte im Ausschuss: der Fraktionslose wäre auf-, die übrigen Abgeordneten abgewertet. Die Ernennung zum lediglich beratenden Ausschussmitglied gem. § 57 Abs. 2 S. 2 GOBT ist nach alledem verfassungsgemäß.

C. Ergebnis

Nur durch die Zufallszuordnung zum Innenausschuss ist das aus Art. 38 Abs. 1 S. 2 GG folgende Recht des H verletzt. Der Antrag ist somit zulässig und teilweise begründet.

V. Der Untersuchungsausschuss

137 Untersuchungsverfahren haben in der parlamentarischen Demokratie eine wichtige Aufgabe zu erfüllen. Sie dienen der **Informations- und Kontrollbefugnis** des Parlaments. Mit der Einsetzung eines Untersuchungsausschusses erhalten die Parlamente die Möglichkeit, mit hoheitlichen Mitteln, wie sie sonst nur Gerichten und besonderen Behörden zur Verfügung stehen, selbstständig die Sachverhalte zu prüfen, die sie in Erfüllung ihres Verfassungsauftrags als Vertretung des Volkes für aufklärungsbedürftig halten.[72]

Das Ergebnis der Untersuchungen wird in einem Abschlussbericht zusammengefasst. Dies hat aber **keine sanktionierende Wirkung**. Die Gerichte sind nicht an die Ermittlungsergebnisse gebunden und in der Würdigung des dem Untersuchungsverfahren zugrunde liegenden Sachverhalts frei.

Das Recht des Bundestages auf Einsetzung eines Untersuchungsausschusses ergibt sich aus Art. 44 GG, der seine einfachgesetzliche Konkretisierung im PUAG[73] erfährt.

1. Verfassungsmäßigkeit der Einsetzung eines Untersuchungsausschusses

138 Der Untersuchungsausschuss ist ein **Hilfsorgan des Bundestages**.[74] Er erfüllt nur die Aufgaben, die ihm durch den Einsetzungsbeschluss des Bundestages übertragen worden sind und beendet seine Tätigkeit mit Ablauf der Legislaturperiode. Der **Einsetzungsbeschluss** bildet die Grundlage für die Tätigkeit des Untersuchungsausschusses. Damit wird die Frage nach der Verfassungsmäßigkeit der Einsetzung eines Untersuchungsausschusses grundlegend für seine Arbeit. Hierfür ergibt sich folgendes Prüfungsschema:

PRÜFUNGSSCHEMA

Verfassungsmäßigkeit der Einsetzung eines Untersuchungsausschusses

I. Formelle Verfassungsmäßigkeit des Einsetzungsbeschlusses
- 1. Zuständigkeit, Art. 44 Abs. 1 S. 1 GG
- 2. Verfahren
  - a) Antrag von mind. ¼ der MdB
  - b) Mehrheitsbeschluss des Bundestages
    - Abänderung des Untersuchungsgegenstandes Rn. 140
    - Ausdehnung des Untersuchungsgegenstandes Rn. 141

II. Materielle Verfassungsmäßigkeit des Einsetzungsbeschlusses Verfassungsgemäßer Untersuchungsgegenstand
- 1. Zuständigkeit des Bundestages (Korrollartheorie)
  - a) Bundesstaatsprinzip
  - b) Gewaltenteilungsgrundsatz
  - c) Grundrechte
- 2. Bestimmtheitsgebot
- 3. Klärung von Tatsachen
- 4. Öffentliches Interesse am Untersuchungsgegenstand

72 *BVerfGE* 49, 70, 85.

73 Gesetz zur Regelung des Rechts der Untersuchungsausschüsse des Deutschen Bundestages (Untersuchungsausschussgesetz), abgedruckt in: Staats- und Verwaltungsrecht Bundesrepublik Deutschland Nr. 17.

74 *BVerfGE* 77, 1, 40.

JURIQ-Klausurtipp

Der Untersuchungsausschuss bietet dem Klausursteller vielfältige Konstellationen. Konflikte sind denkbar innerhalb des Bundestags zwischen Regierungsmehrheit und Opposition, im Verhältnis von Bundestag und Bundesregierung und im Verhältnis von Untersuchungsausschuss und Privaten, die von der Untersuchung betroffen sind.

a) Formelle Verfassungsmäßigkeit des Einsetzungsbeschlusses

139 Die Einsetzung eines Untersuchungsausschusses erfolgt durch Beschluss des Bundestages, § 1 Abs. 2 PUAG. Ist ein verfassungsrechtlich zulässiger Untersuchungsausschuss von einer qualifizierten Minderheit gem. Art. 44 Abs. 1 2. Alt. GG beantragt, so hat der Bundestag diesen unverzüglich einzusetzen und dabei auch die Zahl seiner Mitglieder zu bestimmen. Bei diesem sog. **Minderheitenantrag** kann es zu besonderen Problemstellungen kommen.

» Wiederholen Sie die unterschiedlichen Mehrheitsbegriffe, s. Rn. 8. «

aa) Verbot der Abänderung des von einer Minderheit beantragten Untersuchungsgegenstandes durch Mehrheitsbeschluss

140 Bei einem Antrag eines Viertels der Mitglieder des Bundestages auf Einsetzung eines Untersuchungsausschusses bedarf es eines Einsetzungsbeschlusses des Bundestags. Bei dieser Konstellation können in der Klausur besondere Probleme auftauchen.

Probleme können auftauchen, wenn die Mehrheit der Parlamentarier im Einsetzungsbeschluss den **Untersuchungsgegenstand abändert**.

» Beachten Sie: Die Frage der Verfassungsmäßigkeit muss mit der Verfassung beantwortet werden. «

Beispiel Ein Viertel der Abgeordneten des Deutschen Bundestags beantragt die Einsetzung eines Untersuchungsausschusses. Der Untersuchungsausschuss soll im Wesentlichen aufklären, (1) ob durch die Visaerteilungspraxis bestimmter Botschaften im Ausland gegen geltendes Recht verstoßen und der Kriminalität in Deutschland Vorschub geleistet wurde, und (2) wie sich etwaige Missstände entwickelt haben, ob es Hinweise darauf gab und ob die Bundesregierung für Missstände verantwortlich ist.

Die Mehrheit des Bundestages beschließt letztlich die Einsetzung des Untersuchungsausschusses, allerdings unter Streichung des zweiten Punktes. Die antragstellenden Abgeordneten halten den Beschluss für verfassungswidrig. Nach § 2 Abs. 2 PUAG darf der Einsetzungsbeschluss den in dem **Einsetzungsantrag bezeichneten Untersuchungsgegenstand** nicht ändern, es sei denn, die Antragstellenden stimmen der Änderung zu. Allerdings handelt es sich bei § 2 Abs. 2 PUAG um ein einfaches Gesetz, das **nicht Prüfungsmaßstab** für die Frage der Verfassungsmäßigkeit sein kann.

Ein grundsätzliches Abänderungsverbot des von der Minderheit ursprünglich beantragten Untersuchungsgegenstandes müsste vielmehr der **Verfassung** zu entnehmen sein. Hier scheint die Möglichkeit der Abänderung durch Mehrheitsbeschluss gegeben zu sein: Nach Art. 42 Abs 2 S. 1 GG entscheidet der Bundestag mit der Mehrheit der abgegebenen Stimmen über den Inhalt des Untersuchungsausschusses. Das könnte auch im Falle der Abänderung gelten. Jedoch hätte damit eine – die Regierung stellende – Mehrheit im Bundestag im Bundestag immer die Möglichkeit, für die Regierung ungünstige Untersuchungsausschüsse zu verhindern.

Bei Art. 44 Abs. 1 S. 1 GG handelt es sich um ein **Minderheitenrecht**.[75] Seine verfassungsrechtliche Bedeutung liegt in der Sicherstellung der parlamentarischen Kontrolle von

75 *RGZ* 116, 45, 52.

Regierung und Verwaltung, insbesondere in der Aufklärung von in den Verantwortungsbereich der Regierung fallenden Vorgängen, die auf Missstände hinweisen. Das durch die Verfassung garantierte Recht der Minderheit auf Einsetzung eines Untersuchungsausschusses darf vor diesem Hintergrund nicht angetastet werden.[76]

Mit dem Recht auf Einsetzung eines Untersuchungsausschusses allein ist jedoch das Kontrollrecht der Minderheit noch nicht gewährleitstet. Seine ungehinderte Ausübung setzt weitere Sicherungen voraus. So muss es vor allem der Minderheit überlassen bleiben, den Gegenstand der von ihr beantragten Untersuchung festzulegen. Somit darf der Untersuchungsgegenstand gegen den Willen der Minderheit **grundsätzlich nicht verändert** werden. Das Kontrollrecht, das der parlamentarischen Opposition zusteht, schließt das Recht ein, den genauen Gegenstand der beantragten Untersuchung im Einsetzungsbeschluss selbst zu bestimmen. Sowohl der Untersuchungsausschuss als auch das Parlament sind in der Folge hieran gebunden. ■

bb) Zulässigkeit der Ausdehnung des Untersuchungsgegenstandes durch den Einsetzungsbeschluss

141 Die Ausdehnung des Untersuchungsgegenstandes führt unweigerlich zu einem erhöhten Aufklärungsbedarf und Arbeitsaufwand. Durch eine solche Vorgehensweise könnte unschwer die Untersuchung blockiert, zumindest aber erheblich verzögert werden. Da die Arbeit des Untersuchungsausschusses mit der jeweiligen Legislaturperiode endet, kann eine solche **Verzögerung** die Wirksamkeit der parlamentarischen Kontrolle entscheidend in Frage stellen. Jeder zusätzliche Untersuchungsauftrag kann hier zu einem Hemmnis werden, das die Untersuchung gänzlich vereitelt.[77] Zulässig sind jedoch Zusatzfragen der Mehrheit, wenn sie den Untersuchungsgegenstand im Kern unverändert lassen und nur dazu dienen, eine verzerrte Darstellung zu vermeiden und ein umfassenderes, wirklichkeitsgetreueres Bild des angeblichen Missstandes zu vermitteln.[78]

cc) Änderung des Untersuchungsgegenstandes mit der Begründung der teilweisen Verfassungswidrigkeit

142 **Beispiel** Wie oben Rn. 140; ein 3. Teil des Antrags sieht vor, dass der Untersuchungsausschuss die Praktiken der Polizei des Bundeslandes B bei der dauerhaften Beobachtung eines mit einem gültigen Visum eingereisten Terror-Verdächtigen überprüft. Die Mehrheit des Bundestages hält diesen Punkt für verfassungswidrig, weil er in die Zuständigkeiten der Länder eingreift. Sie beschließt die Einrichtung eines Untersuchungsausschusses ohne Punkt 3. ■

Hält der Bundestag den Einsetzungsantrag der Minderheit für teilweise verfassungswidrig, so ist der Untersuchungsausschuss gem. § 2 Abs. 3 S. 1 PUAG mit der Maßgabe einzusetzen, dass dessen Untersuchungen auf diejenigen Teile des Untersuchungsgegenstandes zu beschränken sind, die der Bundestag für nicht verfassungswidrig hält. Jedoch muss es sich aus dem Grundgesetz selbst ergeben, ob ein solcher Einsetzungsbeschluss mit der Verfassung im Einklang wäre.

Bei der Prüfung ist darauf abzustellen, wie ein möglichst **schonender Ausgleich** zwischen dem Recht der Minderheit auf Einsetzung eines Untersuchungsausschusses und der Ver-

---

76 *BVerfGE* 49, 70, 85 f.
77 *BVerfGE* 49, 70, 86.
78 *BVerfGE* 49, 70, 80 ff.

pflichtung zu verfassungsgemäßen Untersuchungsausschussanträgen erreicht werden kann. Die **Einschränkung auf verfassungsgemäße Teile** stellt im Vergleich zur gänzlichen Ablehnung das mildere Mittel dar, soweit der verbleibende Teil allein noch Sinn ergibt. Die Streichung der für verfassungswidrig gehaltenen Teile entspricht also dem **Grundsatz der Verhältnismäßigkeit**. Die Ablehnung des gesamten Antrags wäre unverhältnismäßig.

b) Materielle Verfassungsmäßigkeit des Einsetzungsbeschlusses

Bei der Prüfung der materiellen Verfassungsmäßigkeit eines Einsetzungsbeschlusses kommt es **143**
insbesondere darauf an, ob sich der Untersuchungsgegenstand innerhalb der verfassungsrechtlichen Grenzen des Untersuchungsrechts bewegt. Zwar enthält Art. 44 GG selbst in seinem Wortlaut keine Beschränkung der Befugnis des Bundestages, Untersuchungsausschüsse nur zu bestimmten Themen einzusetzen. Wie jede Verfassungsbestimmung ist jedoch auch diese Norm im **Gesamtzusammenhang des Grundgesetzes** zu sehen. Das Untersuchungsrecht des Untersuchungsausschusses ist auf den verfassungsrechtlichen Zuständigkeitsbereich des Bundestages beschränkt (sog. **Korollartheorie**). Als Hilfsorgan des Bundestages kann der Untersuchungsausschuss **nicht mehr Rechte haben als das Parlament** selbst, vgl. § 1 Abs. 3 PUAG.

Die Einsetzung eines Untersuchungsausschusses ist somit zur Klärung von Tatsachen im Rahmen eines Gesetzgebungsverfahrens, zur Kontrolle von Regierung und Verwaltung sowie zur Wahrung des Ansehens des Bundestages selbst zulässig. Darüber hinaus können grundsätzlich auch Vorgänge im öffentlichen Leben und Vorkommnisse im gesellschaftlichen Bereich in die Untersuchung einbezogen werden, wenn ein die parlamentarische Beratung und gegebenenfalls Beschlussfassung rechtfertigendes **öffentliches Interesse** besteht.[79] Hierfür kann es auch ausreichen, dass lediglich Empfehlungen politischer Art angestrebt werden.[80]

Hinweis

Nach Auffassung des BVerfG[81] kann der Bundestag auch einen Untersuchungsausschuss zur Aufklärung von Missständen bei privaten Unternehmen einsetzen. Voraussetzung ist, dass die Unternehmen aufgrund „gemeinwirtschaftlicher" Zielsetzung in erheblichem Umfang aus staatlichen Mitteln gefördert oder steuerlich begünstigt werden und besonderen rechtlichen Bindungen unterliegen.

Das parlamentarische Untersuchungsrecht darf von den Untersuchungsausschüssen nur innerhalb der Grenzen ausgeübt werden, die sich aus dem **Kompetenzbereich des Bundes** (aus Art. 30, 70 GG), aus der **Gewaltenteilung** (Art. 20 Abs. 2 S. 2, Abs. 3 GG), und aus dem **Grundrechtsschutz** (Art. 1–19 GG) ergeben.

Hinweis

Zwar ist gem. § 1 Abs. 3 PUAG ein Untersuchungsverfahren im Rahmen der verfassungsmäßigen Zuständigkeit des Bundestages zulässig. Beachten Sie aber, dass für die Frage der Verfassungsmäßigkeit ein einfaches Gesetz nicht Prüfungsmaßstab sein kann.

79 *BVerfGE* 67, 100, 140.
80 Vgl. *Degenhart* Staatsrecht I Rn. 638.
81 *BVerfGE* 77, 1 ff.

aa) Untersuchungsgegenstand im Kompetenzbereich des Bundes

144 Wegen des Bundesstaatsprinzips darf nicht in den Zuständigkeitsbereich der Länder eingegriffen werden. Es erfolgt also in sachlicher Hinsicht eine Begrenzung auf den Kompetenzbereich des Bundes. Ausgeschlossen sind damit alle Angelegenheiten, die in die **ausschließliche Zuständigkeit der Länder und Kommunen** fallen oder die gem. Art. 23 GG der **Europäischen Union** zur ausschließlichen Wahrnehmung übertragen worden sind. Eine Ausnahme bilden die Kontroll- und Aufsichtsrechte nach Art. 84, 85 GG.

Hinweis

Dieses schließt jedoch nicht aus, dass auch Mitglieder der Länderverwaltungen oder der Landesregierungen etc. vor dem Untersuchungsausschuss des Bundestages vernommen werden können, sofern die zu untersuchende Materie in die Bundeskompetenz fällt.[82]

bb) Die Beachtung des Gewaltenteilungsgrundsatzes

145 Eine weitere Begrenzung des Untersuchungsrechts des Bundestages folgt aus dem Grundsatz der Gewaltenteilung, Art. 20 Abs. 2 S. 2, Abs. 3 GG. Es dürfen also keine Angelegenheiten untersucht werden, die in die **ausschließliche Kompetenz anderer Verfassungsorgane** fallen, also in feste Zuständigkeiten anderer Staatsgewalten eingreifen.

Bei der Regierungs- und Verwaltungskontrolle muss zudem der nicht ausforschbare „Kernbereich exekutiver Eigenverantwortung"[83] beachtet werden. Dazu gehört z.B. die **Willensbildung der Regierung im Kabinett**, die sich vornehmlich in ressortübergreifenden und -internen Abstimmungsprozessen vollzieht.[83]

Beispiel Es wird die Einsetzung eines Untersuchungsausschusses beantragt, der zukünftig als ständige Einrichtung die Aufsicht der Regierung über KfW-Bankengruppe überwachen und begleiten soll, so dass bereits im Vorfeld für eine ordnungsgemäße Arbeit der Regierung gesorgt wird und es nicht wieder zu Missständen kommen kann. Der Einsetzungsbeschluss wäre verfassungswidrig. ■

Das parlamentarische Untersuchungsrecht erstreckt sich deshalb im Grundsatz nur auf **bereits abgeschlossene Vorgänge**, da dort der Kernbereich im Regelfall nicht mehr betroffen ist. Damit die Kontrollfunktion des Parlaments wirksam ausgeübt werden kann, ist dieser Kernbereich eng auszulegen.[83]

cc) Die Grundrechtsbindung des Untersuchungsausschusses

146 Der Grundrechtsschutz kann Bedeutung für die Frage haben, ob ein Untersuchungsverfahren, das private Angelegenheiten zum Gegenstand hat, überhaupt eingeleitet werden darf. In jedem Einzelfall muss unter Beachtung des **Grundsatzes der Verhältnismäßigkeit** geprüft werden, ob das Interesse der Allgemeinheit an einer parlamentarischen Untersuchung das Interesse des Einzelnen an dem grundrechtlichen Schutz seiner Privatsphäre überwiegt.[84]

---

82 *BVerwGE* 79, 339, 344.
83 *BVerfGE* 67, 100, 139.
84 *Magiera* in: Sachs GG Art. 44, Rn. 7 ff.

2. Die Beweiserhebungsrechte des Untersuchungsausschusses

Art. 44 Abs. 1 GG gibt dem Bundestag das Recht, einen Untersuchungsausschuss mit der Befugnis zur Erhebung der erforderlichen Beweise einzusetzen. Der Untersuchungsausschuss erhebt die durch den Untersuchungsauftrag angebotenen Beweise aufgrund von Beweisbeschlüssen, § 17 Abs. 1 PUAG. Beweise sind zu erheben, wenn sie von einem Viertel der Ausschussmitglieder beantragt sind, es sei denn, die Beweiserhebung ist unzulässig oder das Beweismittel ist auch nach Anwendung von Zwangsmitteln unerreichbar, § 17 Abs. 2 PUAG. Bezüglich der Beurteilung der Erforderlichkeit und des beizuziehenden Beweismaterials ist dem Ausschuss ein **Beurteilungsspielraum** eröffnet, innerhalb dessen er die Beweiserhebung selbst bestimmen kann. Als Beweismittel kommen insbesondere die Vernehmung von Zeugen und Sachverständigen, §§ 24, 28 PUAG, sowie die Aktenvorlage, § 18 PUAG, in Betracht. Der Untersuchungsausschuss hat das Recht, das Erscheinen von Zeugen zu erzwingen, im Falle einer ungerechtfertigten Zeugnisverweigerung ein Ordnungsgeld festzusetzen bzw. die Person in Haft nehmen zu lassen, § 27 PUAG. **147**

Die Beweiserhebungsrechte gelten allerdings nicht unbeschränkt. Gem. Art. 44 Abs. 2 S. 1 GG finden die **Vorschriften über den Strafprozess**, also insbesondere die StPO, „sinngemäße" Anwendung. „Sinngemäße" Anwendung bedeutet dabei, dass berücksichtigt werden muss, dass das parlamentarische Verfahren nicht die Verhängung von Strafen, sondern regelmäßig die **Aufklärung von Tatsachen** und die **Zuweisung politischer Verantwortung** zum Gegenstand hat.

Beispiel § 96 StPO bestimmt, dass die Vorlegung oder Auslieferung von Akten oder anderen in amtlicher Verwahrung befindlichen Schriftstücken durch Behörden und öffentliche Beamte nicht gefordert werden kann, wenn deren oberste Dienstbehörde erklärt, dass das Bekanntwerden des Inhalts dieser Akten oder Schriftstücke dem Wohl des Bundes oder eines deutschen Landes Nachteile bereiten würde. § 96 StPO findet jedoch nur sinngemäße Anwendung, d.h. unter Beachtung des parlamentarischen Kontrollauftrags. Bei einer entsprechenden Anwendung des § 96 StPO im Untersuchungsausschuss-Verfahren ist der Wortlaut der Vorschrift gegenüber dem Auskunftsverlangen des Bundestages deshalb dahingehend einschränkend auszulegen, dass die Regierung die verfassungsrechtliche Pflicht trifft, den Untersuchungsauftrag zu fördern.

Daher darf die Bundesregierung die Herausgabe **nicht generell** unter Hinweis auf Geheimhaltungsinteressen verweigern. Das Wohl des Bundes, zu dessen Wahrung besondere sensible Informationen geheim gehalten werden müssen, ist im parlamentarischen Regierungssystem Bundestag und Bundesregierung gemeinsam anvertraut. Auch der Bundestag und seine Mitglieder sind daher zur Geheimhaltung verpflichtet. Nach Art. 44 Abs. 1 S. 2 GG kann die Öffentlichkeit von Untersuchungsausschusssitzungen ausgeschlossen werden. Haben Bundestag und Bundesregierung wirksame Vorkehrungen gegen das Bekanntwerden von Dienstgeheimnissen getroffen, kann die Bundesregierung die Herausgabe von Akten an den Untersuchungsausschuss nicht verweigern. In der Konsequenz darf der Untersuchungsausschuss die auf diesem Wege gewonnenen Erkenntnisse nicht öffentlich bekannt geben; damit muss er auf eines der stärksten Mittel des parlamentarischen Untersuchungsrechts verzichten.

Über eine ablehnende Entscheidung zu einem Herausgabeersuchen bzw. über die Einstufung als Verschlusssache muss die Bundesregierung den Untersuchungsausschuss **schriftlich unterrichten**. Der Untersuchungsausschuss hat das Recht, die Entscheidung der

Ablehnung durch das BVerfG bzw. die Rechtmäßigkeit der Einstufung durch den Ermittlungsrichter oder die Ermittlungsrichterin des Bundesgerichtshofs überprüfen zu lassen, § 18 Abs. 3 PUAG.[85]

Da die Untersuchungsausschüsse öffentliche Gewalt ausüben,[86] haben sie neben den Schranken des Art. 44 Abs. 2 S. 2 GG die **Grundrechte** allgemein zu beachten, Art. 1 Abs. 3 GG. Diese können insbesondere das Beweiserhebungsrecht und das Recht auf Aktenvorlage einschränken.[87]

3. Die Geltendmachung der Beweiserhebungsrechte des Untersuchungsausschusses im Organstreitverfahren

147a Wendet sich z.B. eine Bundestagsfraktion dagegen, dass die Bundesregierung dem Untersuchungsausschuss die Herausgabe von Beweismitteln verweigert, ergibt sich folgende Prüfungsreihenfolge:

PRÜFUNGSSCHEMA

Geltendmachung der Rechte des Untersuchungsausschusses

A. Zulässigkeit

- **I. Zuständigkeit des Bundesverfassungsgerichts,** Art. 93 Abs. 1 Nr. 1 GG, § 13 Nr. 5 BVerfGG
  - Abgrenzung gem. § 36 PUAG Rn. 148
- **II. Parteifähigkeit von Antragsteller und Antragsgegner,** Art. 93 Abs. 1 Nr. 1 GG, § 63 BVerfGG
  - Parteifähigkeit einzelner Teile des Bundestages Rn. 149
- **III. Streitgegenstand,** § 64 Abs. 1 BVerfGG
  „Maßnahme oder Unterlassung"
- **IV. Antragsbefugnis,** § 64 Abs. 1 BVerfGG
  Geltendmachung der Verletzung von Rechten und Pflichten, die durch das Grundgesetz übertragen sind Rn. 57
  - Eigene Rechte bzw. Prozessstandschaft einzelner Teile des Bundestages Rn. 150
- **V. Antragsform,** §§ 23 Abs. 1, 64 Abs. 2 BVerfGG
  Schriftliche Begründung mit Bezeichnung der Bestimmung des GG Rn. 150
- **VI. Frist,** § 64 Abs. 3 BVerfGG
  6 Monate

B. Begründetheit

- **I. Verfassungsmäßigkeit des Einsetzungsbeschlusses**
  1. Formelle Verfassungsmäßigkeit
  2. Materielle Verfassungsmäßigkeit
- **II. Verfassungsmäßigkeit der Maßnahme**
- **III. Rechtsverletzung des Antragstellers**

85 Vgl. zum Ganzen *BVerfGE* 67, 100, 139.

86 *BVerfGE* 77, 1, 46.

87 Vertiefend zu den Beweiserhebungsrechten *Degenhart* Staatsrecht I Rn. 642 ff.

Beispiel Die qualifizierte Minderheit wendet sich gegen einen Beschluss des Untersuchungsausschusses, mit dem die Erforderlichkeit bestimmter Beweiserhebungen abgelehnt wird. ■

a) Besonderheiten bei der Zulässigkeitsprüfung

aa) Zuständigkeit des Bundesverfassungsgerichts

Bei der Wahl des zuständigen Gerichts ist zunächst § 36 Abs. 1 Hs. 1 PUAG zu beachten. **148**
Danach ist die verfahrensrechtliche Überprüfung der Ausschussarbeit im Einzelnen – nichts anderes ist mit der Formulierung „Streitigkeiten nach diesem Gesetz [PUAG]" gemeint – **dem Bundesgerichtshof zugewiesen**. Streitigkeiten nach dem PUAG können sich auf die Erhebung bestimmter Beweise (§ 17 PUAG), die Verlesung von Schriftstücken (§ 31 PUAG) oder die Herausgabepflicht von Gegenständen (§ 29 PUAG) beziehen.

Geht es aber um die **Vereinbarkeit einer Maßnahme mit Verfassungsrecht**, um den Umfang und den Inhalt der **Rechte aus Art. 44 GG**, so ist das **BVerfG zuständig**. Das ergibt sich sowohl aus dem verfahrensrechtlichen Vorbehalt des § 36 Abs. 1 PUAG als auch aus der Vorlagepflicht an das BVerfG bei Zweifeln an der Verfassungsmäßigkeit des Einsetzungsbeschlusses nach § 36 Abs. 2 PUAG. Die Zuständigkeit des BVerfG ist auch dann gegeben, wenn eine verfassungsrechtliche Frage zugleich die Auslegung einer Norm des PUAG betrifft. Für den Fall der Verweigerung der Vorlage von Beweismitteln ist dies explizit in § 18 Abs. 3 PUAG geregelt.

Geht es um verfassungsmäßige Rechte des Untersuchungsausschusses gegenüber der Bundesregierung oder dem Bundestag, ist dies im Organstreitverfahren geltend zu machen.

Hinweis

Machen Private eine Rechtsverletzung durch Maßnahmen des Untersuchungsausschusses geltend, so ist die **Verfassungsbeschwerde** die richtige Verfahrensart.

bb) Parteifähigkeit

Nach Art. 93 Abs. 1 Nr. 1 GG, § 63 BVerfGG können auch Teile des Bundestages parteifähig **149**
sein. Voraussetzung ist allerdings, dass sie durch das Grundgesetz oder in der Geschäftsordnung eines obersten Bundesorgans mit eigenen Rechten ausgestattet sind.

Hier sind verschiedene Konstellationen denkbar:

1. **Die Bundestagsfraktionen:** Sie sind als ständig vorhandene Gliederung des Deutschen Bundestages ebenfalls parteifähig.[88] Dies gilt auch für Organklagen, in denen die Fraktion in Prozessstandschaft für das Gesamtparlament tritt, um im eigenen Namen Rechte geltend zu machen, die dem Deutschen Bundestag gegenüber einem möglichen Antragsgegner zustehen könnten.[89]
2. **Die Antragsminderheit:** Parteifähig sind auch die Mitglieder des Deutschen Bundestages (mindestens ein Viertel), die den Untersuchungsausschuss beantragt haben (konkrete Antragsminderheit) bzw. die potenziell einsatzberechtigte Minderheit (die ein Viertel der Abgeordneten umfasst, aber keinen Antrag gestellt hat). Denn nach Art. 44 GG sind sie mit eigenen Rechten ausgestattet.

88 *BVerfGE* 45, 1, 28.
89 *BVerfGE* 104, 151, 193.

3. **Die „Fraktion im Ausschuss“:** Gem. § 4 S. 3 PUAG muss jede Fraktion im Untersuchungsausschuss vertreten sein. Die in einem Ausschuss vertretenen Mitglieder einer Fraktion bilden die sog. „Fraktion im Ausschuss“. Nach der GOBT ist sie mit eigenen Rechten ausgestattet (vgl. §§ 59 Abs. 4, 60 Abs. 2, 61 Abs. 2, 64 Abs. 2 S. 3 GOBT). Die „Fraktion im Untersuchungsausschuss“ ist deshalb gem. § 63 BVerfGG wie ein Teil des Bundestages zu behandeln.[90]
4. **Der Untersuchungsausschuss:** Er ist ein gem. Art. 44 GG mit eigenen Rechten ausgestattetes Hilfsorgan des Deutschen Bundestages. Der Bundestag kann die besonderen Befugnisse des Art. 44 GG nicht selbst wahrnehmen. Deshalb kann auch der Untersuchungsausschuss selbst parteifähig sein.[91]

cc) Antragsbefugnis

150 Der Antragsteller im Organstreitverfahren muss schlüssig behaupten, dass er und der Antragsgegner an einem **verfassungsrechtlichen Rechtsverhältnis unmittelbar beteiligt** seien und dass der Antragsgegner hieraus folgende **eigene Rechte des Antragstellers** durch die beanstandete Maßnahme oder durch sein Unterlassen verletzt oder unmittelbar gefährdet habe, Art. 93 Abs. 1 Nr. 1 GG, § 64 Abs. 1 BVerfGG. Die Verletzung oder Gefährdung muss dabei **möglich**, also nicht von vornherein ausgeschlossen sein.

> **JURIQ-Klausurtipp**
>
> Ob eine solche Verletzung tatsächlich vorliegt, müssen Sie im Rahmen der Begründetheit prüfen. In der Zulässigkeit reicht es, die Möglichkeit unter Benennung eines konkreten Artikels des GG aufzuzeigen.

Auch hier sind wieder verschiedene Konstellationen denkbar:

1. **Die Bundestagsfraktion:** Die Rechte aus Art. 44 GG sind Rechte des Bundestages, der sich zur Unterstützung seiner Arbeit des Untersuchungsausschusses bedient. Das Untersuchungsrecht aus Art. 44 Abs. 1 GG bleibt auch nach der Einsetzung des Untersuchungsausschusses Sache des Parlaments als Ganzes. Eine Fraktion ist daher im Organstreitverfahren antragsbefugt, soweit sie **prozessstandschaftlich die Rechte des Gesamtparlaments** in eigenem Namen geltend zu machen beabsichtigt.[92]
2. **Die Antragsminderheit:** Nach Art. 44 Abs. 1 S. 1 GG ist der Bundestag verpflichtet, dem von mindestens einem Viertel seiner Mitglieder gestellten Antrag auf Einsetzung eines Untersuchungsausschusses zu entsprechen. Die Rechte der Antragsminderheit beschränken sich aber **nicht** auf das **Recht auf Einsetzung** eines Untersuchungsausschusses. Damit das Kontrollrecht ausgeübt werden kann, treten zur Sicherung der Durchführung des Untersuchungsauftrags **weitere Mitbestimmungsrechte** in Bezug auf die Arbeit des Untersuchungsausschusses hinzu.[93] Das gilt sowohl für die mit der Stellung des Einsetzungsantrags als konkrete Antragsminderheit in Erscheinung getretene Fraktion als auch für eine potenziell einsetzungsberechtigte Minderheit.[91]

---

90 *BVerfGE* 67, 100, 124.
91 *BVerfGE* 105, 197, 220.
92 *BVerfGE* 45, 1, 28.
93 *BVerfGE* 49, 70, 85 f.

3. **Die „Fraktion im Ausschuss":** Ihr stehen **keine eigenen Rechte aus Art. 44 GG** zu. Sie ist auch nicht befugt, in Prozessstandschaft eine Verletzung oder unmittelbare Gefährdung der Rechte des Bundestages aus Art. 44 GG zu rügen. Die prozessstandschaftliche Geltendmachung von Rechten des Bundestages ist nur für die Bundestagsfraktionen anerkannt, nicht für einzelne Mitglieder. Etwas anderes gilt nur, wenn die in einen Untersuchungsausschuss entsandten Abgeordneten Mitglieder einer Fraktion sind, die mindestens ein Viertel der Mitglieder des Bundestags umfasst. Sie repräsentieren den einsetzungsberechtigten Teil des Deutschen Bundestages im Ausschuss jedenfalls so lange, wie kein Dissens zwischen der Fraktion und ihren Vertretern im Ausschuss erkennbar ist. Deshalb können sie **in Prozessstandschaft die Rechte der Antragsminderheit** geltend machen.[94]

b) Der Umfang der Begründetheitsprüfung

Ein Organstreitverfahren ist grundsätzlich dann begründet, wenn die Maßnahme oder Unterlassung verfassungswidrig ist und der Antragsteller dadurch in seinen Rechten verletzt wird. Geht es im Verfahren um die Arbeit des Untersuchungsausschusses, muss zunächst die Verfassungsmäßigkeit des Einsetzungsbeschlusses geprüft werden. Somit ergibt sich folgende Prüfungsreihenfolge: **151**

Beispiel Der Friedrich Flick Industrieverwaltung KGaA wurde vom Bundesminister der Finanzen eine Steuerermäßigung in dreistelliger Millionenhöhe aufgrund einer Ermessensvorschrift gewährt. Ein Jahr später wurde bekannt, dass die Friedrich Flick Industrieverwaltung KGaA der Z-Partei zuvor erhebliche finanzielle Zuwendungen hat zukommen lassen. Der Bundesminister der Finanzen gehört dieser Partei an. Als sich Gerüchte über einen möglichen Zusammenhang zwischen Steuerermäßigung und Zuwendungen verdichten, konstituiert sich auf Antrag der oppositionellen X-Fraktion ein parlamentarischer Untersuchungsausschuss. Der Ausschuss fordert von der Bundesregierung die Herausgabe der den Vorgang betreffenden Steuerakten. Diese weigert sich unter Berufung auf das Steuergeheimnis. Daraufhin rufen die der X-Fraktion angehörenden Mitglieder des Untersuchungsausschusses das BVerfG an.[95]

In Betracht kommt ein **Organstreitverfahren**, Art. 93 Abs. 1 Nr. 1 GG, §§ 13 Nr. 5, 63 ff. BVerfGG. Die „Fraktion im Ausschuss" wird vom BVerfG[96] als antragsberechtigter Teil des Organs Bundestag anerkannt, weil die GOBT sie mit eigenen Rechten ausstattet, vgl. §§ 59 Abs. 4, 60 Abs. 2, 61 Abs. 2 und 64 Abs. 2 S. 3 GOBT. Die Antragsbefugnis ergibt sich aus dem Untersuchungsrecht des Bundestages gem. Art. 44 GG, das von der „Fraktion im Ausschuss" prozessstandschaftlich geltend gemacht werden darf.

Der Antrag ist **begründet**, wenn der Untersuchungsausschuss in zulässiger Weise eingesetzt worden ist (1), ein Recht auf Aktenvorlage grundsätzlich besteht (2) und dieses Recht nicht wirksam eingeschränkt worden ist (3).

(1) Von der Einhaltung der verfahrensrechtlichen Voraussetzungen ist mangels entgegenstehender Sachverhaltsangaben auszugehen.

94 *BVerfGE* 105, 197, 220 f.
95 Der Beispielsfall ist *BVerfGE* 67, 100 ff. nachgebildet; vgl. auch *Degenhart* Staatsrecht I Rn. 592.
96 *BVerfGE* 67, 100, 124 f.

(2) Ein Recht auf Aktenvorlage ergibt sich aus Art. 44 Abs. 1 Satz 1 GG. Es wird konkretisiert in § 18 Abs. 1 PUAG.

(3) Schranken dieses Rechts ergeben sich grundsätzlich aus dem **Kernbereich exekutiver Eigenverantwortung**. Geschützt ist damit insbesondere die regierungsinterne Willensbildung. So darf die Vorlage von Kabinettsprotokollen nicht verlangt werden. Dies ist bei einem abgeschlossenen Verwaltungsvorgang jedoch nicht der Fall. Eine weitere Schranke könnte sich aus dem **Steuergeheimnis** ergeben, das sich grundrechtlich aus dem informationellen Selbstbestimmungsrecht und einfachgesetzlich aus § 30 AO ergibt. Das Steuergeheimnis schützt auch gegen eine Informationsweitergabe innerhalb des Staates. Jedoch gilt das Steuergeheimnis nicht schrankenlos. § 30 Abs. 4 Nr. 5 AO sieht Ausnahmen bei **zwingenden öffentlichen Interessen** vor. Somit muss zwischen dem informationellen Selbstbestimmungsrecht und dem öffentlichen Interesse abgewogen werden. Für eine Offenlegung spricht, dass auch der Untersuchungsausschuss gem. § 15 PUAG Geheimnisschutz gewähren muss. Verfassungsrechtliche Schranken für die Ausübung des Untersuchungsrechts bestehen somit nicht. Die Bundesregierung verstößt mit ihrer Weigerung gegen Art. 44 GG. Der Antrag ist zulässig und begründet. ■

C. Der Bundesrat

152 Durch den Bundesrat wirken die Länder bei der Gesetzgebung und der Verwaltung des Bundes mit (Art. 50 GG). Damit verkörpert der Bundesrat als Vertretungsorgan der Länder auf Bundesebene das föderative System des Bundes. Er ist jedoch kein Organ der Länder, sondern **Verfassungsorgan des Bundes**.

I. Zusammensetzung und Arbeitsweise

153 Im Bundesrat sitzen insgesamt 69 ordentliche Mitglieder der 16 Landesregierungen, die von diesen bestellt und abberufen werden, Art. 51 Abs. 1 S. 1 GG. In seiner Zusammensetzung ist er Ergebnis aller Landtagswahlen. An der Spitze des Bundesrates steht der Präsident. Er wird jährlich neu gewählt, Art. 52 Abs. 1 GG. Nach dem sog. „Königsteiner Abkommen" vom 30.8.1950 fällt die Wahl turnusmäßig auf die Ministerpräsidenten der Länder in der Reihenfolge der Größe ihrer Bevölkerungszahl.

Der Bundesrat tritt ca. einmal monatlich zu öffentlichen **Plenarsitzungen** zusammen, vgl. Art. 52 Abs. 3 S. 3 GG. Vorbereitet werden diese Sitzungen in den Ausschüssen des Bundesrates. Deren Aufgabenverteilung entspricht im Wesentlichen der Zuständigkeitsverteilung der Bundesministerien. Gem. Art. 52 Abs. 3 S. 2 GG hat sich der Bundesrat eine Geschäftsordnung (GOBR)[97] gegeben, die Näheres über den Geschäftsgang im Bundesrat regelt. Die Bundesrats-Mitglieder haben Rederecht im Bundestag (Art. 43 Abs. 2 GG), die Bundesminister dürfen im Bundesrat das Wort ergreifen (Art. 53 Abs. 2 GG).

97 Geschäftsordnung des Bundesrates i.d.F. der Bekanntmachung vom 26.11.1993 (BGBl. I S. 2007), geändert durch Bekanntmachung vom 25.11.1994 (BGBl. I S. 3736).

II. Aufgaben und Befugnisse des Bundesrates

Der Bundesrat wirkt gem. Art. 50 GG bei der **Gesetzgebung** und **Verwaltung** des Bundes und in **Angelegenheiten der Europäischen Union** mit. Der Bundesrat hat danach keine selbstständigen Befugnisse, sondern **Mitwirkungsrechte** bei der Wahrnehmung von Aufgaben anderer Bundesorgane, insbesondere Bundestag und Bundesregierung. 154

Hinweis

Weil der Bundesrat insbesondere an der Gesetzgebung lediglich „mitwirkt" und bei seiner Entscheidung die Länderinteressen vertritt, handelt es sich nicht um eine „ Zweite Kammer" wie z.B. beim Senat in den USA. Vom Senat in den USA unterscheidet sich der Bundesrat ferner dadurch, dass er nicht mit gewählten „Senatoren" besetzt ist.

1. Mitwirkung an der Gesetzgebung des Bundes

Von besonderem Gewicht ist die Mitwirkung des Bundesrates im Gesetzgebungsverfahren. 155
Sie ist in Art. 76, 77 Abs. 2 bis 4 GG näher geregelt. Danach kommt kein Bundesgesetz zustande, ohne dass der Bundesrat damit befasst war. Viele Gesetze können sogar nur dann in Kraft treten, wenn der Bundesrat ihnen ausdrücklich zustimmt (s. Rn. 211).

2. Mitwirkung an der Verwaltung des Bundes

Die Mitwirkung des Bundesrates an der Verwaltung des Bundes besteht im Wesentlichen 156
darin, dass er zu bestimmten **Rechtsverordnungen** seine Zustimmung erteilen muss (Art. 80 Abs. 2 GG) bzw. bei diesen zustimmungspflichtigen Rechtsverordnungen ein eigenes Vorschlagsrecht hat (Art. 80 Abs. 3 GG). Daneben sind **Allgemeine Verwaltungsvorschriften**, die die Bundesregierung im Zusammenhang mit der Ausführung von Bundesgesetzen erlässt (vgl. Art. 84 Abs. 2, 85 Abs. 2 S. 1 GG), von der Zustimmung des Bundesrates abhängig.

Beispiel Mit Zustimmung des Bundesrates sind der „Verwarnungsgeldkatalog" für Ordnungswidrigkeiten im Straßenverkehr und der „Punktekatalog" für den Führerscheinentzug ergangen. ■

Der Zustimmung des Bundesrates bedürfen ferner die Errichtung bestimmter Bundesbehörden (vgl. Art. 87 Abs. 3 S. 3 GG), Maßnahmen des Bundeszwanges (Art. 37 Abs. 1 GG), Allgemeine Verwaltungsvorschriften für die Finanzverwaltung der Landesfinanzbehörden (Art. 108 Abs. 7 GG) und die Entsendung von Beauftragten der Bundesregierung zu Landesbehörden ohne Zustimmung der obersten Landesbehörden (Art. 84 Abs. 3 S. 2 GG).

3. Mitwirkung in Europäischen Angelegenheiten

Art. 23 Abs. 2 GG bestimmt, dass in Angelegenheiten der Europäischen Union der Bundestag 157
und durch den Bundesrat die Länder mitwirken. Näheres regelt das auf der Grundlage des Art. 23 Abs. 7 GG erlassene Gesetz über die Zusammenarbeit von Bund und Ländern in Angelegenheiten der Europäischen Union.[98]

---

98 Gesetz über die Zusammenarbeit von Bund und Ländern in Angelegenheiten der Europäischen Union vom 12.3.1993, BGBl. I S. 313 (EUZBLG). Zur Vertiefung: *Kottmann* in: Europe and the Regions: Sub-National Entity Representation at Community Level, in: [2001] 26 European Law Review, S. 159 ff.

4. Weitere Aufgaben

158 Zu den Aufgaben des Bundesrates gehört die Wahl der Hälfte der **Bundesverfassungsrichter** (Art. 94 Abs. 1 GG). Die Nominierungsrechte betreffen darüber hinaus die **Rundfunkräte** der Deutschen Welle und des Deutschlandfunks sowie den Beirat bei der **Bundesnetzagentur** für Elektrizität, Gas, Telekommunikation, Post und Eisenbahnen. Im Weiteren wirkt der Bundesrat bei **Verträgen mit auswärtigen Staaten** mit, Art. 59 Abs. 2 GG.

Ein Beschluss des Bundesrates ist erforderlich zur Anklage gegen den Bundespräsidenten vor dem BVerfG wegen Gesetzesverletzung (Art. 61 Abs. 1 GG) und zur Feststellung von Rechtsverletzungen der Länder bei Ausführung der Bundesgesetze (Art. 84 Abs. 4).

5. Der Bundesrat im prozessualen Verfahren

159 Der Bundesrat ist gem. § 63 BVerfGG parteifähig im **Organstreitverfahren**. Er kann gem. Art. 93 Abs. 1 Nr. 2a GG i.V.m. §§ 13 Nr. 6a, 76 ff. BVerfGG die Nachprüfung verlangen, ob eine bundesgesetzliche Regelung den Voraussetzungen des Art. 72 Abs. 2 GG entspricht (s. Rn. 75). Weiterhin ist der Bundesrat im Parteienverbotsverfahren gem. Art. 21 Abs. 2 GG i.V.m. §§ 13 Nr. 2, 43 ff. BVerfGG und im Anklageverfahren gegen den Bundespräsidenten gem. Art. 61 GG, §§ 13 Nr. 4, 49 ff. BVerfGG antragsberechtigt.

Bei der abstrakten Normenkontrolle besitzt der Bundesrat hingegen keine Antragsberechtigung.

III. Die Abstimmung im Bundesrat

160 Das Grundgesetz unterscheidet zwischen **Mitgliedern und Stimmen** im Bundesrat: Jedes Bundesland kann so viele Mitglieder entsenden, wie es Stimmen hat, Art. 51 Abs. 3 S. 1 GG. Das Stimmengewicht jedes einzelnen Landes ist abhängig von der jeweiligen Bevölkerungszahl: Jedes Land hat wenigstens drei Stimmen, Länder mit über zwei Millionen Einwohnern haben vier, Länder mit über sechs Millionen Einwohnern haben fünf und Länder mit über sieben Millionen Einwohnern sechs Stimmen, Art. 51 Abs. 2 GG.

Der Bundesrat fasst seine Beschlüsse mit mindestens der Mehrheit seiner Stimmen (Art. 51 Abs. 3 GG). **Stimmenthaltungen** wirken sich im Bundesrat somit wie Nein-Stimmen aus. Abgegeben werden können die Stimmen aber **nur einheitlich**, Art. 51 Abs. 3 S. 2 GG. Das setzt eine vorhergehende Festlegung der Stimmabgabe voraus. Das Landesrecht weist diese **Weisungsbefugnis den Landesregierungen** zu. Für eine selbstständige Entscheidung der Mitglieder des Bundesrats ist somit aufgrund Landesrechts kein Raum.[99]

Hinweis

Gerade Koalitionsregierungen in den Ländern bereitet diese Mehrheitsregelung Probleme. Denn Koalitionsvereinbarungen sehen regelmäßig vor, dass die Bundesrats-Mitglieder eines Landes zur Stimmenthaltung angewiesen werden, wenn in der instruktionsbefugten Landesregierung keine Einigung über die Entscheidung einer Bundesrats-Vorlage zustande kommt.

99 Vgl. zum Ganzen *BVerfGE* 106, 310 ff.

Unterschiedliche Stimmabgabe für ein Bundesland: Geben mehrere anwesende Mitglieder eines Landes unterschiedliche Voten ab, so liegt keine einheitliche Stimmabgabe i.S.v. Art. 51 Abs. 3 S. 2 GG vor. Die Stimmen des Landes werden insgesamt als ungültig gewertet. Der Ministerpräsident eines Landes kann im Bundesrat nicht die „Stimmführerschaft" für ein Land insoweit beanspruchen, als er durch seine Stimmabgabe eine widersprechende Stimme eines anderen Mitglieds desselben Landes überstimmen könnte.

Weisungswidriges Stimmverhalten: Stimmen die Bundesrats-Mitglieder eines Landes weisungswidrig ab, hindert dies nicht die Gültigkeit ihrer Stimmabgabe. Die Weisungen entfalten **nur Wirkung im Innenverhältnis** zwischen der Landesregierung und dem Bundesratsmitglied. Im Außenverhältnis zwischen dem Bundesrat und dem Bundesland bleibt der Verstoß gegen solche Weisungen unbeachtlich. Weisungswidrig im Bundesrat abgegebene Stimmen bleiben damit **gültig**.

Hinweis

Trennen Sie zwischen Bundestag und Bundesrat: Die Mitglieder des Bundesrates haben nicht die Rechtsstellung von Abgeordneten. Sie üben kein freies Mandat aus, sondern sind grundsätzlich an die Weisungen der entsendenden Landesregierung gebunden.

IV. Übungsfall Nr. 7[100]

161 „Nachfragen im Bundesrat"

Bei der Abstimmung über das Zuwanderungsgesetz im Bundesrat, einem Zustimmungsgesetz, kommt es für die Mehrheit auf die Stimmen des Landes Brandenburg an. Nachdem die Minister Ziel und Schönbohm für dieses Bundesland mit Ja bzw. mit Nein votiert hatten, fragte der Bundesratspräsident den damaligen brandenburgischen Ministerpräsidenten Stolpe, wie Brandenburg abstimme. Stolpe erklärte daraufhin: „Als Ministerpräsident des Landes Brandenburg erkläre ich hiermit Ja." Schönbohm erklärte darauf ungefragt: „Sie kennen meine Auffassung, Herr Präsident!" Der Bundesratspräsident Wowereit erklärte daraufhin: Damit stelle ich fest, dass das Land Brandenburg mit Ja abgestimmt hat.

Die brandenburgische Landesregierung ist von der Nichtigkeit des Zuwanderungsgesetzes überzeugt und beantragt die Einleitung eines abstrakten Normenkontrollverfahrens. Hat der Antrag Aussicht auf Erfolg?

Anmerkung:

Art. 89 der Landesverfassung Brandenburg lautet: „ Willensbildung. Der Ministerpräsident bestimmt die Richtlinien der Regierungspolitik und ist dafür dem Landtag verantwortlich. Innerhalb dieser Richtlinien leitet jeder Minister den ihm anvertrauten Geschäftsbereich selbstständig und unter eigener Verantwortung gegenüber dem Landtag."

§ 29 der GOBR lautet: „(1) Abgestimmt wird durch Handaufheben. Auf Verlangen eines Landes wird durch Aufruf der Länder abgestimmt. Die Länder werden in alphabetischer Reihenfolge aufgerufen."

162 Lösung

Ein durch die Landesregierung eingeleitetes Verfahren vor dem BVerfG hat Aussicht auf Erfolg, wenn es zulässig und begründet ist. In Betracht kommt ein abstraktes Normenkontrollverfahren nach Art. 93 Abs. 1 Nr. 2 GG, §§ 13 Nr. 6, 76 ff. BVerfGG.

A. Zulässigkeit

Der Antrag der Landesregierung ist zulässig, wenn die Sachentscheidungsvoraussetzungen eines abstrakten Normenkontrollverfahrens gegeben sind.

I. Zuständigkeit des Bundesverfassungsgerichts

Gem. Art. 93 Abs. 1 Nr. 2 GG, §§ 13 Nr. 6, 76 ff. BVerfGG ist das BVerfG für Verfahren der abstrakten Normenkontrolle zuständig.

II. Antragberechtigung (§ 76 Abs. 1 BVerfGG)

Mögliche Antragsteller in einem abstrakten Normenkontrollverfahren können die Bundesregierung, eine Landesregierung oder ein Drittel der Mitglieder des Bundestages sein. Die Landesregierungsind somit antragsberechtigt.

100 Der Fall ist *BVerfGE* 106, 310 ff. nachgebildet.

III. Antragsgegenstand (§ 76 Abs. 1 Nr. 1 BVerfGG)

Tauglicher Prüfungsgegenstand im Verfahren der abstrakten Normenkontrolle können alle geltenden, Rechtswirkungen entfaltenden Bundes- und/oder Landesrechtsnormen gleich welcher Rangstufe sein. Insoweit kommt hier das Zuwanderungsgesetz als tauglicher Antragsgegenstand in Betracht.

IV. Antragsgrund (Art. 93 Abs. 1 Nr. 2 GG, § 76 Abs. 1 Nr. 1 BVerfGG)

Weitere Zulässigkeitsvoraussetzung für ein abstraktes Normenkontrollverfahren sind Meinungsverschiedenheiten oder Zweifel über die förmliche und sachliche Vereinbarkeit von Bundesrecht mit dem Grundgesetz (Art. 93 Abs. 1 Nr. 2 GG), bzw. das Fürnichtighalten von mit dem Grundgesetz unvereinbarem Bundesrecht (§ 76 Abs. 1 Nr. 1 BVerfGG). Im vorliegenden Fall sind die Antragsteller von der Nichtigkeit des Zuwanderungsgesetzes überzeugt, so dass auch die gegenüber Art. 93 Abs. 1 Nr. 2 GG engeren Voraussetzungen des § 76 BVerfGG erfüllt sind. Ein tauglicher Antragsgrund ist somit gegeben.

V. Zwischenergebnis

Der Antrag der Landesregierung ist zulässig.

B. Begründetheit

Der Antrag ist begründet, wenn das Zuwanderungsgesetz formell und/oder materiell mit dem Grundgesetz unvereinbar ist. In Betracht kommt hier insbesondere ein Verstoß gegen Art. 51 Abs. 3 S. 2 GG sowie gegen Art. 84 Abs. 1 S. 5 GG.

I. Formelle Verfassungsmäßigkeit

1. Gesetzgebungskompetenz des Bundes

Nach Art. 70 Abs. 1 GG sind grundsätzlich die Länder für die Gesetzgebung zuständig, es sei denn, dem Grundgesetz kann eine Kompetenz des Bundes entnommen werden. Die ausschließliche Gesetzgebungskompetenz des Bundes könnte sich vorliegend aus der Erwähnung der Einwanderung in Art. 73 Abs. 1 Nr. 3 GG ergeben. Einwanderung bedeutet in diesem Zusammenhang die Einreise in das Bundesgebiet mit der Absicht, in ihm einen dauerhaften Wohnsitz oder Aufenthalt zu begründen. Die Zuwanderung stellt unzweifelhaft eine solche Einreise dar. Folglich ergibt sich aus Art. 71, 73 Abs. 1 Nr. 3 GG für das Zuwanderungsgesetz die ausschließliche Gesetzgebungskompetenz des Bundes.

2. Ordnungsgemäße Durchführung des Gesetzgebungsverfahrens

a) Das Verfahren im Bundestag

Da zum Gesetzgebungsverfahren im Bundestag (Art. 76 f. GG) keine Angaben vorliegen, kann von dessen ordnungsgemäßem Ablauf ausgegangen werden.

> **JURIQ-Klausurtipp**
>
> Prüfen Sie das „Schema" nicht stur durch. Gehen Sie auf den Sachverhalt ein.

b) Beteiligung des Bundesrates (Art. 77 Abs. 2, 3 GG)

aa) Hinsichtlich der Beteiligung des Bundesrates im Gesetzgebungsverfahren ist zwischen Einspruchs- und Zustimmungsgesetzen zu unterscheiden. Wann ein Gesetz ein Einspruchs- und wann ein Zustimmungsgesetz ist, bestimmt sich nach dem Grundgesetz. Grundsätzlich gilt: Ein Gesetz bedarf dann der Zustimmung des Bundesrates, wenn das Grundgesetz dies ausdrücklich fordert.

Im vorliegenden Fall könnte sich die Zustimmungsbedürftigkeit des Zuwanderungsgesetzes aus Art. 84 Abs. 1 S. 6 GG ergeben. Dies wäre der Fall, wenn die Länder das Zuwanderungsgesetz als eigene Angelegenheit ausführten. Dies ist grundsätzlich der Fall, es sei denn, das Grundgesetz bestimmt etwas anderes, Art. 83 GG.

» Zu den Gesetzgebungszuständigkeiten s. Rn. 193 ff. «

> **JURIQ-Klausurtipp**
>
> Es handelt sich hier um ein typisches Regel-Ausnahme-Verhältnis. Ausgehend vom Grundfall des Art. 83 GG müssen Sie prüfen, ob das Grundgesetz für das zu prüfende Sachgebiet die Gesetzesausführung im Auftrag des Bundes (Art. 85 GG

und Art. 87b Abs. 2 S. 1 GG) oder die Gesetzesausführung in bundeseigener Verwaltung (Art. 86 GG und Art. 87b Abs. 1 S. 1 GG) anordnet.

Da das Zuwanderungsgesetz nicht ein solcher Ausnahmetatbestand ist, liegt die Verwaltungszuständigkeit in Bezug auf das Zuwanderungsgesetzes grundsätzlich bei den Ländern. Der Anwendungsbereich des Art. 84 GG ist eröffnet. Das Zuwanderungsgesetz ist nach Art. 84 Abs. 1 Satz 6 GG zustimmungsbedürftig.

Hinweis

Die Zustimmungsbedürftigkeit bezieht sich auf das Gesetz insgesamt. Eine Aufspaltung in zustimmungsbedürftige und nichtzustimmungsbedürftige Teile kommt nicht in Betracht. Zum Grundsatz der gesetzgeberischen Einheit vgl. Rn. 211.

bb) Im vorliegenden Fall kommt es insbesondere auf die Frage an, ob der Bundesrat seine Zustimmung zum Zuwanderungsgesetz wirksam erteilt hat. Dies wäre nur dann der Fall, wenn die Stimmabgabe Brandenburgs als Zustimmung zu werten ist. Anderenfalls hätte das Zuwanderungsgesetz die Mehrheit gem. Art. 52 Abs. 3 S. 1 GG verfehlt und wäre nicht verfassungsgemäß zustande kommen.

Gegen eine Wertung als Zustimmung könnte Art. 51 Abs. 3 S. 2 GG sprechen, wonach die Stimmen eines Landes nur einheitlich abgegeben werden dürfen. Im vorliegenden Fall hat Minister Ziel mit „Ja" und Minister Schönbohm mit „Nein" gestimmt. Die uneinheitliche Abstimmung auf Seiten Brandenburgs könnte somit zur Ungültigkeit der Stimmen mit der Folge einer Mehrheit gegen das Zuwanderungsgesetz führen.

(1) Diese könnte allerdings durch den Ministerpräsidenten Stolpe korrigiert und in ein einheitlich zustimmendes Votum umgewandelt worden sein. Voraussetzung dafür wäre, dass die an ihn gerichtete Nachfrage durch den Bundesratspräsidenten Wowereit rechtmäßig war.

Nach Auffassung des BVerfG ist eine solche Nachfrage jedoch nicht ohne Weiteres zulässig, sondern bedarf einer besonderen Rechtfertigung. Danach obliegt es dem Bundesratspräsidenten als unparteiischem Sitzungsleiter, den Willen des Bundesrats im Gesetzgebungsverfahren klar festzustellen. Nur bei Unklarheiten im Abstimmungsverlauf soll der leitende Bundesratspräsident grundsätzlich berechtigt sein, mit geeigneten Maßnahmen eine Klärung herbeizuführen und auf eine wirksame Abstimmung des Landes hinzuwirken. Wenn aber – wie vorliegend – ein einheitlicher Landeswille erkennbar nicht besteht bzw. sein Zustandekommen während der Abstimmung nicht wahrscheinlich ist, ist die Nachfrage nicht zulässig.

(2) Denkbar wäre die Zulässigkeit einer Nachfrage allerdings, wenn man annimmt, dass die uneinheitlich abgegebenen Stimmen „im Rechtssinne" als nicht abgegeben gelten. Gestützt wird dies insbesondere auf den Wortlaut des Art. 51 Abs. 3 S. 2 GG: Danach „können" die Stimmen eines Landes nur einheitlich und nur durch anwesende Mitglieder oder deren Vertreter abgegeben werden. Nach Auffassung des BVerfG verwischt diese Auffassung allerdings die Grenze zwischen Tatbestand und Rechtsfolge. Danach ist mit der Antwort auf die Abstimmungsfrage des Sitzungsleiters der Tatbestand der Stimmabgabe erfüllt. Die Einheitlichkeit der Stimmabgabe ist somit allein entscheidend für die Rechtsfolge, nicht für die Frage, ob eine Stimmabgabe „im Rechtssinne" überhaupt erfolgt ist.

(3) Die gezielte Rückfrage des Bundesratspräsidenten an den Ministerpräsidenten Brandenburgs wäre auch dann zu rechtfertigen, wenn sich der Ministerpräsident über die Stimmenabgabe durch seine Minister hätte hinwegsetzen dürfen. Dies wäre beispielsweise der Fall, wenn er ihnen gegenüber im Bundesrat ein Weisungsrecht beanspruchen könnte. Nach Ansicht des BVerfG spielen Rangverhältnisse des Landesverfassungsrechts auf der Bundesebene jedoch keine Rolle: Der Ministerpräsident hat durch die landesrechtliche Richtlinienkompetenz aus Art. 89 S. 1 der brandenburgischen Landesverfassung keine

bundesverfassungsrechtlich herausgehobene Stellung, die es ihm erlaubte, einen Abstimmungsdissens zweier anderer anwesender Mitglieder allein durch seine Willensbekundung zu überwinden. Die landesrechtliche Weisung an Bundesratsmitglieder ist eine Weisung der Landesregierung, nicht des Inhabers der Richtlinienkompetenz.

(4) Anders könnte man nur entscheiden, wenn man dem Land ein Korrekturrecht in Bezug auf die eigene Stimmabgabe zugestehen wollte. Aber selbst wenn man dem Bundesratspräsidenten ein solches Recht zugestehen wollte, hätte er die Nachfrage als neutraler Sitzungspräsident an alle anwesenden stimmberechtigten Vertreter des Landes Brandenburg richten müssen. Der Ministerpräsident ist gerade nicht der „Stimmführer" des Landes. Dies ergibt sich auch aus § 29 Abs. 1 S. 2 GOBR, wonach durch „Aufruf der Länder", nicht durch Aufruf von Personen abgestimmt wird.

Im Ergebnis ist somit selbst aufgrund der (verfassungswidrigen) Nachfrage des Bundesratspräsidenten keine Korrektur des Ergebnisses durch eine einheitliche Abstimmung festzustellen. Nach dem Zwischenruf von Minister Schönbohm („Sie kennen meine Auffassung, Herr Präsident!") besteht zumindest die Vermutung, dass dieser an seinem abweichendem Abstimmungsverhalten festhalten wollte. Dies führt dazu, dass die Stimmen des Landes Brandenburg ungültig sind und somit nicht gezählt werden. Damit verfehlt das Zuwanderungsgesetz die Mehrheit im Bundesrat.

II. Zwischenergebnis

Der Bundesrat hat dem Zuwanderungsgesetz nicht ordnungsgemäß zugestimmt. Somit ist das Gesetz nicht mit der Mehrheit des Bundesrats zustande gekommen und formell verfassungswidrig.

C. Ergebnis

Der Antrag auf Einleitung eines abstrakten Normenkontrollverfahrens ist zulässig und begründet und hat mithin Aussicht auf Erfolg.

D. Die Bundesregierung

163 Die Bundesregierung ist das zentrale Gremium der politischen Führung. Die Prinzipien für die Arbeit innerhalb der Bundesregierung sind im Grundgesetz festgelegt: Art. 65 S. 1 GG: **Richtlinienkompetenz** des Bundeskanzlers, Art. 65 S. 2 GG: **Ressortprinzip**, Art. 65 S. 3 GG: **Kabinettsprinzip**. Der Geschäftsgang innerhalb der Bundesregierung ist in der auf Grundlage des Art. 65 S. 4 GG erlassenen Geschäftsordnung der Bundesregierung (GOBReg)[103] sowie in der Gemeinsamen Geschäftsordnung der Bundesministerien (GGO)[104] geregelt.

I. Der Bundeskanzler

164 Der Bundeskanzler ist kein Beamter, wohl aber öffentlicher Amtsträger. Die Rechtsstellung des Bundeskanzlers (und der Bundesminister) ist näher geregelt im Bundesministergesetz (BMinG).[105]

1. Die Wahl des Bundeskanzlers

165 Gem. Art. 63 Abs. 1 GG wird der Bundeskanzler auf Vorschlag des Bundespräsidenten vom **Bundestag** gewählt. Da zur Wahl des Bundeskanzlers die Mehrheit der Mitglieder des Bundestages erforderlich ist (sog. **Kanzlermehrheit**, Art. 63 Abs. 2 GG), schlägt der Bundespräsident in der Regel den Kandidaten der Mehrheitsfraktionen vor.

Billigt der Bundestag den Vorschlag des Bundespräsidenten nicht, so kann er binnen 14 Tagen einen Bundeskanzler mit mehr als der Hälfte seiner Mitglieder wählen, Art. 63 Abs. 3 GG. Kommt diese Wahl nicht zustande, so findet unverzüglich eine Wahl statt, bei welcher die einfache (relative) Mehrheit der abgegebenen Stimmen entscheidet. Erhält der Gewählte dabei weniger als die Stimmen der Mehrheit der Mitglieder des Bundestages (absolute Mehrheit), so braucht der Bundespräsident den Gewählten nicht zu ernennen. Er kann stattdessen den Bundestag auflösen, Art. 63 Abs. 4 GG.

Das Amt des Bundeskanzlers **endet** mit dem **Zusammentritt eines neuen Bundestages** (Art. 69 Abs. 2 1. Hs. GG). Das Amt endet ferner mit dem **Rücktritt** des Bundeskanzlers. Dieser ist im Grundgesetz zwar nicht vorgesehen, gleichwohl ist er zulässig.

Beispiel Bundeskanzler Brandt trat 1974 wegen der sog. Guillaume-Affäre zurück. ■

2. Die Organisations- und Personalgewalt des Bundeskanzlers

166 Aufgrund seiner Organisationsgewalt bestimmt der Bundeskanzler über Anzahl und fachlichen Zuschnitt der Ministerien. Er kann neue Ministerien errichten, bestehenden Ministerien neue Aufgaben zuweisen, Ministerien zusammenlegen oder bisherige Ministerien auflösen.

---

103 Geschäftsordnung der Bundesregierung (GOBReg) i.d.F. der Bekanntmachung vom 21.11.2002 (GMBl. S. 848).

104 Gemeinsame Geschäftsordnung der Bundesministerien (GGO) i.d.F. der Bekanntmachung vom 9.8.2000 (GMBl. S. 526).

105 Bundesministergesetz (BMinG) vom 17.6.1953 (BGBl. I S. 407), zuletzt geändert durch Gesetz vom 21.8.2002 (BGBl. I S. 3322).

Beispiel Auflösung des ehemaligen Bundesministeriums für Post und Telekommunikation, Umorganisation des Ministeriums für Wirtschaft und Arbeit in das Ministerium für Wirtschaft und Technologie ■

Rechtlich gebunden ist er dabei nur insoweit, als das Grundgesetz die Einrichtung bestimmter Ministerien **zwingend** vorsieht: das Bundesministerium der **Verteidigung** (Art. 65a GG), das Bundesministerium der **Justiz** (Art. 96 Abs. 2 S. 4 GG) und das Bundesministerium der **Finanzen** (Art. 112 S. 1 GG). Allerdings können auch die Zuständigkeitsbereiche dieser Ministerien geändert werden, sofern die grundgesetzliche Aufgabenzuweisung (durch die genannten Artikel) nicht berührt wird.

Der Bundeskanzler verfügt ferner über die **Personalgewalt**, da er die Bundesminister bestimmt, Art. 64 Abs. 1 GG.

3. Die Richtlinienkompetenz des Bundeskanzlers

Gem. Art. 65 S. 1 GG bestimmt der Bundeskanzler die Richtlinien der Politik und trägt dafür **167**
die Verantwortung. Der Bundeskanzler ist damit zuständig für die **Formulierung der Grundlinien der Politik der Bundesregierung**, für die politischen Leitentscheidungen und auch für die Entscheidung von Einzelfragen mit erheblicher politischer Tragweite.

Der Bundeskanzler hat das Recht und die Pflicht, auf die Durchführung der Richtlinien zu achten (§ 1 Abs. 2 GOBReg). Bei Zweifeln über den Inhalt der Richtlinienentscheidung haben die Bundesministerien eine Entscheidung des Bundeskanzlers herbeizuführen (§ 1 Abs. 1 S. 3 GOBReg).

4. Die Vertrauensfrage

Gem. Art. 68 Abs. 1 GG hat der Bundeskanzler das Recht, beim Bundestag zu beantragen, ihm **168**
das Vertrauen auszusprechen (s. auch § 98 Abs. 1 GOBT). Diese sog. Vertrauensfrage kommt insbesondere in Betracht, wenn der Bundeskanzler in der Sache nicht mehr das erforderliche Vertrauen des Parlaments genießt,[106] also sich die Mehrheitsverhältnisse im Bundestag – etwas durch den Bruch der Koalition – geändert haben. Zulässig ist auch die **Verbindung eines Sachantrages mit der Vertrauensfrage**.

Beispiel Der Bundeskanzler will den Einsatz der Bundeswehr in Afghanistan in seiner Fraktion durchsetzen, nachdem einige Fraktionsmitglieder sich vehement dagegen ausgesprochen haben. ■

Erforderlich für eine positive Entscheidung über die Vertrauensfrage ist die **absolute Mehrheit**. Wird die Vertrauensfrage mit einem Sachantrag verbunden, so handelt es sich technisch gesehen um **einen Antrag**, so dass auch der Sachantrag mit absoluter Mehrheit angenommen werden muss, selbst wenn für ihn an sich eine einfache Mehrheit ausgereicht hätte. Kommt die absolute Mehrheit **nicht zustande**, so hat der Bundespräsident zwei Möglichkeiten: Er kann den Bundestag auf Vorschlag des Bundeskanzlers innerhalb von 21 Tagen auflösen (Art. 68 Abs. 1 S. 1 GG) oder die bisherige Regierung (ggf. als Minderheitsregierung) weiter amtieren lassen. In diesem Fall kann der Bundespräsident auf Vorschlag der Bundesregierung

106 *BVerfGE* 62, 1, 42 ff.

den Gesetzgebungsnotstand nach Art. 81 GG erklären, in dem die Regierung für die Dauer von sechs Monaten Gesetze auch gegen den Willen des Bundestages, aber nur mit Zustimmung des Bundesrates, verabschieden kann. Das **Auflösungsrecht des Bundespräsidenten** erlischt, wenn der Bundestag mit absoluter Mehrheit einen neuen Bundeskanzler wählt, Art. 68 Abs. 1 S. 2 GG.

Vertrauensfrage als Vehikel zu Neuwahlen: Fraglich ist, ob die von vornherein geplante Ablehnung der Vertrauensfrage zur Auflösung des Bundestages führen kann. Dies ist der Fall, wenn der Bundeskanzler zwar noch die Mehrheit hinter sich hat, die Regierungskoalition aber den Vertrauensantrag ablehnt, um Neuwahlen herbei zu führen. Nach Auffassung des BVerfG[107] darf der Bundeskanzler die Vertrauensfrage nur stellen, wenn die politischen Kräfteverhältnisse im Bundestag seine Handlungsfähigkeit so beeinträchtigen, dass er nicht mehr sinnvoll regieren kann.

5. Das konstruktive Misstrauensvotum

169 Gem. Art. 67 Abs. 1 GG kann der Bundestag dem Bundeskanzler aus eigener Initiative das Misstrauen dadurch aussprechen, dass er mit absoluter Mehrheit einen neuen Bundeskanzler wählt. Misstrauenserklärung und Neuwahl des Bundeskanzlers fallen in einem Akt zusammen. Dadurch soll verhindert werden, dass sich lediglich eine Mehrheit für die Abwahl des Bundeskanzlers – und mit ihm der Bundesregierung (Art. 69 Abs. 2 Hs. 2 GG) – findet, nicht aber für eine neue Regierung.

II. Die Bundesminister

170 Wie der Bundeskanzler stehen auch die Bundesminister in einem öffentlich-rechtlichen Amtsträgerverhältnis, welches durch die Bestimmungen des Bundesministergesetzes[108] (BMinG) näher ausgestaltet wird.

1. Ernennung und Entlassung

171 Die Bundesminister werden auf Vorschlag des Bundeskanzlers vom Bundespräsidenten ernannt und entlassen (Art. 64 Abs. 1 GG). Der Bundespräsident kann den Vorschlag des Bundeskanzlers nur aus **rechtlichen Gründen** ablehnen, vgl. zum Prüfungsrecht des Bundespräsidenten Rn. 185.

Mit dem Ende des Amtes des Bundeskanzlers endet auch das der Bundesminister, Art. 69 Abs. 2 GG. Darüber hinaus kann die Amtszeit eines Ministers dadurch ihr Ende finden, dass der Bundespräsident ihn auf Vorschlag des Bundeskanzlers entlässt, Art. 64 Abs. 1 GG.

---

107 *BVerfGE* 62, 1, 42 ff.

108 Bundesministergesetz in der Fassung der Bekanntmachung vom 27.7.1971 (BGBl. I S. 1166), zuletzt geändert durch Artikel 1 des Gesetzes vom 23.10.2008 (BGBl. I S. 2018).

Hinweis

Der Bundestag kann nicht aus eigenem Recht einen einzelnen Bundesminister – etwa durch ein Misstrauensvotum – aus dem Amt bringen. Eine Aufforderung des Bundestages an den Bundeskanzler, einen bestimmten Bundesminister zu entlassen hätte – allenfalls – die Qualität eines „schlichten Parlamentsbeschlusses" ohne rechtliche Bindungswirkung für den Bundeskanzler.

Auf Ersuchen des Bundespräsidenten oder des Bundeskanzlers ist ein Bundesminister verpflichtet, die Geschäfte bis zur Ernennung eines Nachfolgers weiterzuführen (Art. 69 Abs. 3 GG) – dasselbe gilt für den Bundeskanzler auf Ersuchen des Bundespräsidenten.

2. Das Ressortprinzip

Gem. Art. 65 S. 2 GG leiten die Bundesminister ihren Geschäftsbereich selbstständig und in 172
eigener Verantwortung. Innerhalb ihres Ressorts, einschließlich der nachgeordneten Behörden (z.B. Umweltbundesamt, Bundeszentrale für gesundheitliche Aufklärung etc.) können sie sowohl die **politischen Leitlinien** bestimmen als auch in eigener Verantwortung **organisatorische und personelle Entscheidungen** treffen. Dabei dürfen sie sich dabei allerdings nicht in Widerspruch zu den Richtlinienentscheidungen des Bundeskanzlers setzen. Im Zweifel ist eine Entscheidung des Bundeskanzlers herbeizuführen (§ 1 Abs. 1 S. 3 GOBReg). Die Kehrseite des Ressortprinzips ist, dass die Minister dem Parlament und dem Bundeskanzler gegenüber für alle Vorgänge, die in seinen Verantwortungsbereich fallen **rechenschaftspflichtig** sind.

III. Exkurs: Die Staatssekretäre

Keine Mitglieder der Bundesregierung sind die beamteten und parlamentarischen Staatsse- 173
kretäre, vgl. Art. 62 GG.

Beamtete Staatssekretäre sind die obersten Beamten der Ministerien. Sie sind „Herr der Verwaltung". Ihnen obliegt – nach dem Minister – die personelle und organisatorische Leitung der verschiedenen Fachabteilungen des Ministeriums sowie der nachgeordneten Behörden. Gleichwohl haben sie – wie jeder Ministerialbeamte – lediglich eine „dienende" Funktion und sind verpflichtet, die Politik des jeweiligen Ministers bzw. der jeweiligen Regierung mitzutragen. Aufgrund des erforderlichen politischen Vertrauensverhältnisses zum Minister zählt der beamtete Staatssekretär zu den „politischen Beamten". Diese können zwar – als Beamte – nicht entlassen, wohl aber ohne weitere Begründung in den sog. einstweiligen Ruhestand versetzt werden, wenn der Minister meint, mit ihnen nicht vertrauensvoll zusammenarbeiten zu können, vgl. § 36 BBG.

Der **parlamentarische Staatssekretär** ist Mitglied des Bundestages, § 1 Abs. 1 Hs. 2 ParlStG.[109] Er wird auf Verlangen des Bundeskanzlers im Einvernehmen des Ministers diesem beigeordnet und unterstützt den Minister bei dessen Aufgabenerfüllung, § 1 Abs. 2 ParlStG. Seine wesentliche Aufgabe ist es, **Kontakt- und Vermittlungsstelle** zwischen den **Ministerien** und

109 Gesetz über die Rechtsverhältnisse der Parlamentarischen Staatssekretäre vom 24.7.1974 (BGBl. I S. 1538), zuletzt geändert durch Artikel 1 des Gesetzes vom 15.1.1999 (BGBl. I S. 10).

den die Regierung tragenden **Fraktionen** zu sein. Dabei unterliegt er den **Weisungen des Ministers**. Seine Amtszeit endet gem. § 4 ParlStG mit Entlassung, mit Ablauf der Amtszeit seines Ministers oder mit Ausscheiden aus dem Bundestag.

IV. Die Bundesregierung als Kollegialorgan: Das Kabinettsprinzip

174 Bundeskanzler und Bundesminister bilden das sog. **Bundeskabinett**, also die Bundesregierung. Das Bundeskabinett wird vom Bundeskanzler geleitet, der die Sitzungen einberuft und leitet sowie die Tagesordnung aufstellt.

Gem. Art. 65 S. 3 GG entscheidet bei Meinungsverschiedenheiten zwischen den Bundesministern die Bundesregierung als Kollegialorgan, also das Bundeskabinett. Dieses sog. **Kabinettsprinzip** steht im Rang hinter der Richtlinienkompetenz des Bundeskanzlers. Dessen Richtlinienentscheidungen können durch das Bundeskabinett nicht „überstimmt" werden. Wohl aber können Vorhaben einzelner Bundesminister vom Bundeskabinett verhindert oder modifiziert werden. Insofern hat das Kabinettsprinzip **Vorrang vor dem Ressortprinzip**. Dies gilt allerdings wiederum nicht, wenn es sich um eine der grundgesetzlich vorgesehenen Fachministerentscheidungen handelt.

175 Die Entscheidungen der Bundesregierung als Kollegialorgan werden regelmäßig auf den (gewöhnlich mittwochs stattfindenden) Sitzungen des Bundeskabinetts durch die anwesenden Kabinettsmitglieder getroffen (§ 20 Abs. 1 GOBReg). Diese Sitzungen sind nicht öffentlich. Nach außen tritt die Bundesregierung als Einheit auf. Auch der etwa in einer Abstimmung unterlegene Bundesminister muss die Kabinettsentscheidung nach außen mittragen und vertreten. Gegen die Auffassung der Bundesregierung zu wirken, ist ihm nicht gestattet (§ 28 Abs. 2 GOBReg, sog. **„Kabinettsdisziplin"**).

Weniger wichtige Fragen können auch im sog. **Umlaufverfahren** entschieden werden, d.h. für einen Vorgang wird die schriftliche Zustimmung der einzelnen Bundesminister eingeholt (§ 20 Abs. 2 GOBReg). Das Umlaufverfahren ist allerdings dann verfassungswidrig, wenn die Zustimmung des Ministers als erteilt gilt, falls er nicht innerhalb einer bestimmten Frist widerspricht.[110]

Neben der in Art. 65 S. 3 GG genannten Aufgabe weist das Grundgesetz dem Bundeskabinett eine Fülle weiterer Zuständigkeiten zu. Wann immer im Grundgesetz von der „Bundesregierung" die Rede ist, wird das Bundeskabinett tätig.

Beispiel Die Unterrichtung des Bundesrates und des Bundestages in Angelegenheiten der Europäischen Union, Art. 23 Abs. 2 GG; der Erlass allgemeiner Verwaltungsvorschriften für die bundeseigene Verwaltung oder bundesunmittelbare Körperschaften oder Anstalten des öffentlichen Rechtes, Art. 86 GG; das Initiativrecht bei der Gesetzgebung, Art. 76 Abs. 1 GG; Erlass von Rechtsverordnungen, die Befugnis kann aber auch einem einzelnen Bundesminister übertragen werden (Art. 80 Abs. 1 GG); Direktions- und Aufsichtsbefugnisse, wenn die Länder Bundesgesetze ausführen (vgl. Art. 84 Abs. 2, Abs. 5 und Art. 85 Abs. 2 und Abs. 3 GG). ■

110 *BVerfGE* 91, 148, 171 ff.

Zuständigkeitsverteilung innerhalb der Bundesregierung

Richtlinienkompetenz des Bundeskanzlers = Kanzlerprinzip, Art. 65 S. 1 GG:
- Allgemeine Vorgaben und generelle Anweisungen
- Weisungen im Einzelfall (h. M.)

Kollegialprinzip
(Art. 65 S. 3 GG):
Bei Meinungsverschiedenheiten zwischen Ministerien

Ressortprinzip
(Art. 65 S. 2 GG):
Innerhalb der Richtlinien eigenverantwortliche Leitung des Geschäftsbereichs

Hinweis

Die Bundesregierung ist parteifähig:
- im Organstreitverfahren, Art. 93 Abs. 1 Nr. 1 GG i.V.m. §§ 13 Nr. 5, 63 BVerfGG
- im Verfahren der abstrakten Normenkontrolle, Art. 93 Abs. 1 Nr. 2 BVerfGG i.V.m. §§ 13 Nr. 6, 76 Abs. 1, 77 BVerfGG
- im Bund-Länder-Streit, Art. 93 Abs. 1 Nr. 3 GG i.V.m. §§ 13 Nr. 7, 68 BVerfGG
- in anderen öffentlich-rechtlichen Streitigkeiten zwischen Bund und Ländern gem. Art. 93 Abs. 1 Nr. 4 GG i.V.m. §§ 13 Nr. 8, 71 Nr. 1 BVerfGG
- im Verfahren über die Verwirkung von Grundrechten, Art. 18 GG i.V.m. §§ 13 Nr. 1, 36 BVerfGG
- im Parteiverbotsverfahren, Art. 21 Abs. 2 GG i.V.m. §§ 13 Nr. 2, 43 BVerfGG

V. Übungsfall Nr. 8

176 **„Der amtsmüde Minister"**

Im Februar 2009 nimmt völlig überraschend der einflussreiche aber amtsmüde Politiker S seinen Abschied aus der Politik. Dem Bundeskanzler geht folgendes Schreiben zu:

„Hiermit trete ich von meinem Amt als Bundesminister der Finanzen zurück. S."

In einem entsprechenden Schreiben an den Bundestagspräsidenten verzichtet er auch auf seine Ämter als Abgeordneter und zieht sich in sein Privathaus zurück. Eine Begründung gibt S zunächst nicht; nach einigen Tagen des Schweigens äußert er in einem Interview lediglich seine Enttäuschung über „schlechtes Mannschaftsspiel" innerhalb der großen Koalition.

Nach den Äußerungen im Interview wollen nun Abgeordnete aller Fraktionen endlich Klarheit darüber, warum S zurückgetreten ist und in welchem Zustand sich die Regierung befindet. Unter Wahrung aller Form- und Verfahrensvorschriften beschließt der Bundestag, gleich für den nächsten Tag eine Sondersitzung anzuberaumen und den Bundesminister der Finanzen S zu dieser Sitzung herbei zu zitieren.

S findet, als Privatmann sei es ihm nicht zuzumuten vor dem Bundestag zu erscheinen, und bleibt zu Hause.

Der Bundestag beantragt daraufhin eine rechtliche Klärung vor dem BVerfG. Hat der Antrag Aussicht auf Erfolg?

Anmerkung:
§ 9 Abs. 2 S. 2 des Gesetzes über die Rechtsverhältnisse der Mitglieder der Bundesregierung (BMinG) lautet: „Die Bundesminister können jederzeit entlassen werden und ihre Entlassung jederzeit verlangen".

177 **Lösung**

Zur verfassungsgerichtlichen Klärung kommt ein Organstreitverfahren gem. Art. 93 Abs. 1 Nr. 1 GG, §§ 13 Nr. 5, 63 ff. BVerfGG in Betracht. Das Organstreitverfahren hat Erfolg, falls der Antrag des Bundestages zulässig und begründet ist.

A. Zulässigkeit

I. Zuständigkeit des Bundesverfassungsgerichts

Die Zuständigkeit des BVerfG für das Organstreitverfahren ergibt sich aus Art. 93 Abs. 1 Nr. 1 GG, § 13 Nr. 5 BVerfGG.

II. Antragsberechtigung und Antragsgegner

Der Bundestag müsste antragsberechtigt sein. Wer antragsberechtigt ist, regelt Art. 93 Abs. 1 Nr. 1 GG i.V.m. § 63 BVerfGG. § 63 BVerfGG definiert den Begriff des „obersten Bundesorgans" gem. Art. 93 Abs. 1 Nr. 1 GG. In § 63 BVerfGG ist der Bundestag unmittelbar genannt. Dieser ist daher antragsberechtigt.

Der Bundesminister ist Teil der Bundesregierung, Art. 62 GG. Er ist z.B. in Art. 65 S. 2 GG mit eigenen Rechten ausgestattet. Die Tatsache, dass S möglicherweise zurückgetreten ist, kann dem nicht entgegenstehen. Nach dem

Rechtsgedanken des Art. 69 Abs. 3 2. Alt. GG, der einen Minister verpflichtet, auf entsprechendes Ersuchen hin die Rechtsgeschäfte bis zu einer Nachfolgeregelung weiter zu führen, muss S in dem Verfahren weiterhin als Minister gelten und ist gem. Art. 93 Abs. 1 Nr. 1 GG, § 63 BVerfGG zulässiger Antragsgegner.

III. Streitgegenstand

Es müsste ein tauglicher Streitgegenstand vorliegen. Gegenstand eines Organstreitverfahrens kann jede rechtserhebliche Maßnahme oder Unterlassung des Antragsgegners gem. § 64 Abs. 1 BVerfGG sein. Das Nichterscheinen des S stellt ein solches Unterlassen dar. Sie ist auch rechtserheblich, weil das Zitierrecht gem. Art. 43 Abs. 1 GG des Bundestages zur Ausübung seiner Kontrollfunktion gehört. Ein tauglicher Streitgegenstand ist daher zu bejahen.

IV. Antragsbefugnis

Der Bundestag müsste antragsbefugt sein. Dies erfordert, dass der Bundestag geltend macht, durch die angegriffene Unterlassung in seinen verfassungsrechtlich gewährleisteten Rechten verletzt oder unmittelbar gefährdet zu sein, § 64 Abs. 1 BVerfGG. Aus dem Sachvortrag des Antragstellers muss sich also zumindest die Möglichkeit einer solchen Rechtsverletzung schlüssig ergeben. Der Bundestag ist möglicherweise in seinem Zitierrecht gem. Art. 43 Abs. 1 GG verletzt. Er ist daher antragsbefugt.

V. Form und Frist

Es ist davon auszugehen, dass der Antrag des Bundestages schriftlich eingereicht (§ 23 Abs. 1 S. 1 BVerfGG) und – unter Bezeichnung der betroffenen Bestimmung des Grundgesetzes (§ 64 Abs. 2 BVerfGG) – begründet (§ 23 Abs. 1 S. 2 BVerfGG) wurde. Die Einhaltung der sechsmonatigen Frist des § 64 Abs. 3 BVerfGG wäre zu beachten.

VI. Zwischenergebnis

Der Antrag ist zulässig.

B. Begründetheit

Der Antrag des Bundestages ist begründet, wenn der Bundestag durch das Nichterscheinen des S in seinen ihm durch das Grundgesetz verliehenen Rechten verletzt wird.

Eine Pflicht des S, vor dem Bundestag zu erscheinen, kommt nur dann in Betracht, wenn dem Bundestag das Recht zusteht, S zu der Sondersitzung nach Art. 43 Abs. 1 GG herbei zu zitieren.

Voraussetzung hierfür wäre, dass S Mitglied der Bundesregierung ist (I), der Bundestag nach seiner Anwesenheit verlangt hat (II) und dem Zitierrecht keine verfassungsmäßigen Schranken entgegen stehen (III).

I. Mitglied der Bundesregierung

Zunächst müsste S Mitglied der Bundesregierung sein.

Ursprünglich war S Mitglied der Bundesregierung. Die Bundesregierung besteht gem. Art. 62 GG aus dem Bundeskanzler und den Bundesministern. Fraglich ist, ob S durch sein „Rücktrittsschreiben" aus der Bundesregierung ausgeschieden ist. Gem. Art. 64 Abs. 1 Alt. 2 GG ist die Entlassung der Bundesminister nur durch den Bundespräsidenten auf Vorschlag des Bundeskanzlers vorgesehen. Auch § 9 Abs. 2 S. 2 BMinG sieht lediglich vor, dass Bundesminister jederzeit ihre Entlassung verlangen können. Daher kann das „Rücktrittsschreiben" selbst nur ein Gesuch an den Bundeskanzler darstellen, dem Präsidenten die Entlassung vorzuschlagen. Eine solche Entlassung durch den Bundespräsidenten ist jedoch bislang nicht erfolgt. Somit ist S weiterhin Bundesminister und daher auch Mitglied der Bundesregierung.

II. Anwesenheitsverlangen des Bundestags

Laut Sachverhalt hat der Bundestag die Anwesenheit des S gem. Art. 43 Abs. 1 GG ordnungsgemäß beschlossen.

III. Zitierrecht des Bundestags

Somit liegen die Voraussetzungen des Art. 43 Abs. 1 GG vor. Fraglich ist allerdings, ob S das persönliche Erscheinen zugemutet werden kann. Insoweit ist zu beachten, dass das Zitierrecht des Bundestages nicht schrankenlos gewährt ist. Als Grenze der persönlichen Anwesenheitspflicht wird jedenfalls die persönliche Unzumutbarkeit des Erscheinens angenommen (z.B. bei Erkrankung). Darüber hinaus findet eine Abwägung zwischen Dringlichkeit und Hindernis statt.

Vorliegend ist S lediglich amtsmüde. Dieser Umstand macht sein Erscheinen nicht unzumutbar. Dafür spricht auch der Rechtsgedanken des Art. 69 Abs. 3 Alt. 2 GG.

Hinweis

Im Falle der Verhinderung bestünde die Möglichkeit der Vertretung, wenn der Bundestag diese als ausreichend erachtet.

IV. Zwischenergebnis

S ist bis zu seiner förmlichen Entlassung durch den Präsidenten Minister. Eine persönliche Unzumutbarkeit des Erscheinens liegt nicht vor. Daher ist der Bundestag berechtigt, den S herbeizuzitieren.

C. Ergebnis

Das BVerfG wird in seiner Entscheidung feststellen, dass die beanstandete Weigerung des S gegen Art. 43 Abs. 1 GG verstößt, § 67 S. 1 BVerfGG.

Hinweis

Die Verpflichtung zur Teilnahme an der formell rechtmäßig anberaumten Sitzung als Abgeordneter gem. § 13 Abs. 2 S. 1 GOBT führt nicht zu einer durchsetzbaren Anwesenheitspflicht. Zwar ist S auch trotz des Schreibens an den Bundestagspräsidenten noch Abgeordneter. Denn zur Wirksamkeit des Verzichts bedarf es der Erklärung zur Niederschrift des Präsidenten des Bundestages (entspr. §§ 8 ff. BeurkundungsG); der Verlust der Mitgliedschaft wird vom Bundestagspräsidenten gem. § 47 Abs. 1 Nr. 4 BWahlG festgestellt. Die Folge der Abwesenheit von Plenarsitzungen ist aber (nur) eine Kürzung der Kostenpauschale gem. § 14 Abs. 1 AbgG.

E. Der Bundespräsident

I. Rechtliche Stellung und politische Bedeutung

Der Bundespräsident ist das **Staatsoberhaupt** und damit der ranghöchste Vertreter Deutschlands. Die politische Bedeutung des Bundespräsidenten ist hingegen – etwa im Vergleich zu ausländischen Staatsoberhäuptern wie dem französischen oder dem US-amerikanischen Präsidenten – gering. **178**

Hinweis

Im Gegensatz zum Reichspräsidenten in der Weimarer Republik ist der Bundespräsident vom Grundgesetz bewusst nur mit beschränkten Kompetenzen ausgestattet worden.

Die politischen Funktionen des Bundespräsidenten liegen in erster Linie in der **Repräsentation** und der **Integration**. Dies beinhaltet beispielsweise Reden zu wichtigen Anlässen. Die Integrationsfunktion kommt durch die Überparteilichkeit der Amtsführung zum Ausdruck: Der Bundespräsident muss auch einen politischen Gegner zum Bundeskanzler ernennen, wenn dieser gewählt wird und darf nicht die Ausfertigung von Gesetzen verweigern, weil er sie für politisch schädlich hält. Ein Bundespräsident, der Mitglied einer Partei ist, lässt auch seine Parteimitgliedschaft während seiner Amtszeit traditionellerweise ruhen. **179**

Darüber hinaus erfüllt der Bundespräsident auch die Aufgabe des „**Staatsnotars**". Er fertigt die in einem ordnungsgemäßen Verfahren zustande gekommenen Gesetze aus und verkündet sie im Bundesgesetzblatt, Art. 82 GG.

In politischen Krisenzeiten kommt dem Bundespräsidenten auch eine politisch bedeutsame Position zu. So kann er die **Einberufung des Bundestages** gem. Art. 39 Abs. 3 GG verlangen und den **Bundestag** in bestimmten Fällen **auflösen**. Er kann weiterhin für einen Gesetzesvorschlag der Bundesregierung den **Gesetzgebungsnotstand** mit Zustimmung des Bundesrates erklären und den Gesetzesvorschlag dadurch gegen den Willen des Bundestages in Kraft setzen, Art. 81 Abs. 1 S. 1 GG.

II. Die Wahl des Bundespräsidenten

Wählbar für das Amt des Bundespräsidenten ist jeder Deutsche, der die Wählbarkeit zum Bundestag besitzt und der das vierzigste Lebensjahr vollendet hat, Art. 54 Abs. 1 S. 2 GG. Die Wahl erfolgt durch die Bundesversammlung (Art. 54 Abs. 1 S. 1 GG), die ausschließlich zu diesem Zweck einberufen wird. Mitglieder der Bundesversammlung sind die Abgeordneten des Bundestages und eine gleiche Anzahl von Vertretern, die durch die Landesparlamente im Wege der Verhältniswahl bestimmt wurden, Art. 54 Abs. 3 GG. Diese müssen aber nicht Abgeordnete der Landesparlamente sein. **180**

Beispiel So waren in der Bundesversammlung im Jahr 2004 die Schauspieler Ottfried Fischer, Uwe Friedrichsen und Nina Hoss, die Designerin Jette Joop und die ehemalige Skirennläuferin Rosi Mittermaier-Neureuther vertreten.

Die **Bundesversammlung** wird vom Präsidenten des Bundestages einberufen, Art. 54 Abs. 4 S. 2 GG. Bestimmungen über den Zeitpunkt des Zusammentritts der Bundesversammlung enthält Art. 54 Abs. 4 S. 1, Abs. 3 GG. Zur Wahl des Bundespräsidenten ist die absolute Mehrheit der Stimmen der Bundesversammlung erforderlich. Kommt diese auch im zweiten Wahlgang nicht zustande, so reicht im dritten Wahlgang die einfache Stimmenmehrheit, Art. 54 Abs. 6 GG. Die Amtsperiode beträgt fünf Jahre. Wiederwahl ist nur einmal zulässig, Art. 54 Abs. 2 GG.

Ein **Rücktritt des Bundespräsidenten** ist im Grundgesetz nicht vorgesehen, wäre aber gleichwohl zulässig. Ein Verfahren zur Abwahl eines Bundespräsidenten kennt das Grundgesetz nicht. Lediglich im Falle gravierender Verfassungs- oder Gesetzesverstöße können Bundestag oder Bundesrat vor dem BVerfG das Verfahren der **Präsidentenanklage** mit dem Ziel einleiten, ihn seines Amtes für verlustig erklären zu lassen, Art. 61 GG i.V.m. §§ 13 Nr. 4, 49 ff. BVerfGG.

III. Aufgaben und Befugnisse des Bundespräsidenten

181 Der Bundespräsident ist zwar der ranghöchste Vertreter der Bundesrepublik Deutschland, jedoch **kein regierendes Staatsoberhaupt** und nicht für die Politik verantwortlich. Als Ausfluss dieser Stellung regelt Art. 58 S. 1 GG, dass alle Anordnungen und Verfügungen des Bundespräsidenten zu ihrer Gültigkeit der **Gegenzeichnung durch den Bundeskanzler** oder den zuständigen Bundesminister bedürfen. Unter „Anordnungen und Verfügungen" versteht man dabei sämtliche **rechtserheblichen Akte** des Bundespräsidenten gemeint.

Beispiel Ausfertigung von Gesetzen, Ernennung von Amtsträgern, Gnadenentscheidungen.

Durch die Gegenzeichnung werden die Akte des Bundespräsidenten, der selbst parlamentarisch nicht verantwortlich ist, in die **parlamentarische Verantwortlichkeit der Bundesregierung** mit einbezogen.

1. Die völkerrechtliche Vertretung des Bundes

182 Nach Art. 59 Abs. 1 S. 1 GG obliegt dem Bundespräsidenten die **völkerrechtliche Vertretung** des Bundes nach außen. Nach der Völkerrechtsordnung kommt dem Bundspräsidenten als Staatsoberhaupt damit eine **umfassende Vertretungsmacht** zu, die über das Unterzeichnen völkerrechtlicher Verträge (vgl. Art. 59 Abs. 1 S. 2 GG) und die Beglaubigung der Gesandten (vgl. Art. 59 Abs. 1 S. 3 GG) hinausgeht. Innerstaatlich ist der Bundespräsident bei der Ausübung seiner Vertretungsmacht jedoch an die Kompetenzordnung des Grundgesetzes gebunden. Dem gemäß bezieht sich die Kompetenz des Art. 59 Abs. 1 S. 2 GG nicht auf die materielle Gestaltung der Außenpolitik, wie z.B. die Ausgestaltung völkerrechtlicher Verträge, sondern ausschließlich auf die **Ratifikation der Verträge**. Der Bundespräsident hat also keine Befugnis zu selbstständiger außenpolitischer Gestaltung, sondern ist darauf beschränkt, den von den hierfür zuständigen Staatsorganen gebildeten **Staatswillen kundzutun**.

Hinweis

Die Außenpolitik gehört zur Richtlinienkompetenz des Bundeskanzlers.

2. Die Ernennung und Entlassung von Amtsträgern des Bundes

Der Bundespräsident ernennt und entlässt den Bundeskanzler und die Bundesminister. Darüber hinaus ernennt er grundsätzlich alle Bundesbeamten, Bundesrichter, Offiziere und Unteroffiziere der Bundeswehr (Art. 60 Abs. 1 GG), soweit der diese Befugnis nicht auf andere Behörden übertragen hat (vgl. Art. 60 Abs. 3 GG). **183**

Ein eigenes Auswahlrecht kommt dem Bundespräsidenten dabei nicht zu. Allenfalls könnte er die **formellen Ernennungsvoraussetzungen**, wie z.B. die deutsche Staatsangehörigkeit, nachprüfen.

Hinweis

Ein eigenes Auswahlrecht hat der Bundespräsident lediglich bei den Beamten des Bundespräsidialamtes selbst, insoweit steht ihm die Organisationsgewalt zu.

Auch bei der **Ernennung der Bundesminister** kommt dem Bundespräsidenten **kein Ermessensspielraum** zu. Zwar spricht Art. 64 Abs. 1 GG lediglich von einem „Vorschlag" des Bundeskanzlers. Die Einrichtung der Bundesministerien und die Auswahl der Bundesminister ist aber Ausdruck der Organisations- und Personalgewalt des Bundeskanzlers. Sie kann nicht vom Bundespräsidenten dadurch umgangen werden, dass er die „Vorschläge" des Bundeskanzlers ablehnt. Auch insofern ist der Bundespräsident auf eine formelle Prüfung beschränkt und darf die Ernennung nur dann ablehnen, wenn ihr rechtliche Gründe entgegenstehen.

3. Die Auflösung des Bundestages

Die Befugnis zur Auflösung des Bundestages steht dem Bundespräsidenten in zwei Fällen zu: **184**
Nach einer **gescheiterten Kanzlerwahl gem. Art. 63 Abs. 4 S. 3 GG** dann, wenn in einem dritten Wahlgang zwar ein Bundeskanzler gewählt wurde, aber nicht mit der absoluten Mehrheit der Stimmen. Hier liegt es im Ermessen des Bundespräsidenten, den Bundeskanzler zu ernennen oder aber den Bundestag zur Herbeiführung von Neuwahlen gem. Art. 39 Abs. 1 S. 4 GG aufzulösen. Weiterhin kann der Bundespräsident über die Auflösung des Bundestages nach einer **gescheiterten Vertrauensabstimmung nach Art. 68 Abs. 1 S. 1 GG** entscheiden. Hier ist die Entscheidungsmacht des Bundespräsidenten von vornherein dadurch begrenzt, dass eine Auflösungsentscheidung von einem dahingehenden **Vorschlag des Bundeskanzlers** abhängt.

4. Das Prüfungsrecht des Bundespräsidenten bei der Ausfertigung von Gesetzen

Nach Art. 82 Abs. 1 S. 1 GG werden nur „nach den Vorschriften dieses Grundgesetzes **185**
zustande gekommene" Gesetze ausgefertigt und verkündet. Ausfertigung meint dabei zum einen die **Beurkundung**, dass der Gesetzestext mit dem vom Bundestag beschlossenen Gesetzesinhalt übereinstimmt („**Authentizität**") und zum anderen, dass das Gesetz nach den Vorschriften des Grundgesetzes zustande gekommen ist („**Legalität**"). Die Beurkundung erfolgt durch die Unterschrift des Bundespräsidenten und die Beifügung seines Siegels.

Verkündung ist die **förmliche Veröffentlichung des Gesetzestexts** im Bundesgesetzblatt: Das Gesetz gilt in dem Augenblick als verkündet, in dem die erste Ausgabe des Gesetzblatts, in dem das Gesetz abgedruckt ist, in die Verfügungsmacht der Öffentlichkeit gelangt.

Hinweis

Der Bundespräsident fertigt lediglich Parlamentsgesetze aus. Für die Ausfertigung und Verkündung von Rechtsverordnungen gilt Art. 82 Abs. 1 S. 2 GG.

Aus Art. 82 Abs. 1 S. 1 GG folgt zunächst ein **formelles Prüfungsrecht** des Bundespräsidenten. Er darf die **formelle Verfassungsmäßigkeit** eines Gesetzes überprüfen und, falls er diese für nicht gegeben erachtet, die Ausfertigung verweigern.

Umstritten ist hingegen das **materielle Prüfungsrechts** des Bundespräsidenten, nachdem er die Ausfertigung des Gesetzes auch verweigern dürfte, wenn ein Gesetz materiell nicht mit der Verfassung in Einklang steht. Die **h.M.** gesteht dem Bundespräsidenten ein solches Prüfungsrecht zu. Denn der Bundespräsident soll nicht gezwungen werden, sehenden Auges ein verfassungswidriges Gesetz zu unterschreiben. Seine Befugnis, die Ausfertigung zu verweigern, wird jedoch auf Fälle **evidenter Verfassungswidrigkeit** beschränkt. (vgl. zu den einzelnen Argumenten Übungsfall 9 Rn. 188). Ein **politisches Prüfungsrecht** steht dem Bundespräsidenten nicht zu.

Das **Letztentscheidungsrecht** verbleibt in jedem Fall beim **BVerfG**, denn die Weigerung des Bundespräsidenten, ein Gesetz auszufertigen, kann im Wege des **Organstreits** (Art. 93 Abs. 1 Nr. 1 GG i.V.m. §§ 13 Nr. 5, 63 ff. BVerfGG) angegriffen und überprüft werden.

5. Das Begnadigungsrecht

186 Der Bundespräsident übt gem. Art. 60 Abs. 2 GG das Begnadigungsrecht aus. Begnadigt werden in erster Linie Straftäter, das Begnadigungsrecht kann jedoch auch in Disziplinar- und Bußgeldsachen ausgeübt werden. Das Begnadigungsrecht betrifft nur **konkrete Einzelfälle**. Der Erlass von Strafen für ganze Täter- oder Deliktsgruppen kann nur durch Gesetz ausgesprochen werden.

Begnadigung bedeutet, dass dem Betroffenen seine Strafe oder sonstige Sanktion zumindest zum Teil erlassen wird. Das zugrunde liegende Urteil, insbesondere der Schuld- und Rechtsfolgenausspruch bleiben hiervon unberührt.

Hinweis

Unzulässig wäre es, wenn der Bundespräsident durch Ausübung seines Begnadigungsrechts ein in seinen Augen falsches Urteil „korrigieren" wollte.

Der Bundespräsident übt das Begnadigungsrecht in Bezug auf **bundesgerichtliche Entscheidungen** aus. Entscheidend ist somit, ob die zugrunde liegende Verurteilung in erster Instanz von einem Gericht des Landes oder des Bundes ausgesprochen wurde (vgl. § 452 StPO). In Strafsachen steht das Begnadigungsrecht dem Bundespräsidenten deshalb praktisch lediglich in Staatsschutzsachen zu, denn in diesen üben die erstinstanzlich zuständigen Oberlandesgerichte die Gerichtsbarkeit des Bundes aus, vgl. Art. 96 Abs. 5 GG, § 120 GVG.

Hinweis

Für Verurteilungen durch Landesgerichte steht das Begnadigungsrecht dem Ministerpräsidenten des jeweiligen Bundeslandes zu, auch dann, wenn das Urteil im Revisionsverfahren etwa durch den Bundesgerichtshof bestätigt wurde.

Online-Wissens-Check

Prüfen Sie sich selbst: Haben Sie alle in diesem Abschnitt genannten Definitionen im Kopf? Haben Sie die Zusammenhänge verstanden? Unter **http://skripte.juriq.de/login** steht Ihnen ein Online-Wissens-Check speziell zu diesem Skript zur Verfügung, den Sie mit Hilfe des in diesem Skript auf der letzten Seite enthaltenen **Zugangscodes** kostenlos nutzen können.

IV. Übungsfall Nr. 9[111]

187 „Der skeptische Bundespräsident“

Der Bundestag beschließt im Jahr 2006 ein Gesetz zur Neuordnung der Flugsicherung. Artikel 1 dieses Gesetzes enthält das Flugsicherungsgesetz, das den Bereich der Flugsicherung dem Wettbewerb öffnen soll. Dies soll erreicht werden durch eine Kapitalprivatisierung der Deutschen Flugsicherung GmbH, die seit ihrer Gründung vollständig im Bundeseigentum stand. Sie übt die Kontrolle und die Koordinierung des Flugverkehrs aus.

Dieses Gesetz durchläuft das weitere Gesetzgebungsverfahren und wird dem Bundespräsidenten anschließend zur Ausfertigung vorgelegt. Der Bundespräsident äußert nach eingehender Prüfung Bedenken hinsichtlich der Verfassungsmäßigkeit des Flugsicherungsgesetzes. Die beabsichtigte Kapitalprivatisierung der Deutschen Flugsicherung GmbH könne die verfassungsrechtlich gebotene Steuerung und Kontrolle der Flugsicherung nicht auf Dauer gewährleisten. Das Gesetz erlaube nach einer Frist von 20 Jahren die Verlagerung der Flugsicherung ins Ausland, was die Aufsicht durch den Bund erheblich erschwere. Bei der Privatisierung der Flugsicherung käme dem Bund mit einem Anteil von 25,1 Prozent nur eine Vetoposition zu. Die verfassungsrechtlich notwendige Einflussnahme auf die Geschäftsführung wäre jedoch nicht möglich. Der Bundespräsident beruft sich auf Art. 87d Abs. 1 GG, welcher eine gesetzliche Sicherstellung der Durchsetzbarkeit des Bundeswillens voraussetze. Der vorgelegte Gesetzentwurf biete aber keine Gewähr für gesellschafts- und verwaltungsrechtliche Einflussmöglichkeiten auf eine privatisierte Flugsicherung. Darüber hinaus erlaube das GG lediglich eine Organisationsprivatisierung, nicht jedoch die durch das Gesetz vorgesehene Kapitalprivatisierung der Deutschen Flugsicherung GmbH. Er verweigert daher die Ausfertigung des Gesetzes.

Der Bundestag hingegen teilt die Bedenken des Bundespräsidenten nicht und hält sie daher nicht für ausreichend, um eine Verweigerung der Gesetzesausfertigung zu begründen. Das Gesetz sei verfassungsgemäß und im Übrigen habe der Bundespräsident überhaupt kein Recht, die Ausfertigung eines Gesetzes zu verweigern.

Daraufhin stellt der Bundestag form- und fristgerecht beim BVerfG den Antrag festzustellen, dass das Verhalten des Bundespräsidenten das Gesetzgebungsrecht des Bundestages verletze.

Hat der Antrag Aussicht auf Erfolg?

111 Vgl. auch *Degenhart* Staatsrecht I Rn. 701.

Lösung

188

Der Antrag des Bundestages gegen den Bundespräsidenten hat Aussicht auf Erfolg, wenn er zulässig und begründet ist.

A. Zulässigkeit

I. Abstrakte Normenkontrolle

Eine abstrakte Normenkontrolle nach Art. 93 Abs. 1 Nr. 2 GG, §§ 13 Nr. 6, 76 ff. BVerfGG scheitert bereits daran, dass das Gesetz selbst noch nicht verkündet ist. Außerdem richtet sich das Verfahren nicht gegen das Gesetz als solches, sondern gegen die Nichtunterzeichnung.

II. Präsidentenanklage

In Betracht kommt die Präsidentenanklage nach Art. 61, 93 Abs. 1 Nr. 5 GG, §§ 13 Nr. 4, 49 ff. BVerfGG. Die Zulässigkeit der Präsidentenanklage ist gegeben, wenn alle Sachentscheidungsvoraussetzungen der Art. 61, 93 Abs. 1 Nr. 5 GG i.V.m. §§ 13 Nr. 4, 49 ff. BVerfGG erfüllt sind.

1. Zuständigkeit

Das BVerfG ist nach Art. 61, 93 Abs. 1 Nr. 5 GG, § 13 Nr. 4 BVerfGG für das Verfahren der Präsidentenanklage zuständig.

2. Anklageberechtigung

Ferner müsste die Anklageberechtigung gegeben sein. Nach Art. 61 Abs. 1 S. 1 GG liegt die Anklageberechtigung beim Bundestag oder Bundesrat.

3. Anklagegegner

Daneben müsste der Bundespräsident richtiger Anklagegegner sein. Dies ist gem. Art. 61 Abs. 1 S. 1 GG, § 49 Abs. 1 BVerfGG der Fall.

4. Antragsgrund

Fraglich ist, ob auch ein Antragsgrund gegeben ist. Nach Art. 61 Abs. 1 S. 1 GG, § 49 Abs. 1 BVerfGG ist dies immer dann der Fall, wenn eine vorsätzliche Verletzung des GG oder eines anderen Bundesgesetzes durch den Bundespräsidenten geschieht bzw. geschehen ist. Im vorliegenden Fall aber hält der Bundespräsident ein ihm zustehendes Prüfungsrecht für gegeben. Er geht also von einer Prüfungspflicht und von einem Prüfungsrecht aus. Daher ist eine vorsätzliche Verletzung des Grundgesetzes bzw. eines anderen Bundesgesetzes ausgeschlossen.

5. Zwischenergebnis

Die Präsidentenanklage ist unzulässig.

III. Organstreitverfahren

In Betracht kommt das Organstreitverfahren nach Art. 93 Abs. 1 Nr. 1 GG, §§ 13 Nr. 5, 63 ff. BVerfGG. Die Zulässigkeit des Organstreitverfahrens ist gegeben, wenn alle Sachentscheidungsvoraussetzungen des Art. 93 Abs. 1 Nr. 1 GG i.V.m. §§ 13 Nr. 5, 63 ff. BVerfGG erfüllt sind.

1. Zuständigkeit

Das BVerfG ist nach Art. 93 Abs. 1 Nr. 1 GG, § 13 Nr. 5 BVerfGG grundsätzlich zuständig.

2. Parteifähigkeit der Beteiligten

Ferner müssten die Beteiligten überhaupt parteifähig sein. Gem. Art. 93 Abs. 1 Nr. 1 GG sind dies ein oberstes Bundesorgan und andere Beteiligte, die durch das GG oder in der Geschäftsordnung eines obersten Bundesorgans mit eigenen Rechten ausgestattet sind. Dies wird durch § 63 BVerfGG näher konkretisiert: Bundespräsident, Bundestag, Bundesrat, Bundesregierung und die im GG oder in den GO des Bundestages und des Bundesrates mit eigenen Rechten ausgestatteten Teile dieser Organe. Sowohl Antragssteller als auch Antragsgegner sind somit parteifähig.

3. Antragsgegenstand

Der Antragsgegenstand ergibt sich aus Art. 93 Abs. 1 Nr. 1 GG, § 64 Abs. 1 BVerfGG. Es muss sich also um eine Maßnahme oder ein Unterlassen des Antragsgegners handeln, durch die der Antragsteller in seinen ihm durch das Grundgesetz übertragenen Rechten und Pflichten verletzt oder unmittelbar gefährdet ist.

Im vorliegenden Fall stellt die Nichtausfertigung des Gesetzes ein derartiges Unterlassen des Antragsgegners dar.

4. Antragsbefugnis

Schließlich muss die Antragsbefugnis gem. Art. 93 Abs. 1 Nr. 1 GG, § 64 Abs. 1 BVerfGG gegeben sein. Der Antragsteller muss geltend machen, dass durch die beanstandete Maßnahme oder durch ein Unterlassen eine Verletzung oder unmittelbare Gefährdung seiner Rechte oder Pflichten zumindest möglich, d.h. nicht von vornherein ausgeschlossen ist.

Fraglich ist hier also, ob der Antragssteller in verfassungsrechtlichen Rechten verletzt oder unmittelbar gefährdet ist. Das Recht des Bundestags auf Ausfertigung und Verkündung eines ordnungsgemäß beschlossenen Gesetzes ergibt sich aus dem Gesetzgebungsrecht als durch das Grundgesetz übertragenes Recht, Art. 77 Abs. 1 S. 1, 78 iVm 82 GG. Eine Verletzung dieses Rechts durch die Weigerung des Bundespräsidenten ist möglich und die Antragsbefugnis somit gegeben.

5. Form

Die Form, welche von §§ 23 Abs. 1, 64 Abs. 2 BVerfGG vorgeschrieben wird, muss bei der Antragstellung beachtet werden.

6. Frist

Die Frist für das Organstreitverfahren ergibt sich aus § 64 Abs. 3 BVerfGG; der Antrag muss also binnen 6 Monaten eingereicht werden.

7. Zwischenergebnis

Ein Organstreit wäre zulässig.

B. Begründetheit

Der Antrag des Bundestages im Rahmen des Organstreitverfahrens ist begründet, wenn die Weigerung des Bundespräsidenten gegen Art. 82 Abs. 1 GG verstößt und dadurch das Gesetzgebungsrecht des Bundestages verletzt wird.

Zunächst ist zu prüfen, ob der Bundespräsident ein Recht hatte, die Ausfertigung des Gesetzes zu verweigern. Dies wäre der Fall, wenn ihm ein Prüfungsrecht zustünde und sich die Ausübung dieses Prüfungsrechts als rechtmäßig erweist.

I. Prüfungsrecht des Bundespräsidenten

Fraglich ist, ob dem Bundespräsidenten ein Prüfungsrecht zusteht.

1. Formelles Prüfungsrecht

Unstreitig steht dem Bundespräsidenten ein **formelles Prüfungsrecht** zu. Dafür spricht zum einen der Wortlaut des Art. 82 Abs. 1 GG: „Die nach den Vorschriften dieses Grundgesetzes zustande gekommenen Gesetze". Wann ein Gesetz nach dem Grundgesetz zustande gekommen ist, regelt Art. 78 GG in seinen formellen Anforderungen. Art 78 GG erfasst zwar nur den Teil des Gesetzgebungsverfahrens nach Art. 77 f. GG, es ist jedoch anerkannt, dass auch das Einleitungsverfahren nach Art. 76 GG und die Beachtung der einzelnen Gesetzgebungskompetenzen der Art. 70 ff. GG vom formellen Prüfungsrecht erfasst sind.

Auch die Stellung des Bundespräsidenten, der angesichts der Beteiligung mehrerer anderer Verfassungsorgane am Zustandekommen eines Gesetzes als einziges Verfassungsorgan in der Lage ist, am Ende des Verfahrens die Einhaltung aller Förmlichkeiten zu prüfen, spricht für ein formelles Prüfungsrecht.

2. Materielles Prüfungsrecht

Entscheidend für die Frage, ob der Bundespräsident die Ausfertigung des Flugsicherungsgesetzes verweigern durfte, ist folglich das Bestehen eines **materiellen Prüfungsrechts**.

> **Hinweis**
>
> Das hier in Frage stehende materielle Prüfungsrecht bezieht sich auf die materielle Verfassungsmäßigkeit eines Gesetzes. Ein politisches Prüfungsrecht besteht unstreitig nicht. Dagegen spricht neben dem Wortlaut des Art. 82 Abs. 1 S. 1 GG die Stellung des Bundespräsidenten als Staatsoberhaupt ohne politischen Entscheidungsbefugnisse

a) Der **Wortlaut des Art. 82 Abs. 1 GG** („Vorschriften dieses Grundgesetzes") ist insofern nicht eindeutig.

Übungsfall Nr. 9

b) Aus systematischer Sicht könnte sich ein materielles Prüfungsrecht aus Art. 56 GG ergeben. Nach dem **Amtseid des Art. 56 GG** hat der Bundespräsident das Grundgesetz zu wahren und zu verteidigen. Diese Verpflichtung des Bundespräsidenten gilt nur im Rahmen und nach Maßgabe der ihm grundgesetzlich zugewiesenen Kompetenzen, sagt jedoch noch nichts über den Umfang seiner ihm nach dem Grundgesetz obliegenden Pflichten. Sie schafft daher keine neuen Kompetenzen oder Befugnisse.

c) Auch bei **Art. 20 Abs. 3 GG** ist zu beachten, dass die umfassende Gesetzesbindung ebenso gut gegen ein materielles Prüfungsrecht angeführt werden kann. Die Bindung besteht nur innerhalb seiner Kompetenzen. Aber immerhin lässt sich aus Art. 20 Abs. 3 GG ein Verbot herleiten, dass Staatsorgane an verfassungswidrigen Akten teilnehmen.

d) Gegen ein materielles Prüfungsrecht könnte der Gewaltenteilungsgrundsatz des **Art. 20 Abs. 2 GG** sprechen, denn verantwortlich für den Inhalt ist primär der demokratisch legitimierte Gesetzgeber. Insofern könnte man der Ansicht sein, dass es sich somit hier um eine Frage der Kompetenz handelt und aufgrund des Gewaltenteilungsgrundsatzes grundsätzlich die Sichtweise des Bundestages maßgeblich ist. Dem ist jedoch entgegenzuhalten, dass es sich hier nicht um eine Kompetenz handelt, die im Widerspruch zum parlamentarischen Regierungssystem steht, sondern um eine zusätzliche „Sicherung der Beachtung von Verfassungsrecht" bzw. „rechtswahrende Kontrollfunktion". Dem Bundespräsidenten kann es auch nicht zugemutet werden, aus seiner Sicht verfassungswidrige Gesetze auszufertigen.

e) Ein materielles Prüfungsrecht ergibt sich auch nicht aus der historischen Auslegung: Der dem Art. 82 Abs. 1 S. 1 GG ähnliche **Art. 70 WRV**, der die Formulierung „verfassungsmäßig zu Stande gekommenen Gesetze" enthielt, wurde zwar überwiegend so verstanden, dass die Gesetze sowohl formell als auch materiell verfassungsgemäß sein mussten. Jedoch hat das GG dem Bundespräsidenten im Gegensatz zum Reichspräsidenten nach der Weimarer Reichsverfassung bewusst eine deutlich schwächere Stellung gerade im Hinblick auf die Erfahrungen aus der Weimarer Republik eingeräumt, sodass aus der mit seinen Vorläufern vergleichbaren Formulierung keine Rückschlüsse auf ein materielles Prüfungsrecht gezogen werden können. Im Umkehrschluss kann aus der schwächeren Stellung des Bundespräsidenten im Vergleich zum Reichspräsidenten aber auch nicht der Schluss gezogen werden, dass der Bundespräsident gerade kein materielles Prüfungsrecht innehabe: Die Kompetenzen des Bundespräsidenten sind allein aus dem GG zu bestimmen und nicht aus der WRV.[112]

f) Gleiches gilt für eine Herleitung eines umfassenden Prüfungsrechts aus **Art. 61 GG**. In dieser Vorschrift wird lediglich auf jene Bindung des Bundespräsidenten abgehoben, die sich aus den einzelnen, ihn betreffenden Regelungen des Grundgesetzes ergibt, ohne etwas zum Inhalt und zur Reichweite der sich aus Art. 82 Abs. 1 GG ergebenden Befugnis und Verpflichtung auszusagen.

g) Gegen ein materielles Prüfungsrecht könnte die durch das GG vorgesehene Möglichkeit einer **Normenkontrolle durch das BVerfG** sprechen. Die Prüfung der Vereinbarkeit von Bundes- oder Landesrecht mit dem GG ist dem BVerfG gem. Art. 93 Abs. 1 Nr. 2 und Nr. 4, Art. 100 Abs. 1 GG i.V.m. §§ 13 Nr. 6, 8a, 11, 76 ff., 80 ff., 90 ff. BVerfGG zugewiesen. Dieses als Verwerfungsmonopol des BVerfG bezeichnete Recht steht diesem jedoch nur im Verhältnis zu den anderen Gerichten zu (Art. 100 Abs. 1 GG). Überdies wird das Verwerfungsmonopol durch eine umfassende Prüfung des auszufertigenden Gesetzes durch den Bundespräsidenten nicht angetastet, weil der Bundespräsident nicht ein in Kraft getretenes Gesetz verwirft, sondern dessen Inkrafttreten verhindert.

h) Entscheidend ist daher eine **teleologische Auslegung des Art. 82 GG**. Der Bundestag hat durch den Beschluss des Gesetzes, das nach Art. 82 GG ausgefertigt werden soll, ausgedrückt, dass er das Gesetz für verfassungsmäßig halte. Der Bundespräsident muss die Entscheidung dieses unmittelbar legitimierten Organs grundsätzlich respektieren. Auf der

112 *Degenhart* Staatsrecht I Rn. 713.

anderen Seite kann ihm als Verfassungsorgan nicht zugemutet werden, ein Gesetz das offensichtlich verfassungswidrig ist, auszufertigen. Daher ist es gerechtfertigt dem Bundespräsidenten ein materielles Prüfungsrecht zuzubilligen, das sich auf offensichtliche bzw. evidente Verfassungsverstöße beschränkt.

3. Zwischenergebnis

Der Bundespräsident ist somit grundsätzlich berechtigt, die Ausfertigung eines Gesetzes wegen offensichtlicher materieller Verfassungswidrigkeit zu verweigern. Er verstößt mit seiner Weigerung also erst dann gegen das GG, wenn das Flugsicherungsgesetz keinen offenkundigen Verstoß gegen Bestimmungen des GG darstellt.

II. Offensichtliche materielle Verfassungswidrigkeit des Flugsicherungsgesetzes

Das Flugsicherungsgesetz könnte evident gegen Art. 87d Abs. 1 S. 1 GG verstoßen. Danach wird die Luftverkehrsverwaltung in bundeseigener Verwaltung geführt. Luftverkehrsverwaltung umfasst dabei die Gesamtheit der hoheitlichen Ordnungs- und Steuerungsaufgaben im Bereich der Luftfahrt. Die Flugsicherung dient einem sicheren und störungsfreien Flugverkehr und ist folglich Bestandteil der Luftverkehrsverwaltung.

Somit ist zu klären, ob die Kapitalprivatisierung der Deutschen Flugsicherung GmbH gegen das Gebot der bundeseigenen Verwaltung verstößt. Eine solche Privatisierung würde sie zu einer bundesfremden Gesellschaft machen. Nach Art. 87d Abs. 1 S. 2 GG wird der Gesetzgeber zwar ermächtigt, den Bereich der Luftverkehrsverwaltung in privatrechtlicher Organisationsform zu führen. Dies soll jedoch lediglich eine Organisationsprivatisierung im Bereich der Flugsicherung ermöglichen. Art. 87d Abs. 1 S. 1 GG fordert im Grundsatz die Verwaltung durch staatliche Behörden. Dafür spricht auch eine teleologische Auslegung: Art. 87 Abs. 1 S. 1 GG bringt die staatliche Verantwortung für die sichere Durchführung der Luftfahrt zum Ausdruck. Dieser Zielsetzung entspricht es jedoch am besten, eine Aufgabenwahrnehmung durch staatliche oder staatlich kontrollierte Einrichtungen zu verlangen.

Die geplante Kapitalprivatisierung der Deutschen Flugsicherung GmbH, bei der dem Bund nur eine Vetoposition zukäme und eine Verlagerung ins Ausland möglich wäre, hätte eine erhebliche Schwächung der verfassungsrechtlich notwendigen Einflussnahme auf die Geschäftsführung zur Folge. Damit verstößt das Flugsicherungsgesetz gegen Art. 87d Abs. 1 S. 1 GG. Dieser Verstoß ist auch evident, denn bereits der Wortlaut des Art. 87d Abs. 1 GG spricht gegen die Zulässigkeit der Kapitalprivatisierung.

III. Zwischenergebnis

Der Bundespräsident hatte somit das Recht, die Ausfertigung des Gesetzes wegen seiner offensichtlichen materiellen Verfassungswidrigkeit zu verweigern.

C. Ergebnis

Der Antrag des Bundestags ist zulässig, aber unbegründet und hat daher keine Aussicht auf Erfolg.

4. Teil
Das Gesetz

A. Der Aufbau der Rechtsordnung im demokratischen Rechtsstaat

Gesetzgebung bedeutet Rechtsetzung durch das Parlament. Sie ist die zentrale Handlungsform im demokratischen Rechtsstaat. Sie schafft Rechtssicherheit für die Bürger und demokratische Legitimation für das staatliche Handeln. **189**

Hinweis

Gesetzgebung unmittelbar durch das Volk ist im Grundgesetz nicht vorgesehen, wohl aber in den Ländern (s. dazu näher Rn. 9).

In der föderalen Rechtsordnung des Grundgesetzes, in der Normen sowohl vom Bund als auch von den Ländern erlassen werden, existiert eine Vielfalt von Rechtsquellen. Ließe man alle – teilweise sich widersprechenden – Normen nebeneinander gelten, gäbe es keine Rechtssicherheit für den Bürger. Aus diesem Grund ist eine **Hierarchie der Normen** notwendig: Seine **Ordnungsfunktion** kann das Recht nur erfüllen, wenn für den Fall sich widersprechender Regelungen **Kollisionsregeln** existieren, die ein in sich geschlossenes, möglichst widerspruchsfreies Rechtssystem gewährleisten.

Das **Grundgesetz** steht an der Spitze der Normenhierarchie: Es hat also einen höheren Rang als alle Gesetze und Rechtsnormen des Bundes und der Länder. Dies ergibt sich aus der Bindung der Gesetzgebung an die verfassungsmäßige Ordnung des Grundgesetzes, vgl. Art. 1 Abs. 3, 20 Abs. 3 GG. Verfassungswidrige Gesetze werden vom BVerfG für nichtig erklärt, vgl. § 78 BVerfGG.

Bei dem nachfolgenden, **einfachen Recht** ist zunächst zwischen dem Gesetz im formellen Sinn und den übrigen Rechtsnormen zu unterscheiden. **Gesetz im formellen Sinn** ist jede Rechtsnorm, die vom Gesetzgeber (d.h. auf Bundesebene dem Bundestag unter Mitwirkung des Bundesrates) in dem dafür vorgesehenen Verfahren beschlossen wurde. Formelle Gesetze stehen im Rang unter der Verfassung, aber über den übrigen Rechtsnormen.

Von dem Gesetz abgeleitet ist das **untergesetzliche Recht**, d.h. Rechtsverordnungen und Satzungen. Das Parlament kann unter den Voraussetzungen des Art. 80 Abs. 1 GG seine Befugnis zur Rechtssetzung an die Exekutive delegieren und sie zum Erlass von **Rechtsverordnungen** ermächtigen. Untergesetzliches Recht sind auch **Satzungen**. Sie werden von Gebietskörperschaften oder anderen Selbstverwaltungskörperschaften zur Regelung ihrer eigenen Angelegenheiten erlassen.

Beispiele Gemeindesatzungen, Promotionsordnung einer Universität, Berufsordnung einer berufsständischen Kammer. ■

Im Fall der Kollision von Vorschriften gelten folgende Regeln:

Lex superior derogat legi inferiori: Das höherrangige Gesetz verdrängt das Gesetz des niedrigeren Ranges.
Bsp.: Bundesrecht verdrängt Landesrecht

Lex posterior derogat legi priori: Das spätere Gesetz verdrängt das frühere.
Bsp.: Bei einer Gesetzesnovelle gilt die neue Fassung.

Lex specialis derogat legi generali: Das speziellere Gesetz verdrängt das allgemeinere.
Bsp.: Die gefährliche Körperverletzung (§ 224 StGB) verdrängt die (einfache) Körperverletzung (§ 223 StGB).

Formelle und materielle Rechtsnormen

Gesetz im formellen Sinne (Parlamentsgesetz)
Jede Rechtsnorm, die von den für die Gesetzgebung vorgesehenen Organen im von der Verfassung vorgesehenen Gesetzgebungsverfahren zustande gekommen ist.
Obwohl die meisten formellen Gesetze auch Gesetze im materiellen Sinne sind, gibt es einige Ausnahmen. So enthält z. B. das Haushaltsgesetz keine materiellen Regelungen, die nach außen wirken.

Gesetz im materiellen Sinne
Jede Rechtsnorm, also alle abstrakt generellen Regelungen mit Außenwirkung.

Formelles Gesetz ohne materielle Regelungen
mit Außenwirkung, (z. B. Haushaltsgesetz)

Satzung
Materielle Rechtsnorm zur Regelung der Aufgaben des Autonomieträgers, seiner Verwaltung und der Rechtsbeziehungen zu seinen Mitgliedern.

Rechtsverordnung
Materielle Rechtsnorm, die von der Exekutive erlassen wurde.

Geschäftsordnungen (wie die GOBT) sind keine bürgerverbindlichen Regelungen, sondern wirken rein intern für die Mitglieder des betroffenen Organs (Bundestag, Gemeinderat). Sie sind daher weder Gesetz in formeller noch in materieller Hinsicht. Gleichwohl sind sie für die betroffenen Mitglieder nicht unverbindlich.

190 Kollidieren zwei Rechtsgüter, die gleichermaßen durch Normen auf **gleicher Rangstufe** geschützt werden, so ist durch **Abwägung** festzustellen, welchem Rechtsgut im konkreten Fall der Vorrang gebührt. Dabei ist nach einem möglichst schonenden Ausgleich zwischen den Verfassungsgütern zu suchen. Die Abwägung hat so zu erfolgen, dass möglichst beiden Verfassungsgütern zu bestmöglicher Entfaltung und Wirkung verholfen wird. Das ist der **Grundsatz der praktischen Konkordanz**.

Lässt eine Norm des einfachen Rechts mehrere Auslegungen zu, von denen die eine zu einem verfassungswidrigen Ergebnis, die andere aber zu einem verfassungsgemäßen Ergebnis führen würde, so ist die Letztere zu wählen. Das ist das **Gebot der verfassungskonformen Interpretation**.

Lässt sich ein verfassungsgemäßes Ergebnis nur dadurch erreichen, dass man den Tatbestand oder die Rechtsfolge der einfachen Norm reduziert, so ist dies zulässig und geboten, sofern der Wortlaut der Norm hierfür eine sinnvolle Möglichkeit eröffnet. Dabei handelt es sich um die sog. **verfassungskonforme Reduktion**.

Das **Verhältnis von Bundesrecht zu Landesrecht** ist in Art. 31 GG geregelt:

„Bundesrecht bricht Landesrecht"

Dies bedeutet: Bundesrecht hat Vorrang vor Landesrecht.

JURIQ-Klausurtipp

Nur wirksames Landesrecht wird gebrochen. Landesrecht ist nicht wirksam, wenn dem Landesgesetzgeber bei Erlass der Vorschrift die Kompetenz fehlte (dann nichtig), oder der Bund von der konkurrierenden Gesetzgebung Gebrauch gemacht hat. In beiden Fällen ist das Landesrecht mangels Kompetenz nichtig. Art. 31 GG regelt nur die Fälle der Kollision wirksamer Normen.

Damit ergibt sich die folgende **Rangfolge**: Verfassung – Gesetz – untergesetzliches Recht. Gesetz und untergesetzliches Recht sind in die Ordnung des Verfassungsrechts eingebunden. Das Rangverhältnis gilt jeweils innerhalb der Rechtsordnung auf Bundes- und Landesebene. Rechtsnormen des Bundes sind gem. Art. 31 GG auf jeder Stufe – auch bei Verordnungen des Bundes – gegenüber Rechtsnormen des Landes höherrangig.

Das **europäische Recht** überlagert die Rechtsordnung nach dem Grundgesetz und genießt im Konfliktfall grundsätzlich **Anwendungsvorrang**.

Die Rangfolge der Normen

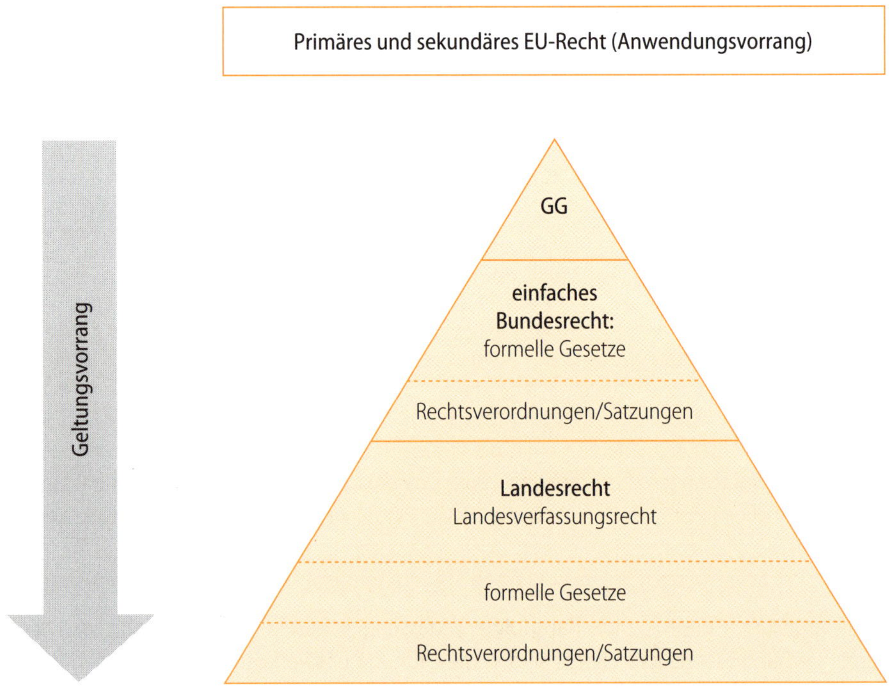

B. Der Gesetzesbegriff des Grundgesetzes

191 Dem Parlament als Legislative obliegt die Normsetzung in Form der **parlamentarischen** Gesetzgebung. Dabei ist es weder auf bestimmte Regelungssachverhalte beschränkt, noch auf bestimmte Regelungsformen. Das Grundgesetz geht vom **formellen Gesetzesbegriff** aus.

> **Gesetz** ist die staatliche Anordnung, die von den für die Gesetzgebung zuständigen Organen (Parlament, Bundesrat) in dem von der Verfassung hierfür vorgesehenen Verfahren und in der hierfür vorgesehenen Form erlassen wird.[1]

Neben der abstrakt-generellen Regelung, die sich an eine Vielzahl von Personen richtet, eine unbestimmte Vielzahl von Fällen betrifft und eine dauerhaft normative Ordnung errichten will, ist Gesetz i.S.d. Grundgesetzes auch die in Gesetzesform getroffene Maßnahme. **Maßnahmegesetze** sind Gesetze, die aus einem konkreten Anlass erlassen werden und eine konkrete Frage betreffen. Das BVerfG hat allerdings klargestellt, dass der Begriff des Maßnahmegesetzes ohne verfassungsrechtliche Relevanz ist.

1 *Degenhart* Staatsrecht I Rn. 126 f.

Beispiel Ein Maßnahmegesetz ist das Haushaltsgesetz, das jeweils für ein Haushaltsjahr einen konkret bezifferten Haushalt verabschiedet. Oder ein Organisationsgesetz, das die Errichtung einer Universität oder Bundesbehörde regelt. ■

Ein Sonderfall des Maßnahmegesetzes ist das **Einzelfallgesetz**. Um ein Einzelfallgesetz handelt es sich, wenn eine Rechtsfolge an einen konkret bezeichneten Tatbestand geknüpft ist und das Gesetz sich in dem einmaligen Eintritt der Rechtsfolge erschöpft. Kennzeichnend sind somit **mangelnde Dauerhaftigkeit** und die **Einzigartigkeit** und **Unwiederholbarkeit** des Falles. Unerheblich ist dabei, ob der Adressat konkret benannt wird oder ob die abstrakt-generellen Tatbestandsmerkmale so gefasst sind, dass das Gesetz nur auf einen Einzelfall Anwendung finden kann.

» Zur Frage der Zulässigkeit des Einzelfallgesetzes s. Rn. 219. «

JURIQ-Klausurtipp

Schauen Sie sich den Tatbestand des Gesetzes genau an: Kein Einzelfallgesetz liegt vor, wenn das Gesetz bei Inkrafttreten tatsächlich nur einen Fall betrifft, es künftig aber auf gleich gelagerte Fälle Anwendung finden könnte.

C. Prüfung der Verfassungsmäßigkeit eines Gesetzes

Soll das Gesetz Rechtssicherheit für die Bürger und demokratische Legitimation für das staatliche Handeln gewähren, muss eindeutig und verlässlich geregelt sein, wer das Gesetz erlässt 192
und wie. Nur, wenn die entsprechenden Vorschriften eingehalten wurden, ist das Gesetz **formell verfassungsmäßig**. Darüber hinaus darf das Gesetz nicht gegen höherrangiges Recht verstoßen. Diese Prüfung erfolgt im Rahmen der **materiellen Verfassungsmäßigkeit**.

Daraus ergibt sich der Aufbau für die Prüfung der Verfassungsmäßigkeit von Gesetzen:

PRÜFUNGSSCHEMA

Verfassungsmäßigkeit eines Gesetzes

I. Formelle Verfassungsmäßigkeit
- **1. Zuständigkeit** = Gesetzgebungskompetenzen gem. Art. 70 ff. GG
- **2. Verfahren** = Gesetzgebungsverfahren gem. Art 76–82 GG
- **3. Form,** Art. 82 GG
  - a) Gegenzeichnung
  - b) Ausfertigung
  - c) Verkündung
  - d) In-Kraft-Treten

II. Materielle Verfassungsmäßigkeit
= kein Verstoß gegen höherrangiges Recht
- **1. Spezielle Regelungen des GG zu berücksichtigen?** (z.B. Art. 80 GG)
- **2. Staatsprinzipen des Art. 20, 28 GG,** insbesondere „Rechtsstaatsprinzip"
  - a) Bestimmtheitsgebot
  - b) Verbot des Einzelfallgesetzes
  - c) Rückwirkung
- **3. Kein Verstoß gegen Grundrechte**

I. Formelle Verfassungsmäßigkeit von Gesetzen

1. Gesetzgebungskompetenzen

193 Die Gesetzgebungskompetenz bezeichnet das Recht, Gesetze erlassen zu dürfen.

JURIQ-Klausurtipp

Die Gesetzgebungskompetenz von Bund oder Land wird im Rahmen der Begründetheit als erster Punkt der formellen Verfassungsmäßigkeit (Zuständigkeit) geprüft, wann immer ein Gesetz Gegenstand eines Verfahrens vor dem BVerfG ist.

Ausgangspunkt für die Prüfung ist Art. 70 Abs. 1 GG, der den **Grundsatz** für die Kompetenzverteilung bei der Gesetzgebung zwischen Bund und Ländern regelt:

(1) Die Länder haben das Recht der Gesetzgebung, soweit dieses Grundgesetz nicht dem Bunde Gesetzgebungsbefugnisse verleiht.

(2) Die Abgrenzung der Zuständigkeit zwischen Bund und Ländern bemisst sich nach den Vorschriften dieses Grundgesetzes über die ausschließliche und die konkurrierende Gesetzgebung.

Diese Norm legt ein **Regel-Ausnahme-Verhältnis** fest. Zuerst muss nach einem Kompetenztitel für den Bund gefragt werden, der nur bei der sog. ausschließlichen und der konkurrierenden Gesetzgebung zuständig ist. **Ausschließliche Gesetzgebung** meint, dass der Bund das alleinige Recht hat, Gesetze zu erlassen. **Konkurrierende Gesetzgebung** bezeichnet die gesetzgeberischen Bereiche, in denen weder der Bund noch die Länder über die ausschließliche Zuständigkeit verfügen.

Gesetzgebungskompetenzen

PRÜFUNGSSCHEMA

I. Gesetzgebungskompetenzen des Bundes

1. **Ausschließliche Gesetzgebungskompetenz des Bundes,** Art. 71 GG
   a) Katalog Art. 73 Abs. 1 Nr. 1–14; Art. 105 Abs. 1 GG
   b) Sonderfälle: Art. 21 Abs. 3, 23 Abs. 3 S. 3, Abs. 7, 38 Abs. 3, 41 Abs. 3, 45c Abs. 2, 48 Abs. 3 S. 3, 54 Abs. 7 u.a.
2. **Konkurrierende Gesetzgebungskompetenz des Bundes,** Art. 72 GG
   a) Katalog Art. 74 Abs. 1 Nr. 1–33; Art. 105 Abs. 2 GG
   b) Art. 72 Abs. 2 GG: Erforderlichkeit einer bundesgesetzlichen Regelung
3. **Ungeschriebene Gesetzgebungskompetenz des Bundes**
   a) Kompetenz kraft Sachzusammenhangs
   b) Annexkompetenz
   c) Kompetenz kraft Natur der Sache

II. Gesetzgebungskompetenzen der Länder

Eine Zuständigkeit der Länder darf hingegen erst und nur dann bejaht werden, wenn

1. die Punkte 1–3 nicht zu einer Kompetenz des Bundes geführt haben, oder
2. im Falle einer ausschließlichen Bundeskompetenz eine Ermächtigung zu Gunsten der Länder nach Art. 71 GG besteht, oder
3. der Bund gem. Art. 72 Abs. 1 GG von einer konkurrierenden Kompetenz noch keinen Gebrauch gemacht oder keine abschließende Regelung getroffen hat (extrem selten), oder
4. im Falle einer konkurrierenden Bundeskompetenz eine Abweichungsmöglichkeit nach Art. 72 Abs. 3, 84 Abs. 1 S. 2 GG bzw. eine Ersetzungsberechtigung nach Art. 72 Abs. 4 GG besteht.

JURIQ-Klausurtipp

Sobald Sie **eine** Kompetenz des Bundes bejahen, müssen Sie die Prüfung beenden. In diesem Falle steht die Zuständigkeit des Bundes zum Gesetzeserlass fest.

a) Ausschließliche Gesetzgebungszuständigkeit des Bundes

Ausschließliche Gesetzgebungszuständigkeit meint, dass der Bund das **alleinige Recht** hat, **194**
Gesetze zu erlassen. Die Länder haben in diesem Fall die Befugnis zur Gesetzgebung nur, wenn sie hierzu durch ein Bundesgesetz ausdrücklich ermächtigt sind, Art. 71 GG. Das gilt auch dann, wenn der Bund gar keine Regelung auf dem betreffenden Gebiet erlassen hat.

Die Bereiche der ausschließlichen Gesetzgebung sind vor allem im Art. 73 GG aufgeführt.

Beispiele Staatsangehörigkeitsrecht, Waffen- und Sprengstoffrecht oder Erzeugung und Nutzung der Kernenergie zu friedlichen Zwecken ■

> **Hinweis**
>
> Der Bundestag kann im Fall der ausschließlichen Gesetzgebungskompetenz durch ein Gesetz die Gesetzgebungsbefugnis auf die Länder übertragen, Art. 71 GG.

b) Konkurrierende Gesetzgebungszuständigkeit des Bundes

195 Der Katalog in Art. 74 GG zählt die Bereiche auf, die unter die konkurrierende Gesetzgebungszuständigkeit des Bundes fallen. Bei der konkurrierenden Gesetzgebung greift der Grundsatz des Art. 70 Abs. 1 GG ein: Grundsätzlich haben die Länder die Gesetzgebungskompetenz.

aa) Die Einschränkung nach Art. 72 Abs. 1 GG

196 Allerdings bleibt es gem. Art. 72 Abs. 1 GG nur dann bei der Gesetzgebungszuständigkeit der Länder, wenn der Bundesgesetzgeber noch nicht tätig geworden ist:

„… solange und soweit der Bund von seiner Gesetzgebungszuständigkeit nicht durch Gesetz Gebrauch gemacht hat."

» Denken Sie an einen Wettbewerb: Bund und Länder konkurrieren um die Gesetzgebungsbefugnis. Beide dürfen theoretisch tätig werden, aber der Bund hat Vorrang. «

Das bedeutet im Einzelnen:
- „solange" bestimmt die zeitliche Komponente:

Nach Art. 72 GG ist Landesrecht auflösend bedingt und tritt außer Kraft, sobald Bundesrecht auf demselben Gebiet erlassen wird, und zwar unabhängig davon, ob die Regelungen inhaltsgleich sind oder kollidieren.

> **Hinweis**
>
> Beachten Sie aber die Abweichungskompetenz der Länder nach Art. 72 Abs. 3 GG, s. Rn. 198.

Wenn das Bundesrecht aufgehoben wird, lebt Landesrecht nicht mehr auf, da es bereits außer Kraft ist und somit nicht mehr besteht.
- „soweit" bestimmt die sachliche Komponente:
  Der Bund kann auch nur Teile eines Gebietes regeln und den Rest der Gesetzgebung der Länder überlassen.
- „durch Gesetz":
  Nur ein Gesetz des Bundes nimmt den Ländern die Gesetzgebungskompetenz. Selbst ein nach Ansicht der Länder verfassungswidriges Bundesgesetz begründet die Sperrwirkung – bis das Gesetz durch das BVerfG für nichtig erklärt worden ist.
- „Gebrauch gemacht":
  Auch durch bewusstes Weglassen bestimmter Regeln kann der Bund von seiner Zuständigkeit Gebrauch machen. Dies ergibt sich meistens aus den Gesetzesbegründungen.
- „hat":
  Das Gesetz muss zumindest verkündet worden sein.

Beispiele Bürgerliches Recht, Vereinsrecht. ■

bb) Die Erforderlichkeitsklausel des Art. 72 Abs. 2 GG

Eine Abweichung hiervon gibt es auf den in Art. 74 Abs. 1 Nrn. 4, 7, 11, 13, 15, 19a, 20, 22, 25, 26 GG genannten Gebieten. **197**

Beispiele Aufenthaltsrecht von Ausländern, Fürsorgerecht, Lebensmittelrecht.

Hier kann der Bundesgesetzgeber seine Zuständigkeit nur unter einer **Bedingung** ausüben:

wenn und soweit

(1) die Herstellung gleichwertiger Lebensverhältnisse im Bundesgebiet oder

(2) die Wahrung der Rechts- oder Wirtschaftseinheit

(3) im gesamtstaatlichen Interesse eine bundesgesetzliche Regelung erforderlich macht.

Die Voraussetzungen des Art. 72 Abs. 2 GG, der sog. **Erforderlichkeitsklausel**, wurden vom BVerfG[2] wie folgt einschränkend ausgelegt:

- **„Gleichwertige Lebensverhältnisse"**:
  Das Rechtsgut gleichwertiger Lebensverhältnisse ist erst dann bedroht und der Bund erst dann zum Eingreifen ermächtigt, wenn sich die Lebensverhältnisse in den Ländern der Bundesrepublik in erheblicher, das bundesstaatliche Sozialgefüge beeinträchtigender Weise auseinander entwickelt haben oder sich eine derartige Entwicklung konkret abzeichnet.
- **„Wahrung der Rechts- und Wirtschaftseinheit"**:
  Eine Gesetzesvielfalt auf Länderebene erfüllt die Voraussetzungen des Art. 72 Abs. 2 GG erst dann, wenn sie eine Rechtszersplitterung mit problematischen Folgen darstellt, die im Interesse sowohl des Bundes als auch der Länder nicht hingenommen werden kann.
- **„Gesamtstaatliches Interesse"**:
  Die Wahrung der Wirtschaftseinheit liegt im gesamtstaatlichen Interesse, wenn es um die Erhaltung der Funktionsfähigkeit des Wirtschaftsraums der Bundesrepublik durch bundeseinheitliche Rechtssetzung geht. Der Erlass von Bundesgesetzen steht dann im gesamtstaatlichen Interesse von Bund und Ländern, wenn Landesregelungen oder das Untätigbleiben der Länder erhebliche Nachteile für die Gesamtwirtschaft mit sich bringen.

Gem. Art. 72 Abs. 4 GG kann durch Bundesgesetz bestimmt werden, dass eine bundesgesetzliche Regelung, für die eine Erforderlichkeit gem. Art. 72 Abs. 2 GG nicht mehr besteht, durch Landesrecht ersetzt werden kann. Der Bundesrat, eine Landesregierung oder ein Landesparlament kann eine Entscheidung hierüber beim BVerfG beantragen, Art. 93 Abs. 2 S. 1 Alt. 1 GG.

cc) Die Abweichungskompetenz der Länder gem. Art. 72 Abs. 3 GG

Einen dritten Bereich gibt es seit der **Föderalismusreform 2006**: Auf bestimmten Gebieten dürfen die Länder abweichende Gesetze erlassen, selbst wenn ein Bundesgesetz besteht. Zwar hat der Bund die Gesetzgebungskompetenz, doch haben die Länder eine Abweichungskompetenz, Art. 72 Abs. 3 GG. Betroffen sind das Jagdwesen (ohne das Recht der Jagdscheine), der Naturschutz und die Landschaftspflege (ohne die allgemeinen Grundsätze **198**

2 *BVerfGE* 106, 62.

des Naturschutzes, das Recht des Artenschutzes oder des Meeresnaturschutzes), die Bodenverteilung, die Raumordnung, der Wasserhaushalt (ohne stoff- oder anlagenbezogene Regelungen) sowie die Hochschulzulassung und die Hochschulabschlüsse.

Machen Länder von ihrer Abweichungskompetenz Gebrauch, wird das Bundesgesetz in dem abweichenden Land nicht angewendet. Tritt das Landesgesetz außer Kraft, lebt das Bundesgesetz auch dort wieder auf.

JURIQ-Klausurtipp

Den Umstand, dass Art. 72 Abs. 3 S. 1 GG den Ländern für einige Bereiche die Möglichkeit abweichender Regelungen einräumt, müssen Sie bei der Prüfung der entsprechenden Bundeskompetenz nicht thematisieren. Dies wäre nur dann zu prüfen, wenn die Kompetenz eines Landes in Frage steht, nach Erlass eines Bundesgesetzes eine eigene Landesregelung zu verabschieden.

Beispiel Ein Bundesgesetz erkennt auch den Absolventen von Fachoberschulen eine uneingeschränkte Hochschulzugangsberechtigung zu (Hochschulzugangsgesetz).

Für die Bejahung der formellen Verfassungsmäßigkeit der Vorschrift müsste der Bund zum Erlass des Hochschulzugangsgesetzes zuständig gewesen sein. Die Zuständigkeit zur Gesetzgebung liegt nach Art. 70 Abs. 1 GG grundsätzlich bei den Ländern, soweit sie nicht durch das Grundgesetz ausdrücklich dem Bund zugewiesen ist.

a) Ausschließliche Bundeskompetenz, Art. 71, 73 GG

Eine Kompetenzzuweisung an den Bund für die Hochschulzugangsberechtigung könnte im Rahmen der ausschließlichen Gesetzgebungskompetenz gem. Art. 71, 73 GG erfolgt sein. Der Katalog des Art. 73 Abs. 1 GG enthält jedoch keinen entsprechenden Kompetenztitel. Eine ausschließliche Bundeskompetenz kommt daher nicht in Betracht.

b) Konkurrierende Bundeskompetenz, Art. 72, 74 GG

Möglicherweise ist eine konkurrierende Zuständigkeit gem. Art. 72, 74 GG einschlägig. Art. 74 Abs. 1 Nr. 33 GG erstreckt die konkurrierende Gesetzgebung des Bundes auf das Gebiet der „Hochschulzulassung". Die vorliegend vom Bund normierte uneingeschränkte Hochschulzugangsberechtigung für Absolventen von Fachoberschulen lässt sich unter diese Regelungsmaterie subsumieren. Eine Erforderlichkeitsprüfung nach Art. 72 Abs. 2 GG ist im Falle des Art. 74 Abs. 1 Nr. 33 nicht durchzuführen. Daher folgt die Kompetenz des Bundes für den Erlass des vorliegenden Gesetzes aus Art. 74 Abs. 1 Nr. 33 GG. ■

JURIQ-Klausurtipp

Bei eindeutigen Konstellationen können Sie unmittelbar auf die einschlägige Norm zugreifen. So brauchen Sie beim Bundes-Parteiengesetz (Art. 21 Abs. 3 GG), bei Änderungen des Wahlgesetzes (Art. 38 Abs. 3 GG) oder bei Eingriffen in „typische" Landesgesetze (Polizei-, Kultur- und Kommunalrecht) nicht das komplette Schema durchzuprüfen.

Gesetzgebungskompetenzen

Grundregel, Art. 70 GG:
Soweit das GG nicht dem Bund die Befugnis verleiht, haben die Länder das Recht der Gesetzgebung.

Ausschließliche Gesetzgebung des Bundes, Art. 71, 73 GG:

Die Länder haben die Befugnis zur Gesetzgebung nur, wenn und soweit sie hierzu in einem Bundesgesetze ausdrücklich ermächtigt werden.

- Auswärtige Angelegenheiten
- Verteidigung, Zivilschutz
- Staatsangehörigkeit
- Freizügigkeit, Pass-, Melde- und Ausweiswesen
- Ein- und Auswanderung, Auslieferung
- Währungswesen, Außenhandel
- Zoll- und Grenzschutz
- Schutz deutschen Kulturgutes gegen Abwanderung ins Ausland
- Luftverkehr, Bundes-Eisenbahnen
- Post und Telekommunikation
- Bundes-Beamtenrecht
- Gewerblicher Rechtsschutz, Urheber- und Verlagsrecht
- Terrorismusbekämpfung durch das BKA
- Polizeiliche Zusammenarbeit von Bund und Ländern
- Waffen- und Sprengstoffrecht
- Nutzung der Kemenergie

u. a. m.

Konkurrierende Gesetzgebung, Art. 72, 74 GG:

Vorrangige Zuständigkeit des Bundes. Solange und soweit er davon nicht Gebrauch gemacht hat, haben die Länder die Befugnis zur Gesetzgebung.

Bürgerliches Recht, Strafrecht, Prozessrecht, Rechtsanwaltschaft, Notariat, Rechtsberatung, Personenstandswesen, Vereinsrecht, Angelegenheiten der Flüchtlinge und Vertriebenen, Kriegsfolgen, Wiedergutmachung, Arbeitsrecht, Sozialversicherung, Wettbewerbsrecht, Agrarförderung, Ernährung, Boden- und Wohngeldrecht, Gesundheitswesen, Schifffahrt, Schienenbahnen, die nicht Eisenbahnen des Bundes sind, Abfall-, Luft-, Lärmrecht, Statusrechte und -pflichten der Landesbeamten

Bund ist nur zuständig, wenn und soweit die Herstellung gleichwertiger Lebensverhältnisse im Bundesgebiet oder die Wahrung der Rechts- oder Wirtschaftseinheit im gesamtstaatlichen Interesse eine bundesgesetzliche Regelung erforderlich macht.
Aufenthalts- und Niederlassungsrecht der Ausländer, öffentliche Fürsorge, Recht der Wirtschaft, Ausbildungs- und Forschungsförderung, Überführung in Gemeineigentum, Krankenhauswirtschaft, Lebensmittelrecht, Tierschutz, Straßenverkehr, Kraftfahrwesen, Staatshaftung, Gentechnik

Die Länder können abweichende Regelungen treffen, auch wenn der Bund von seiner Gesetzgebungszuständigkeit Gebrauch gemacht hat:
Jagdwesen, Naturschutz, Landschaftspflege, Bodenverteilung, Raumordnung, Wasserhaushalt, Hochschulzulassung, -abschlüsse

c) Ungeschriebene Gesetzgebungskompetenzen

199 Neben den geschriebenen Gesetzgebungskompetenzen sind in **drei Ausnahmefällen** auch ungeschriebene Gesetzgebungskompetenzen des Bundes anerkannt:[3]

aa) Kompetenz des Bundes „kraft Natur der Sache"

200 Der Bund ist für ein Rechtsgebiet kraft Natur der Sache zuständig, wenn dies „begriffsnotwendig" nur durch Bundesgesetz geregelt werden kann.[4]

Beispiele Ein Gesetz, welches z.B. den Sitz der Bundesorgane oder nationale Symbole festlegt, kann nur vom Bund erlassen werden. Ebenso das sog. „Berlin-Bonn-Gesetz" vom 26.4.1994 (BGBl. I S. 918), welches den Umzug der Verfassungsorgane des Bundes von Bonn nach Berlin regelte. ■

bb) Annexkompetenzen und Kompetenz kraft Sachzusammenhanges

» Idee: „Ergänzung des Gesetzes" «

201 In manchen Situationen ist eine vernünftige und sinnvolle Regelung der in Art. 73 und 74 GG genannten Gegenstände nur möglich, wenn der Bund auch Dinge mitregelt, die im Kompetenztitel nicht ausdrücklich genannt sind. Ohne eine erweiterte Auslegung der Kompetenztitel würde der Bund dann in die Gesetzgebungsbefugnis der Länder eingreifen.

- **Annexkompetenz**: Der Bund regelt neben der Sachregelung noch Dinge mit, die für eine wirksame Durchführung der Regelung unerlässlich sind. Die Regelung ergeht als Annex zu seinem Zuständigkeitsbereich.

Beispiele Bundeswehrhochschulen als Annexkompetenz des Bundes zu seiner ausschließlichen Zuständigkeit für Verteidigung (Art. 73 Abs. 1 Nr. 1 GG); ebenso: Volksbefragung über atomare Bewaffnung.[5] ■

» Idee: „Regelung eines Teilbereichs einer anderen Materie". «

- **Kompetenz kraft Sachzusammenhangs**: Der Bund greift zur Regelung einer Rechtsmaterie in eine ganz andere Materie über, für die er eigentlich nicht zuständig ist und regelt diese mit.

Beispiel Für Parteienrecht besteht Bundeskompetenz nach Art. 21 Abs. 3 GG. Kraft Sachzusammenhangs ist auch die Zuteilung von Rundfunk-Sendezeiten für die Parteien Bundessache, obwohl grds. die Länder die Rundfunkhoheit haben. ■

d) Grenzen der Gesetzgebungskompetenzen

aa) Grundsatz der Bundestreue – bundesfreundliches Verhalten

202 Länder und Bund haben vertrauensvoll zusammen zu arbeiten und aufeinander Rücksicht zu nehmen. Es darf nicht sein, dass die verschiedenen Staatsorgane der Bundesrepublik Deutschland gegeneinander arbeiten. Der Grundsatz der „Bundestreue" dient auch der Einheit und Widerspruchsfreiheit der Rechtsordnung.

---

3 S. dazu *BVerfGE* 98, 265, 300 ff.

4 *BVerfGE* 11, 69 f.; 12, 205, 251 ff.

5 *BVerfGE* 8, 104, 118 f.

Hinweis

Bund und Länder sind verpflichtet, sich bezüglich der Gesetzgebung abzustimmen. Die Länder untereinander trifft eine solche Pflicht nicht, sie können in Staatsverträgen aber entsprechende Vereinbarungen treffen.

bb) Staatsverträge

203 Die Länder können sich zusammentun, um eine einheitliche Regelung in Deutschland zu erreichen, wenn sie alleine zur Gesetzgebung befugt sind. Dies geschieht durch den Abschluss von Verträgen zwischen den Ländern, unterzeichnet durch die Ministerpräsidenten). Der Staatsvertrag wird dann von den Landtagen in „Landesgesetze" überführt, so dass das Land daran gebunden ist.

Beispiel Rundfunkstaatsvertrag ■

cc) Die Kompetenzsperre des Art. 84 Abs. 1 S. 7 GG

204 Schließlich enthält Art. 84 Abs. 1 S. 7 GG noch eine Kompetenzsperre für die Gesetzgebungskompetenz des Bundes:

Durch Bundesgesetz dürfen Gemeinden und Gemeindeverbänden Aufgaben nicht übertragen werden.

Die unmittelbare Übertragung von Aufgaben vom Bund auf die Gemeinden soll verhindert werden, damit der Bund die Gemeinden nicht mit Aufgaben belasten kann, ohne dafür finanziell aufzukommen.

2. Verfahren der Bundesgesetzgebung

205 Ein Gesetzgebungsverfahren regelt den Weg von der Gesetzesinitiative bis zur Verkündung des Gesetzes. Es besteht aus drei Abschnitten: dem **Einleitungsverfahren**, dem **Beschlussverfahren durch Bundestag und Bundesrat** und dem **Abschlussverfahren**. Die Ordnungsmäßigkeit des Gesetzgebungsverfahrens wird im Rahmen der **formellen Verfassungsmäßigkeit** als zweiter Punkt geprüft (Verfahren).

» Kommentieren Sie bei den einschlägigen Artikeln des GG die entsprechenden Normen der GOBT an den Rand. «

JURIQ-Klausurtipp

Das Verfahren wird nur dann untersucht, wenn der Sachverhalt Anhaltspunkte für Verfahrensmängel enthält. Wird ohne nähere Angaben nur mitgeteilt, dass ein Gesetz vom Bundestag beschlossen worden ist, dürfen Sie keinesfalls das ganze Schema durchprüfen. Das kostet Zeit und Punkte. In diesem Fall reicht der Satz: „Verfahrensmängel sind aus dem Sachverhalt nicht ersichtlich."

PRÜFUNGSSCHEMA

Verfahren der Bundesgesetzgebung

A. Einleitungsverfahren

I. Ordnungsgemäße Gesetzesinitiative, Art. 76 Abs. 1 GG, § 76 GOBT

→ Bei Missachtung: Nichtigkeit des Gesetzes, falls keiner der Berechtigten die Vorlage eingebracht hat.

Quorum gem. § 76 Abs. 1 GOBT: Nichteinhaltung des § 76 GOBT sanktionslos. Rn. 206

II. Zuleitung an Bundesrat bzw. Bundesregierung

1. Vorlagen der Bundesregierung: Zuleitung an Bundesrat, Art. 76 Abs. 2 GG

Umgehung durch Einbringen über Bundestagsfraktion Rn. 207

2. Vorlagen des Bundesrates: Zuleitung an Bundesregierung, Art. 76 Abs. 3 GG

B. Beschlussverfahren

I. Drei Lesungen und Beteiligung der Ausschüsse, §§ 78 ff., 54 ff. GOBT

→ Bei Missachtung: Gesetz grundsätzlich rechtmäßig; das GG fordert weder eine bestimmte Zahl an Lesungen noch die Existenz von Ausschüssen, sondern nur einen Beschluss, Art. 77 Abs. 1 S. 1 GG.

II. Ordnungsgemäßer Gesetzesbeschluss, Art. 77 Abs. 1 S. 1 GG

1. Beschlussfähigkeit

Die Voraussetzungen des § 45 Abs. 1 GOBT liegen nicht vor. Rn. 210

2. Mehrheit

a) Grundsatz: einfache Mehrheit für einfache Gesetze, Art. 42 Abs. 2 S. 1 GG

Rechtliche Würdigung der Stimmenthaltungen Rn. 210

b) Ausnahmen:

- **„Kanzlermehrheit"**, d.h. Mehrheit der gesetzlichen Mitgliederzahl, Art. 121 GG (Bsp: Art. 63 Abs. 2 S. 1, 67 Abs. 1 S. 1, 68 Abs. 1 S. 1, 77 Abs. 4 S. 1, 77 Abs. 4 S. 2 GG)
- **Anwesenheitsmehrheit** (Bsp. §§ 80 Abs. 2 S. 1, 81 Abs. 1 S. 1 GOBT)
- **Zwei Drittel der Mitglieder** (Grundgesetzänderung, Art. 79 Abs. 2 GG)
- **Ein Viertel der Mitglieder** (Einsetzung eines Untersuchungsausschusses, Art. 44 Abs. 1 S. 1 GG

→ Bei Missachtung: Beschluss kommt nicht wirksam zustande.

III. Beteiligung des Bundesrates, Art. 77 Abs. 2–4 GG

1. Einspruchs- oder Zustimmungsgesetz?

Zustimmungsgesetze (Art. 77 Abs. 2a GG) liegen vor, wenn das GG ein Gesetz ausdrücklich für zustimmungspflichtig erklärt (Bsp.: Art. 23 Abs. 1 S. 2, 23 Abs. 7, 74 Abs. 2, 84 Abs. 1 S. 6 GG).

Andernfalls liegt ein Einspruchsgesetz (Art. 77 Abs. 3 GG) vor.

Zustimmungsbedürftigkeit von Änderungsgesetzen? Rn. 212

2. Prüfung des Zustandekommens

Fristversäumnis Rn. 212

Zustimmungsverweigerung bei Einspruchsgesetz Rn. 212

C. Abschlussverfahren

Ausfertigung durch den Bundespräsidenten, Art. 82 Abs. 1 GG, nach Gegenzeichnung durch die Bundesregierung, Art. 58 S. 1 GG

→ Bei Missachtung: Nicht-Ausfertigung und fehlende Gegenzeichnung schließen In-Kraft-Treten aus.

Veröffentlichung im Bundesgesetzblatt

JURIQ-Klausurtipp

Prüfen Sie die Punkte, die im Sachverhalt problematisiert sind, in der Reihenfolge des Schemas. Achten Sie auf fehlende Verfahrensschritte. Unproblematische Punkte sollten Sie nicht erwähnen.

a) Das Einleitungsverfahren

Im Einleitungsverfahren wird eine **Gesetzesinitiative** in den Bundestag eingebracht. Gem. 206
Art. 76 GG kann nicht jeder eine solche Gesetzesinitiative einbringen. Gesetzesvorlagen dürfen vielmehr nur „aus der Mitte des Bundestages", von der Bundesregierung oder vom Bundesrat eingebracht werden.

Gesetzentwürfe können von **Bundestagsabgeordneten** initiiert werden: Unter dem Begriff „aus der Mitte des Bundestages" ist gem. § 76 Abs. 1 GOBT die Initiative einer **Fraktion** oder von **5 Prozent der Mitglieder** des Bundestages zu verstehen. Solche Entwürfe müssen nicht erst dem Bundesrat vorgelegt werden. Deshalb bringt die Regierung besonders eilbedürftige Gesetzentwürfe über ihre Bundestagsfraktionen ein.

Eine ordnungsgemäße Initiative wird von **weniger als fünf Prozent der Parlamentarier** unterzeichnet: § 76 Abs. 1 GOBT verlangt für Gesetzesvorlagen aus dem Bundestag die Unterzeichnung durch fünf Prozent der Mitglieder des Bundestages. Als Rechtssatz im Range unter einem Gesetz kann jedoch die GOBT die Verfassung nicht einschränken, die lediglich verlangt, dass eine Vorlage „aus der Mitte des Bundestages" stammt, Art. 76 Abs. 1 GG. Eine ordnungsgemäße Gesetzesinitiative ist daher zu bejahen.[6]

Hinweis

Verfahrensverstöße gegen das Grundgesetz führen nicht zwingend zur Nichtigkeit eines Gesetzes, falls der Verstoß nicht ausreichend schwerwiegend ist. Verstöße gegen die GOBT sind sogar grundsätzlich folgenlos. Die GOBT ist bloßes Innenrecht, im Rang sogar unter einem formellen Gesetz. Zudem wäre die Rechtssicherheit nicht ausreichend gewährleistet, wenn bei einem Gesetzgebungsverfahren Verstöße gegen die GOBT die Nichtigkeit des Gesetzes zur Folge hätten. Denn Vorgänge innerhalb des Bundestages sind nach außen nur teilweise erkennbar.

Die meisten Gesetze entstehen auf **Initiative der Bundesregierung**. Am Anfang einer Initia- 207
tive der Bundesregierung steht in der Regel ein Referentenentwurf des jeweils zuständigen Ministeriums. Nach Beteiligung des Bundeskanzleramtes und verschiedener Verbände beschließt das Kabinett einen Regierungsentwurf.

Bei Gesetzentwürfen der Bundesregierung hat der **Bundesrat** in einem sog. **ersten Durchgang** das Recht, sich noch vor dem Deutschen Bundestag zu dem Entwurf zu äußern, Art. 76 Abs. 2 GG. Er kann innerhalb von sechs Wochen – in besonderen Fällen innerhalb von drei oder neun Wochen – eine **Stellungnahme zum Regierungsentwurf** abgeben. Die Bundesregierung legt ihre Ansicht dazu in einer **Gegenäußerung** dar. Danach leitet der Bundes-

6 Vgl. *Degenhart* Staatsrecht I Rn. 195.

kanzler/die Bundeskanzlerin den Entwurf mit der Stellungnahme und der Gegenäußerung an den Bundestag weiter.

JURIQ-Klausurtipp

Wird der erste Durchgang im Bundesrat versäumt, handelt es sich um einen Verstoß gegen das Grundgesetz, der zur Nichtigkeit führt.

Um das Gesetzgebungsverfahren abzukürzen und den ersten Durchgang im Bundestag gem. Art. 76 Abs. 2 S. 1 GG zu vermeiden, **lässt die Bundesregierung den Gesetzentwurf durch eine Bundestagsfraktion einbringen**. Hierin könnte eine unzulässige Umgehung der Bestimmung des Art. 76 Abs. 2 S. 1 GG liegen: Dem Bundesrat wird die Möglichkeit genommen, bereits in einem frühen Verfahrensstadium seine Vorstellungen einzubringen. Jedoch liegt in diesem Vorgehen ein zulässiges Gebrauchmachen von einer möglichen **Verfahrensgestaltung**. Das Initiativrecht des Bundestages ist nicht auf Vorlagen begrenzt, die inhaltlich von der Fraktion ausgearbeitet wurden. Schon aus Gründen der Rechtssicherheit wird in Art. 76 Abs. 1 GG allein auf den **formalen Akt der Einbringung** des Gesetzentwurfs abgestellt. Wenn sich die Fraktion eine Vorlage der Regierung zu eigen macht, so macht sie damit Gebrauch von ihren verfassungsrechtlichen Gestaltungsmöglichkeiten.

Für **Gesetzesinitiativen des Bundesrates** gilt gem. Art. 76 Abs. 3 GG ein ähnliches Verfahren. Nachdem die Mehrheit der Bundesratsmitglieder sich für einen Gesetzentwurf entschieden hat, geht der Entwurf zunächst an die Bundesregierung. Sie versieht ihn innerhalb von regelmäßig sechs Wochen mit einer **Stellungnahme** und leitet ihn dann dem Bundestag zu.

b) Das Beschlussverfahren

208 Im Beschlussverfahren wird die Gesetzesinitiative im Bundestag in **drei Lesungen** beraten. Danach wird die Gesetzesinitiative dem Bundesrat zugeleitet. Stimmt der Bundesrat zu, so gelangt das Gesetzesvorhaben anschließend ins Abschlussverfahren. Stimmt der Bundesrat nicht zu, so hängt der weitere Verfahrensgang davon ab, ob es sich um ein Einspruchsgesetz oder ein Zustimmungsgesetz handelt.

aa) Beratung und Gesetzesbeschluss im Bundestag, Art. 42, 77 Abs. 1 GG, §§ 77 ff. GOBT

209 Bevor ein Gesetzentwurf im Bundestag beraten werden kann, muss er zunächst dem Bundestagspräsidenten zugeleitet und von der Verwaltung registriert und gedruckt werden. Als **Bundestags-Drucksache** wird er dann an alle Mitglieder des Bundestages, des Bundesrates und an die Bundesministerien verteilt und auf die **Tagesordnung des Plenums** gesetzt. In der Regel durchlaufen Gesetzentwürfe im Plenum des Bundestages **drei Lesungen**.

In der **ersten Lesung** findet eine Aussprache nur dann statt, wenn sie im Ältestenrat vereinbart oder von mindestens fünf Prozent der Abgeordneten verlangt wird. Dies geschieht meist bei besonders umstrittenen oder für die Öffentlichkeit interessanten Gesetzgebungsvorhaben. Im Normalfall werden in der ersten Lesung die Bundestagsausschüsse bestimmt, die sich mit dem Gesetzentwurf fachlich auseinandersetzen und ihn für die zweite Lesung vorbereiten. Dabei erhält ein Ausschuss die Federführung und ist verantwortlich für den Fortgang des Verfahrens. Die anderen Ausschüsse haben mitberatende Funktion, §§ 79, 80 Abs. 1 GOBT.

Die **Detailarbeit** der Gesetzgebung findet in den **Ausschüssen** statt, die mit Abgeordneten aller Fraktionen besetzt sind. Die Ausschussmitglieder beraten sich in Sitzungen und können Interessenvertreter und Experten zu öffentlichen Anhörungen einladen. Nach Abschluss der Beratungen legt der federführende Ausschuss einen Bericht mit **Beschlussempfehlungen** vor.

Vor der **zweiten Lesung** haben alle Abgeordneten die Beschlussempfehlung des federführenden Ausschusses erhalten. Jedes Mitglied des Parlaments kann Änderungsanträge stellen, die dann im Plenum direkt behandelt werden. Beschließt das Plenum Änderungen, muss die neue Fassung des Gesetzentwurfs zunächst gedruckt und verteilt werden. Mit der Zustimmung von zwei Dritteln der anwesenden Mitglieder kann dieses Verfahren jedoch abgekürzt werden. Dann kann unmittelbar die dritte Lesung beginnen.

In der **dritten Lesung** findet eine erneute Aussprache nur dann statt, wenn dies von einer Fraktion oder von mindestens fünf Prozent der Abgeordneten verlangt wird. Auch Änderungsanträge sind nun nicht mehr von einzelnen Abgeordneten, sondern nur noch von Fraktionen oder fünf Prozent der Mitglieder des Bundestages und auch nur zu Änderungen aus der zweiten Lesung zulässig.

Am Ende der dritten Lesung erfolgt die **Schlussabstimmung**. Hat der Gesetzentwurf die notwendige Mehrheit im Bundestag gefunden, wird er als Gesetz dem Bundesrat zugeleitet.

210 Ein Gesetz wird gem. Art. 77 Abs. 1 GG von **weniger als der Hälfte der Mitglieder des Bundestages** beschlossen. Fraglich ist, ob der Bundestag dann überhaupt **beschlussfähig** ist. § 45 Abs. 1 GOBT verlangt für die Beschlussfähigkeit die Anwesenheit von mehr als der Hälfte der mindestens 598 Mitglieder. Allerdings bestimmt § 45 Abs. 2 GOBT, dass die Beschlussunfähigkeit festgestellt werden muss. Geschieht dies nicht, ist zu fragen, welche Folgen ein Verstoß gegen § 45 Abs. 1 GOBT hat. Nach **ganz h.M.** kann die Norm als bloßes **Innenrecht des Bundestages** keinen Einfluss auf die Verfassungsmäßigkeit der vom Bundestag beschlossenen Gesetze haben. Der Verstoß gegen § 45 Abs. 1 GOBT ist daher unbeachtlich. Der Bundestag war somit beschlussfähig.

Rechtliche Würdigung der Enthaltungen: Nach **h.M.** meint „Mehrheit" die Abstimmungsmehrheit, nicht die Anwesenheitsmehrheit. Die Enthaltungen werden also nicht mitgezählt. Für diese Sicht spricht der Wortlaut des Art. 42 Abs. 2 S. 1 GG: „Mehrheit der abgegebenen Stimmen". Darüber hinaus würde ansonsten einer Enthaltung ein ablehnender Aussagegehalt beigemessen wird, der ihr gerade nicht zukommt. Die Freiheit eines Abgeordneten gem. Art. 38 Abs. 1 S. 2 GG muss ihm auch erlauben, zu einem Gesetzentwurf neutral zu bleiben.

bb) Beteiligung des Bundesrates, Art. 77 Abs. 2, 2a GG

211 Durch den Bundesrat wirken die Länder bei jedem Gesetz mit. Für die Bedeutung der Entscheidung des Bundesrates ist entscheidend, ob es sich um ein Zustimmungs- oder Einspruchsgesetz handelt.

Maßgebender Unterschied ist, dass der **Einspruch** des Bundesrates – bei Überstimmung im Bundestag – nur zu einer zeitlichen Verzögerung des Beschlusses führt, die Verweigerung der **Zustimmung** jedoch zum Scheitern des Gesetzes führt. Bei Zustimmungsgesetzen ist die Zustimmung des Bundesrates **zwingend** erforderlich. Ohne ausdrückliche Zustimmung ist das Gesetzesvorhaben gescheitert.

Ein Zustimmungsgesetz liegt nur dann vor, wenn die Zustimmungsbedürftigkeit **im Grundgesetz ausdrücklich angeordnet** ist. Im Wesentlichen ist dies bei Regelungen über Verwaltungsverfahren und die Finanzverfassung der Fall. Alle übrigen Gesetze sind Einspruchsgesetze.

Ausgabewirksame Gesetze zu Lasten der Länder sind gem. Art. 104a Abs. 4 GG stets zustimmungspflichtig:

„Bundesgesetze, die Pflichten der Länder zur Erbringung von Geldleistungen, geldwerten Sachleistungen oder vergleichbaren Dienstleistungen gegenüber Dritten begründen und von den Ländern als eigene Angelegenheit oder nach Absatz 3 Satz 2 im Auftrag des Bundes ausgeführt werden, bedürfen der Zustimmung des Bundesrates, wenn daraus entstehende Ausgaben von den Ländern zu tragen sind."

JURIQ-Klausurtipp

Die Zustimmungspflichtigkeit erfasst auch diejenigen Teile des Gesetzes, die, isoliert betrachtet, nicht die Zustimmungspflichtigkeit auslösen. Das Gesetz ist als gesetzgebungstechnische Einheit zu betrachten.

212 **Zustimmungsbedürftigkeit von Änderungsgesetzen**, die an sich keine zustimmungspflichtigen Inhalte haben, aber ein ursprünglich zustimmungspflichtiges Gesetz ändern: Änderungsgesetze haben die Funktion, den Inhalt oder die Dauer bereits erlassener Gesetze abzuändern. Für die Frage nach der Zustimmungsbedürftigkeit kommt es darauf an, ob auf das Änderungsgesetz selbst als Gegenstand des Gesetzgebungsverfahrens abgestellt wird oder ob die **Eigenschaften des abzuändernden Gesetzes ausschlaggebend** sind. Für die Zustimmungspflichtigkeit könnte sprechen, dass der Bundesrat mit seiner seinerzeitigen Zustimmung zum ursprünglichen Gesetz die Verantwortung für das Gesetz als Ganzes übernommen hat. Entscheidend wäre demnach das abzuändernde Gesetz. Dagegen spricht aber der Gesichtspunkt der **gesetzgeberischen Einheit**: Es kommt darauf an, ob das jeweils in Frage stehende Gesetz eine Zustimmungspflichtigkeit auslöst. Deshalb ist grundsätzlich auf die Inhalte des Änderungsgesetzes selbst abzustellen. Denn das Änderungsgesetz muss – wie jedes andere Gesetze auch – den verfahrensmäßigen Voraussetzungen genügen.[7]

Der **Bundesrat** kann bei fehlender Billigung des Gesetzentwurfs den **Vermittlungsausschuss anrufen**, Art. 77 Abs. 2 S. 1 GG.

Der Bundesrat ruft den Vermittlungsausschuss gem. Art. 77 Abs. 3 S. 1, Abs. 2 GG an, legt aber erst einen Monat nach Eingang der Mitteilung nach Art. 77 Abs. 3 S. 2 GG Einspruch ein. Diese **Fristversäumung** hat nach der ausdrücklichen Regelung des Art. 78 Var. 2 GG zur Folge, dass das Gesetz trotz Einspruchs zustande gekommen ist. [8]

Bei einem zustimmungsbedürftigen Gesetz, dem der Bundesrat die Billigung verweigert hat, können **Bundestag und Bundesregierung den Vermittlungsausschuss** einschalten, Art. 77 Abs. 2 S. 4 GG.

Der Bundesrat geht **fälschlicherweise von einem zustimmungspflichtigen Gesetz** aus und verweigert die Zustimmung. Den Vermittlungsausschuss ruft er nicht an. Auch in diesem Fall

7 *BVerfGE* 37, 363, 382.
8 *Degenhart* Staatsrecht I Rn. 205.

gilt: Verstreicht bei einem Einspruchsgesetz die Frist des Art. 77 Abs. 2 S. 1 GG ohne Anrufung des Vermittlungsausschusses, so ist das Gesetz nach Art. 78 GG zustande gekommen. Die Verweigerung der Zustimmung kann auch nicht in die Anrufung des Vermittlungsausschusses **umgedeutet** werden, da es sich bei der **verweigerten Zustimmung um etwas sachlich anderes**, ein aliud handelt.

Der **Vermittlungsausschuss** kann Vorschläge machen, nicht jedoch selbst Gesetzesänderungen beschließen.[9] Schlägt der Vermittlungsausschuss vor, das Gesetz zu ändern, muss der Bundestag über die Änderungsvorschläge abstimmen. Der Bundesrat beschließt dann über das dergestalt geänderte Gesetz. Bestätigt der Vermittlungsausschuss den Gesetzesbeschluss des Bundestages oder wird das Verfahren ohne Einigung geschlossen, muss der Bundesrat sich mit der – dann unveränderten – Vorlage befassen.

In beiden Fällen hat der Bundesrat über die Zustimmung beziehungsweise Einspruchseinlegung zu entscheiden. Den Einspruch kann der Bundestag gem. Art. 77 Abs. 4 GG zurückweisen.

Hinweis

Ein vom Bundestag beschlossenes Gesetz kommt gem. Art. 78 GG zustande, wenn
1. der Bundesrat zustimmt oder keinen Einspruch einlegt,
2. der Bundesrat die Einberufung eines Vermittlungsausschusses nicht beantragt,
3. der Einspruch des Bundesrates vom Bundestag überstimmt wird.

c) Das Abschlussverfahren

Im Abschlussverfahren wird das vom Bundestag beschlossene Gesetz zunächst von der **Bundesregierung** gegengezeichnet, Art. 58 S. 1 GG. Anschließend erhält der **Bundespräsident** das Gesetz nach Art. 82 Abs. 1 S. 1 GG zur Ausfertigung. In Kraft tritt das Gesetz schließlich mit der **Veröffentlichung im Bundesgesetzblatt**. 213

Im Abschlussverfahren stellt sich die Frage, inwieweit bei der Ausfertigung nach Art. 82 GG dem Bundespräsidenten ein Prüfungsrecht zusteht (vgl. hierzu ausführlich Rn. 188).

9 Näher hierzu *BVerfGE* 101, 297 ff.

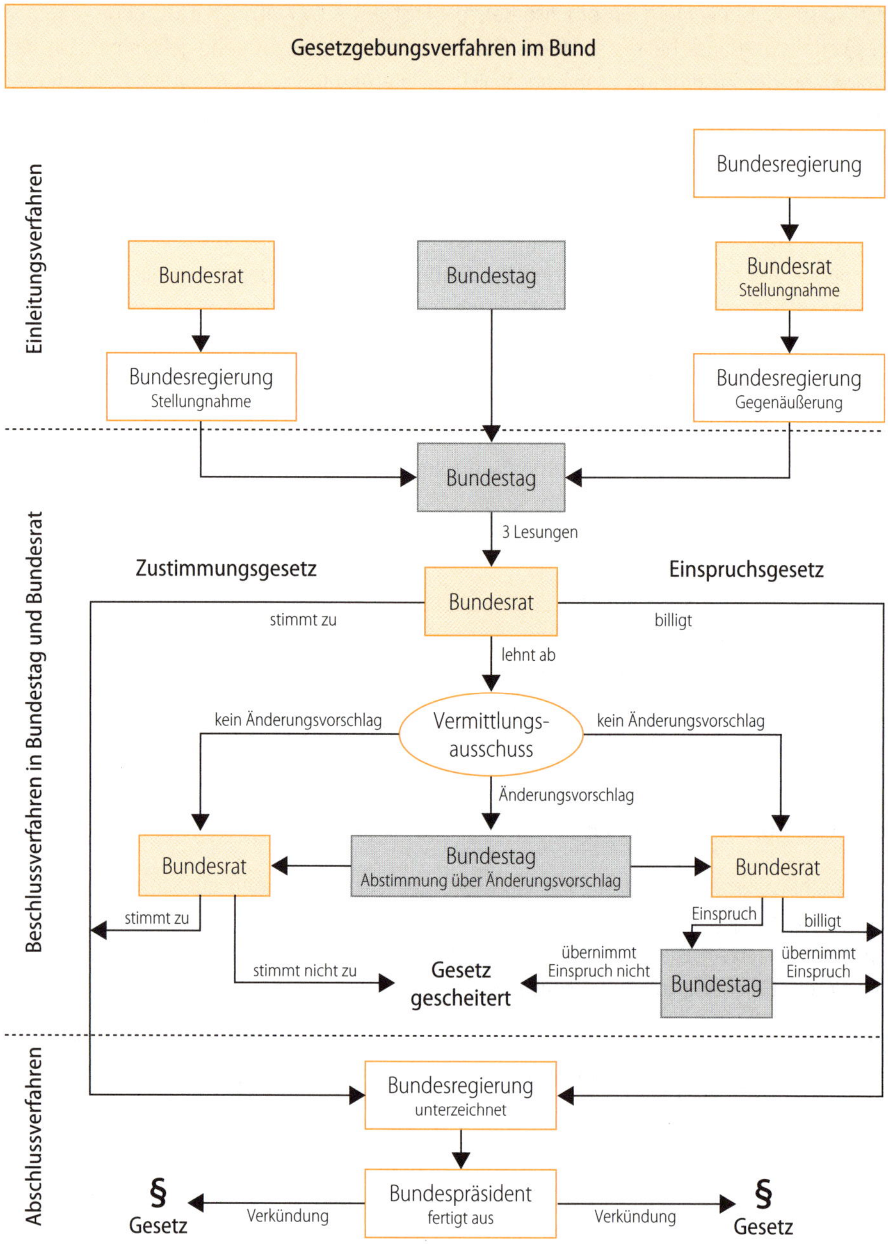

Hinweis

Die Verfahrensvorschriften einer Landesverfassung werden vom BVerfG grundsätzlich nicht überprüft. Bundesvorschriften gelten auch nicht für Landesorgane.

d) Besonderheiten bei Verfassungsänderungen

214 Verfassungsänderungen unterliegen dem Verfahren der Gesetzgebung nach den Art. 76 ff. GG. Dies ergibt sich aus Art. 79 GG. Für sie gelten aber einige Besonderheiten, durch die sie sich vom einfachen Gesetzgebungsverfahren unterscheiden.

Sie können nur in einem besonderen Verfahren und nicht für jede Materie erlassen werden. Nach Art. 79 Abs. 1 S. 1 GG kann das Grundgesetz nur durch ein Gesetz geändert werden, das den Wortlaut des Grundgesetzes **ausdrücklich** ändert oder ergänzt. Damit sind stillschweigende Verfassungsänderungen bzw. formelles Verfassungsrecht außerhalb des Grundgesetzes ausgeschlossen. Weiterhin kann eine Verfassungsänderung gem. Art. 79 Abs. 2 GG nur mit **Zustimmung von zwei Dritteln der Mitglieder des Bundestages** und **zwei Dritteln der Stimmen des Bundesrates** erfolgen. Es handelt sich somit um ein **Zustimmungsgesetz**.

Die **Ewigkeitsgarantie des Art. 79 Abs. 3 GG** bedeutet, dass einige Grundprinzipien der Verfassung von einer Änderung ausgeschlossen sind. Im Einzelnen fallen darunter: **215**

- Die **Gliederung des Bundes in Länder** und die Mitwirkung der Länder bei der Gesetzgebung. Damit wird die bundesstaatliche Ordnung (nicht der Bestand einzelner Länder) für unabänderlich erklärt. Den Ländern darf ihre Staatlichkeit nicht entzogen werden.
- Die in Art. 1 GG geschützte **Menschenwürde**. Nicht genannt sind die Einzelgrundrechte, auf die aber Art. 1 Abs. 3 GG Bezug nimmt. Dies bedeutet die Unabänderlichkeit der Grundrechte insoweit, als ihr Menschenwürdegehalt betroffen ist.
- Die in Art. 20 GG genannten **Staatsstrukturprinzipien** Rechtsstaat, Demokratie, Republik, Bundesstaat und Sozialstaat. Konkretisiert wurden sie vom BVerfG im Begriff der **„freiheitlich-demokratischen Grundordnung"**: Demokratisches Mehrheitsprinzip bei Minderheitenschutz und Chancengleichheit der politischen Bewegungen, Verantwortlichkeit der Regierung, Gesetzmäßigkeit der Verwaltung, Unabhängigkeit der Gerichte.
- **Art. 79 Abs. 3 GG** selbst kann ebenfalls nicht verändert werden.

Beispiel[10] 1968 wurde Art. 10 Abs. 2 S. 2 in das Grundgesetz eingefügt. Zum Zwecke des Staats- und Verfassungsschutzes wird es dadurch erlaubt, in das Brief-, Post- und Fernmeldegeheimnis einzugreifen, wobei der Eingriff dem Betroffenen nicht mitgeteilt werden muss und an die Stelle einer gerichtlichen Überprüfung die Überprüfung durch ein parlamentarisches Kontrollgremium tritt.

Die Verfassungsänderung könnte das **Rechtsstaatsprinzip beeinträchtigen**, das von Art. 79 Abs. 3 GG gegen jede Beeinträchtigung geschützt wird. Dem ist das BVerfG entgegengetreten. Das Rechtsstaatsprinzip sei in Art. 20 GG nicht in seiner ganzen Breite niedergelegt. Insbesondere die Garantie gerichtlichen Rechtsschutzes ergebe sich nicht aus Art. 20 Abs. 1, sondern aus Art. 19 Abs. 4. Art. 79 Abs. 3 GG müsse wegen seiner weit reichenden Wirkungen eng ausgelegt werden. Er dürfe jedenfalls nicht dazu führen, dass der verfassungsändernde Gesetzgeber gehindert werde, auch elementare Verfassungsgrundsätze systemimmanent zu modifizieren. So hindere die Gewaltenteilung den verfassungsändernden Gesetzgeber nicht, exekutive Maßnahmen statt durch Gerichte durch ein parlamentarisches Gremium kontrollieren zu lassen. Die Gewaltenteilung werde unter dem Grundgesetz nicht starr praktiziert. ■

II. Die materielle Verfassungsmäßigkeit von Gesetzen

Maßstab für die materielle Verfassungsmäßigkeit von Gesetzen sind – neben dem Verstoß gegen höherrangiges Recht – das Bestimmtheitsgebot, die Schranken bei Einzelfallgesetzen und die Schranken für eine Rückwirkung von Gesetzen. **216**

10 Der Beispielsfall ist BVerfGE 30, 1 ff. nachgebildet

1. Das Bestimmtheitsgebot

» Sicherlich kennen Sie den Grundsatz: „Nulla poena sine lege" – keine Strafe ohne Gesetz. «

217 Das Bestimmtheitsgebot verlangt, dass der Gesetzgeber Rechtssätze möglichst klar formuliert, so dass der Normadressat sein Verhalten danach einzurichten vermag. Das Bestimmtheitsgebot soll also die Verlässlichkeit des Rechts sicherstellen.

Für das **Strafrecht** ergibt sich das Bestimmtheitsgebot aus Art. 103 Abs. 2 GG. Danach kann eine Tat nur bestraft werden, wenn die Strafbarkeit gesetzlich bestimmt war, bevor die Tat begangen wurde. Diese besondere Regelung lässt sich damit rechtfertigen, dass Strafmaßnahmen besonders intensive Eingriffe des Staates in die Rechtssphäre des Bürgers sind. Weiterhin ordnet Art. 80 Abs. 1 S. 2 GG für gesetzliche Verordnungsermächtigungen an, dass deren Inhalt, Zweck und Ausmaß hinreichend bestimmt sein muss.

Für gesetzliche Regelungen, die keine Straftatbestände und keine Verordnungsermächtigungen sind, leitet man das Bestimmtheitsgebot aus dem **Rechtsstaatsprinzip** ab. Es gebietet, dass **grundrechtsrelevante Vorschriften** in ihren Voraussetzungen und ihrem Inhalt so klar formuliert sein müssen, dass die Rechtslage für den Betroffenen erkennbar ist und er sein Verhalten danach einrichten kann.[11]

Dass das Gesetz **auslegungsbedürftig** ist, steht dem nicht entgegen. Ebenso wenig verstößt die Verwendung von **Generalklauseln** und **unbestimmten Rechtsbegriffen**, deren Ausfüllung der Gesetzgeber der Verwaltung und den Gerichten überlassen hat, dagegen.

Beispiel Nicht gegen das Bestimmtheitsgebot verstößt somit die polizei- und ordnungsrechtliche Generalklausel im Polizeirecht der Länder, wonach die Polizei Gefahren, durch die die öffentliche Sicherheit oder Ordnung bedroht wird, abzuwehren, und Störungen der öffentlichen Sicherheit oder Ordnung zu beseitigen hat, soweit es im öffentlichen Interesse geboten ist. ■

218 Jedoch sind die Vorschriften so zu fassen, dass sie den rechtsstaatlichen Grundsätzen der **Normklarheit** und **Justiziabilität** entsprechen. Sie muss in ihren Voraussetzungen und in ihrem Inhalt so formuliert sein, dass die von ihr Betroffenen die Rechtslage erkennen und ihr Verhalten danach einrichten können.[12]

Beispiel Zur Bestimmtheit der polizeilichen Generalklausel hat das BVerfG ausgeführt, dass sie mit ihren unbestimmten Rechtsbegriffen zwar der Auslegung und Konkretisierung in besonderem Maße bedürftig sei. Die Verwendung der polizeirechtlichen Generalklausel ist unter diesem verfassungsrechtlichen Aspekt jedoch unbedenklich, weil sie in jahrzehntelanger Entwicklung durch Rechtsprechung und Lehre nach Inhalt, Zweck und Ausmaß hinreichend präzisiert, in ihrer Bedeutung geklärt und im juristischen Sprachgebrauch verfestigt ist.[13] Jedenfalls der Begriff der öffentlichen Sicherheit ist von der Rechtsprechung durch die Bildung von Fallgruppen hinreichend bestimmt worden. ■

Nur in ganz wenigen Fällen hat das BVerfG Gesetze oder die richterliche Auslegung und Anwendung von Gesetzen für zu unbestimmt und deshalb verfassungswidrig erklärt. Denn nach dem BVerfG führt das Bestimmtheitsgebot nur in „extremen Fällen" von Unvollkommenheit und Missverständlichkeit zur Nichtigkeit eines Gesetzes

11 *BVerfGE* 52, 1, 41.
12 *BVerfGE* 21, 73, 79.
13 *BVerfGE* 14, 245, 253.

JURIQ-Klausurtipp

Mit der Annahme eines Verstoßes gegen das Bestimmtheitsgebot sollte man vor diesem Hintergrund sehr zurückhaltend sein.

Beispiel In der **Nötigungs-Entscheidung des BVerfG**[14] ging es um die Frage, was unter „Gewalt" i.S.d. § 240 Abs. 1 StGB zu verstehen ist: „Wer einen anderen rechtswidrig mit Gewalt oder durch Drohung mit einem empfindlichen Übel zu einer Handlung, Duldung oder Unterlassung nötigt, wird mit … bestraft."

Der Entscheidung lag folgender Fall zugrunde: Im Rahmen der Proteste gegen die sog. NATO-Nachrüstung kam es zu der Blockade einer Bundeswehrkaserne. Der Angeklagte versperrte zusammen mit anderen die Zufahrt, indem er sich auf die Fahrbahn setzte. Er wurde wegen Nötigung zu einer Geldstrafe von 15 Tagessätzen verurteilt. Die **Strafgerichte** argumentierten, dass Sitzblockaden eine psychisch vermittelte Zwangswirkung entfalten, weil sie in dem Blockierten eine Wegfahr- und Tötungshemmung auslösen, und somit als Gewalt anzusehen seien. Mit der Verfassungsbeschwerde rügte der Angeklagte, es widerspreche dem Bestimmtheitsgebot, den Begriff „Gewalt" so auszulegen, dass er Sitzblockaden umfasse. Der Begriff „Gewalt" sei ohnehin schon unbestimmt. Diese Unbestimmtheit werde in einer nicht mehr hinnehmbaren Weise gesteigert, wenn der Gewaltbegriff von dem Kriterium des Einsatzes körperlicher Kraft gelöst werde.

Während das **BVerfG** den Gewaltbegriff in § 240 StGB für mit dem Bestimmtheitsgebot (Art. 103 Abs. 2 GG) vereinbar hält, wertet es die Auslegung des Gewaltbegriffs durch die Strafgerichte als Verstoß gegen Art. 103 Abs. 2 GG. Zwangseinwirkungen, die nicht auf dem Einsatz körperlicher Kraft, sondern auf geistig-seelischem Einfluss beruhen, könnten zwar unter Umständen eine Drohung sein, nicht aber Gewalt. Eine dahingehende Auslegung des Gewaltbegriffs sei mit dem Bestimmtheitsgebot unvereinbar. ■

2. Schranken bei Einzelfallgesetzen

Eine weitere Folgerung, die aus dem Rechtsstaatsprinzip gezogen wird, ist das **Verbot** 219
grundrechtseinschränkender Einzelfallgesetze. Gesetze müssen grundsätzlich **abstrakt-generell** sein.

Abstrakt heißt, dass sie für eine unbestimmte Vielzahl von Sachverhalten gelten.
Generell heißt, dass sie für eine unbestimmte Vielzahl von Personen gelten.

Im Gegensatz dazu sind **Verwaltungsmaßnahmen** typischerweise **individuell** und **konkret**.

Individuell bedeutet: Geltung für bestimmte Personen, jedenfalls einen bestimmbaren Personenkreis.
Konkret bedeutet: Geltung für einen Einzelfall oder eine bestimmte Zahl von Fällen.

Beispiel Der Verwaltungsakt als typische Handlungsform der Verwaltung wird in § 35 S. 1 VwVfG als Einzelfallregelung definiert. ■

14 *BVerfGE* 92, 1 ff.

Hinweis

Als Faustregel gilt: Individuell-konkrete Maßnahmen sind Sache der Verwaltung; abstrakt-generelle Regelungen sind Sache des Gesetzgebers.

Die Unterscheidung zwischen individuell-konkreter Maßnahme und abstrakt-genereller Regelung verwirklicht den **Gewaltenteilungsgrundsatz** und damit ein Teilelement des Rechtsstaatsprinzips. Trotzdem wird sie nicht generell durchgehalten. So erlässt die Verwaltung mit Verordnungen, Satzungen und Verwaltungsvorschriften abstrakt-generelle Regelungen. Umgekehrt sind dem Gesetzgeber Einzelfallregelungen nicht generell verboten. Art. 19 Abs. 1 S. 1 GG statuiert nur ein Verbot grundrechtseinschränkender Einzelfallgesetze.

Hinweis

Es gilt der Grundsatz: Soweit Grundrechte überhaupt durch Gesetz eingeschränkt werden können, muss das Gesetz allgemein und nicht nur für den Einzelfall gelten.

Eine besondere Regelung gibt es für **Legalenteignungen**. Diese sind nach Art. 14 Abs. 3 S. 2 GG als **lex specialis** zu Art. 19 Abs. 1 S. 1 GG grundsätzlich zulässig. Sie sind aber gegenüber Administrativenteignungen subsidiär, weil bei ihnen der Rechtsschutz des Betroffenen erschwert ist: Gegen Enteignungsverwaltungsakte kann man sich leichter gerichtlich wehren als gegen Enteignungsgesetze.[15]

220 Gesetze, die keine Grundrechte einschränken, dürfen Einzelfallgesetze sein. Nach Auffassung des **BVerfG** lässt sich ein über Art. 19 Abs. 1 S. 1 GG hinausgreifendes Verbot von Einzelfallgesetzen nicht aus dem Rechtsstaatprinzip herleiten. Dem Grundgesetz könne nicht entnommen werden, dass es – von Art. 19 Abs. 1 S. 1 GG abgesehen – von einem Gesetzesbegriff ausgeht, der nur generelle Regelungen zulässt. Die gesetzliche Regelung eines Einzelfalles sei dann nicht ausgeschlossen, wenn der Sachverhalt so beschaffen ist, dass es nur einen Fall dieser Art gibt und die Regelung dieses singulären Sachverhaltes von sachlichen Gründen getragen wird.[16]

Das **BVerfG** hat in seiner Entscheidung zum Einzelfallgesetz „Südumfahrung Stendal“[17] das Gesetz als vereinbar mit dem Grundgesetz anerkannt, weil „gute Gründe“ (besondere Dringlichkeit einer Schnellbahnlinie, die Hannover mit der Hauptstadt Berlin verbindet und dadurch die erste leistungsfähige Schienenverbindung zwischen den alten und neuen Bundesländern schuf) vorgelegen hätten, s. dazu Rn. 226 f.

3. Schranken bei rückwirkenden Gesetzen

221 Aus dem Rechtsstaatsprinzip leitet man schließlich Schranken für eine Rückwirkung von Gesetzen ab. Von einer Rückwirkung spricht man, wenn ein Gesetz Sachverhalte erfasst, die zeitlich gesehen vor seinem Inkrafttreten liegen. Rückwirkende Gesetze sind nicht generell unzulässig. Doch sind dem Gesetzgeber aus Gründen des **Vertrauensschutzes** Schranken auferlegt.

15 *BVerfGE* 24, 367 ff.
16 *BVerfGE* 95, 1, 17.
17 *BVerfGE* 95, 1 ff.

a) Rückwirkende Strafgesetze

Nach Art. 103 Abs. 2 GG darf eine Tat nur bestraft werden, wenn die Strafbarkeit **vor** ihrer Begehung gesetzlich bestimmt war. 222

Hinweis

Aus „nulla poena sine lege" (keine Strafe ohne Gesetz) folgt auch, dass eventuell rückwirkende Strafgesetze schlechthin unzulässig sind.

Beispiel Dieses Rückwirkungsverbot hat nach der Wiedervereinigung Deutschlands im Hinblick auf das sog. SED-Unrecht zu viel diskutierten Entscheidungen des **BVerfG** Anlass gegeben: Entscheidungen zur Strafbarkeit von Spionen der DDR[18] und zur Strafbarkeit des Schießbefehls an der innerdeutschen Grenze.[19] ■

JURIQ-Klausurtipp

Sie dürfen bei Strafgesetzen also **nicht** zwischen echten und unechten Rückwirkungen unterschieden bzw. Ausnahmen vom Rückwirkungsverbot wegen überwiegender Interessen der Allgemeinheit prüfen.

b) Echte Rückwirkung

Echte Rückwirkung liegt vor, wenn der Gesetzgeber nachträglich in Tatbestände eingreift, die in der Vergangenheit begonnen und auch abgeschlossen wurden und nunmehr an diese **bereits abgeschlossenen Tatbestände** andere Rechtsfolgen knüpft als die bisherige Regelung.[20] Solche rückwirkenden Gesetze sind grundsätzlich wegen des **Prinzips des Vertrauensschutzes unzulässig**. Lediglich **zwingende Gründe des gemeinen Wohls** oder ein nicht – oder nicht mehr – vorhandenes schutzbedürftiges Vertrauen des Einzelnen erlauben eine Durchbrechung.[21] 223

Beispiel Eine Ausnahme kommt danach insbesondere in den Fällen in Betracht, in denen der Betroffene schon zu dem Zeitpunkt, auf den die Wirkungen des Gesetzes rückwirkend bezogen werden, mit einer gesetzlichen Änderung rechnen musste, weil der Gesetzgeber eine entsprechende Absicht unmissverständlich zum Ausdruck gebracht hatte. ■

c) Unechte Rückwirkung

Unechte Rückwirkung liegt vor, wenn vom Gesetzgeber in Tatbestände eingegriffen wird, die in der Vergangenheit begonnen haben, jedoch **noch nicht abgeschlossen** sind. Die Rechtsfolgen eines Gesetzes treten – im Unterschied zur echten Rückwirkung – erst nach Verkündung der Norm ein, deren Tatbestand erfasst aber Sachverhalte, die bereits vor Verkündung begonnen wurden. [22] 224

---

18 *BVerfGE* 92, 277 ff.
19 *BVerfGE* 95, 96 ff.
20 *BVerfGE* 11, 139, 145 f.
21 *BVerfGE* 72, 200, 242 ff.
22 *BVerfGE* 101, 239, 263.

Eine unechte Rückwirkung ist im Gegensatz zur echten Rückwirkung grundsätzlich zulässig, wenn nicht im Einzelfall ein **schutzwürdiges Vertrauen** der Betroffenen **entgegensteht**. [23]

Hinweis

Der 2. Senat des **BVerfG** benutzt eine andere Terminologie: die **Rückbewirkung** von Rechtsfolgen (= echte Rückwirkung) und die tatbestandliche **Rückanknüpfung** (= unechte Rückwirkung).

Beispiel[24] Das Einkommensteuergesetz sah vor, dass ein bestimmtes, Kosten verursachendes Verhalten des Steuerpflichtigen für diesen steuerlich vorteilhaft sein sollte. Entsprechend disponierten Steuerpflichtige. Ende Januar 2001 tritt überraschend ein Änderungsgesetz in Kraft, das den Steuervorteil mit Wirkung für die Veranlagungszeiträume 2000 und 2001 streicht. Dies wird mit der angespannten Finanzlage von Bund und Ländern begründet. Der Steuerpflichtige X ist der Ansicht, das Gesetz sei mit dem Rechtsstaatsprinzip unvereinbar, weil es schutzwürdiges Vertrauen enttäusche. Im Vertrauen auf den Steuervorteil habe er nämlich vor dem Inkrafttreten des Gesetzes für 2000 und für 2001 entsprechend disponiert, wodurch ihm Kosten entstanden seien. Er habe keine Gelegenheit gehabt, sich auf das Änderungsgesetz einzustellen. Aus Gründen des Vertrauensschutzes dürfe dieses erst für das Jahr 2002 wirksam werden. Dann habe jeder Steuerpflichtige die Möglichkeit, sich auf die geänderte Rechtslage einzustellen.

Bei der verfassungsrechtlichen Beurteilung ist zwischen den **Veranlagungszeiträumen 2000 und 2001** zu unterscheiden. Denn die Einkommensteuer wird regelmäßig für bestimmte Veranlagungszeiträume erhoben, die sich mit dem Kalenderjahr decken. Mit dem Ablauf des jeweiligen Veranlagungszeitraums entsteht der Steueranspruch bzw. die Steuerschuld. Die **Steuerschuld des X für 2000** ist folglich mit dem Ablauf des 31. Dezember 2000 entstanden. Wenn im Januar 2001 ein Gesetz beschlossen wird, das rückwirkend die Besteuerungsgrundlagen für 2000 ändert, wird in schon abgeschlossene Sachverhalte eingegriffen. Anders ist dies für den **Veranlagungszeitraum 2001**. Das im Januar 2001 in Kraft tretende Gesetz entfaltet rechtliche Wirkung im Hinblick auf die Entstehung der Einkommensteuerschuld für 2001, also für die Zukunft. Allerdings musste X, um Ende 2001 in den Genuss des Steuervorteils zu gelangen, schon Anfang 2001 entsprechend disponieren und hat dies auch getan. Für 2000 liegt hier also eine echte, für 2001 eine unechte Rückwirkung vor.

Die **echte Rückwirkung** könnte durch zwingende Gründe des Gemeinwohls gerechtfertigt sein. Solche Gründe sind hier nicht erkennbar. Eine Haushaltsnotlage allein ist noch kein zwingender Gemeinwohlgrund, weil es andere Möglichkeiten gibt, sie zu beheben. Hinsichtlich des Jahres 2000 ist die im Januar 2001 erfolgende Streichung eines Steuervorteils darum verfassungswidrig. Anders verhält es sich mit dem Jahr 2001. Insoweit liegt nur eine unechte Rückwirkung vor. Unechte Rückwirkungen sind zulässig, es sei denn, dass bei einer Abwägung das Vertrauensschutzinteresse des Bürgers das Rückwirkungsinteresse des Staates überwiegt. Dies kann hier nicht festgestellt werden. Vielmehr stehen sich gleichgewichtige finanzielle Interessen gegenüber. ■

23 *BVerfGE* 68, 287, 307.

24 Der Beispielsfall ist *BVerfGE* 72, 200 ff. nachgebildet.

d) Gerichte

Für Gerichte gilt das Rückwirkungsverbot nicht. Rückwirkende Änderungen der Rechtsprechung sind zulässig. In diesen Fällen ändert sich an der Grundlage dieser Rechtsprechung nichts; die Grundlage wird nur anders interpretiert. **225**

Beispiel So durfte der **BGH** die Promillegrenze im Straßenverkehr rückwirkend von 1,3 auf 1,1 herabsetzen[25]

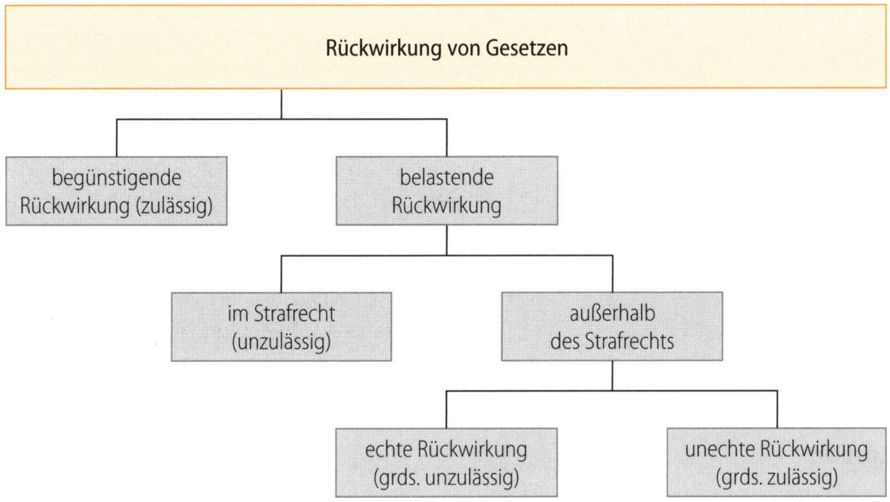

25 *BVerfG* NJW 1990, 3140.

4. Übungsfall Nr. 10[26]

226 „Die schnelle Strecke“

Durch Gesetz wird der Bau der „Südumfahrung Stendal“ als Teilstrecke der Eisenbahn-Neustrecke Hannover – Berlin unmittelbar planungsrechtlich genehmigt. Dabei regelt das Gesetz auch, dass die Enteignung von Grundstücken zu Gunsten der Bundesrepublik Deutschland zulässig ist, soweit sie zur Ausführung des Baus notwendig ist. Diese Verbindung ist eines von 17 im Frühjahr 1991 beschlossenen Verkehrsprojekten Deutsche Einheit. Die Gesetzesform wurde gewählt, um Verzögerungen durch ein behördliches Planungsverfahren und ein anschließendes Verwaltungsstreitverfahren zu verhindern. Eine Trassenzulassung durch Planfeststellungsbeschlüsse, also durch Verwaltungsakte, hätte mehr Zeit gekostet. Die Hessische Landesregierung hat beim BVerfG gem. Art. 93 Abs. 1 Nr. 2 GG, § 13 Nr. 6 BVerfGG beantragt, festzustellen, dass das „Gesetz über den Bau der 'Südumfahrung Stendal' nichtig ist“. Nach ihrer Auffassung ist das Gesetz mit Art. 19 Abs. 1 S. 1, dem Grundsatz der Gewaltenteilung und der Rechtsschutzgarantie des Art. 19 Abs. 4 S. 1 GG nicht zu vereinbaren.

Hat der Antrag Aussicht auf Erfolg?

227 Lösung

Der Antrag hat Aussicht auf Erfolg, wenn er zulässig und begründet ist.

A. Zulässigkeit

I. Zuständigkeit

Von der Zuständigkeit des BVerfG für abstrakte Normenkontrollverfahren gem. Art. 93 Abs. 1 Nr. 2 GG, § 13 Nr. 6 BVerfGG ist auszugehen.

II. Antragsberechtigung

Die Landesregierung ist gem. Art. 93 Abs. 1 Nr. 2 GG, § 76 Abs. 1 BVerfGG antragsberechtigt.

III. Antragsgegenstand

Bei dem Gesetz handelt es sich um einen zulässigen Antragsgegenstand gem. Art. 93 Abs. 1 Nr. 2 GG, § 76 Abs. 1 BVerfGG.

IV. Antragsgrund

Die Landesregierung hält das Gesetz für nichtig, so dass ein zulässiger Antragsgrund vorliegt, Art. 93 Abs. 1 Nr. 2 GG, § 76 Abs. 1 Nr. 1 BVerfGG

V. Form

Von der Einhaltung der Formvorschriften gem. § 23 Abs. 1 BVerfGG ist auszugehen.

VI. Zwischenergebnis

Der Antrag ist zulässig.

B. Begründetheit

I. Verstoß gegen Art. 19 Abs. 1 S. 1 GG?

Das Gesetz könnte gegen das Verbot der Einzelfallgesetzgebung des Art. 19 Abs. 1 S. 1 GG verstoßen.

1. Fraglich ist zunächst, ob es sich bei der Regelung zum Bau der „Südumfahrung Stendal“ um ein Einzelfallgesetz handelt. Dies ist der Fall, wenn es nur für einen bestimmbaren Personenkreis und eine bestimmte Zahl von Fällen Wirkung entfaltet. Mit dem vorliegenden Gesetz werden konkreten Personen konkrete Eigentumspositionen entzogen. Ein objektiv feststehender, in Zukunft nicht erweiterbarer Personenkreis wird enteignet. Darauf, dass nicht die konkret betroffenen Personen ausdrücklich namentlich bezeichnet werden, kommt es für den Begriff des Einzelfallgesetzes

26 Der Fall ist *BVerfGE* 95, 1 ff. nachgebildet; vgl. auch *Degenhart* Staatsrecht I Rn. 120.

nicht an. Somit handelt es sich um ein Einzelfallgesetz.

2. Fraglich ist, ob das Einzelfallgesetz gem. Art. 19 Abs. 1 S. 1 GG unzulässig ist. Zunächst einmal kann dem Grundgesetz nicht entnommen werden, dass es von einem Gesetzesbegriff ausgeht, der nur generelle Regelungen zulässt. Dies bestätigen sowohl Art. 19 Abs. 1 S. 1 GG, der Einzelfallgesetze nicht generell, sondern nur in seinem Gewährleistungsbereich ausschließt, als auch Art. 14 Abs. 3 S. 2 GG, der dem Gesetzgeber ausdrücklich die Möglichkeit der Enteignung durch Gesetz eröffnet. Mit der Planung eines einzelnen Vorhabens greift der Gesetzgeber mithin nicht notwendig in die Funktion ein, die die Verfassung der vollziehenden Gewalt oder der Rechtsprechung vorbehalten hat.[27]

Unzulässig gem. Art. 19 Abs. 1 S. 1 GG ist ein Einzelfallgesetz im Fall von Grundrechtseingriffen. Dies ist vorliegend der Fall, da das Gesetz die Enteignung zu Gunsten der Bundesrepublik Deutschland für zulässig erklärt und somit einen Eingriff in Art. 14 GG vornimmt. Jedoch gestattet Art. 14 Abs. 3 S. 2 GG dem Gesetzgeber unter bestimmten – hier gegebenen – Voraussetzungen, eine Enteignung, also den Entzug eines konkreten Eigentums, selbst anzuordnen. Somit ist Art. 19 Abs. 1 S. 1 GG auf Legalenteignungen i.S.d. Art. 14 Abs. 3 S. 2 GG nicht anzuwenden: Gerade weil Art. 14 Abs. 3 S. 2 GG die Legalenteignung ausdrücklich vorsieht, verdrängt diese Vorschrift als speziellere Regelung Art. 19 Abs. 1 S. 1 GG.[28]

II. Verstoß gegen Grundsatz der Gewaltenteilung?

Fraglich ist, ob das Gesetz gegen den Grundsatz der Gewaltenteilung verstößt, der auf die gegenseitige Mäßigung und Kontrolle der Staatsorgane ausgerichtet ist und somit auch grundrechtsschützende Funktionen erfüllt.

Eine Entscheidung über eine konkrete Fachplanung ist nach den einschlägigen Fachplanungsgesetzen üblicherweise der Verwaltung vorbehalten, die dafür den erforderlichen Verwaltungsapparat und Sachverstand besitzt. Das Parlament darf durch Gesetz eine solche Entscheidung nur dann an sich ziehen, wenn hierfür im Einzelfall gute Gründe bestehen, etwa weil die schnelle Verwirklichung des Vorhabens von besonderer Bedeutung für das Gemeinwohl ist. Insofern steht dem Gesetzgeber ein Beurteilungs- und Einschätzungsspielraum zu.

Vorliegend ist die Entscheidung des Gesetzgebers von der Erwägung geleitet, die Verkehrsinfrastruktur in den neuen Bundesländern so schnell wie möglich aufzubauen. Dabei hat er davon ausgehen dürfen, dass eine parlamentarische Entscheidung einen deutlichen Zeitgewinn gegenüber einer Entscheidung durch die Verwaltung bringe, zumal die Verwaltungen in den neuen Bundesländern sich Anfang der 90er Jahre erst im Aufbau befunden haben.

III. Verstoß gegen Art. 19 Abs. 4 S. 1 GG?

Zu prüfen ist, ob das Gesetz gegen die Rechtsschutzgarantie des Art. 19 Abs. 4 S. 1 GG verstößt.

Wählt der Gesetzgeber an Stelle der Enteignung durch Verwaltungsakt die Enteignung durch Gesetz, so schließt er damit den nach Art. 19 Abs. 4 GG garantierten Rechtsweg zu den Fachgerichten aus – obwohl sich gerade die Legalenteignung materiell als Verwaltungsmaßnahme darstellt und Sinn des Art. 19 Abs. 4 GG vor allem ist, Exekutivakte der Rechtskontrolle zu unterwerfen. Die Zulässigkeit der Verfassungsbeschwerde gegen Legalenteignungen gleicht dies nicht aus, da es nicht Aufgabe des BVerfG sein kann, wie ein Gericht der ersten Tatsacheninstanz eines Verwaltungsprozesses tätig zu werden.

Welche Folgerungen hieraus zu ziehen sind, ist nach der Rechtsprechung des BVerfG allerdings unklar:

Nach der Hamburger Deichordnungs-Entscheidung ist eine Enteignung durch Gesetz nur in eng begrenzten Fällen zulässig, nämlich dann, wenn aufgrund ungewöhnlicher Ausnahmesituationen zum allgemeinen Wohl eine sofortige Enteignung solcher Grundstücke erforderlich ist, die letztlich kraft Natur der Sache die

27 *BVerfGE* 25, 371, 398.

28 A.A. z.B. *Papier* in: Maunz/Dürig GG Art. 14 Rn. 559.

einzigen Grundstücke sind, auf denen die Aufgabe ordnungsgemäß erfüllt werden kann.[29]

Nach der Hamburger-U-Bahn-Entscheidung verlangt das Gebot effektiven Rechtsschutzes dagegen nicht, dass der Gesetzgeber Planungsentscheidungen in diejenige Rechtsform kleidet, die dem Bürger in jedem Fall verwaltungsgerichtlichen Rechtsschutz eröffnet. Allerdings verlange Art. 3 Abs. 1 GG, dass nicht willkürlich und in unvorhersehbarer Weise in demselben Planungsgebiet gleichartige Planentscheidungen mal in Gesetzesform, mal in Verwaltungsaktform ergehen.[30]

Einen vermittelnden Weg geht das BVerfG in der diesem Fall zugrundeligenden Entscheidung. Danach ist die Legalplanung und -enteignung auch im Hinblick auf Art. 19 Abs. 4 und 14 Abs. 1 GG zulässig, wenn insoweit triftige Gründe für die Annahme bestehen, dass die Durchführung einer behördlichen Planfeststellung mit erheblichen Nachteilen für das Gemeinwohl verbunden wäre, denen nur durch eine gesetzliche Regelung begegnet werden kann.[31] Nach dem Sachverhalt ergeben sich die Eilbedürftigkeit des Vorhabens und die spezielle Situation nach der deutschen Wiedervereinigung als Grund für die Wahl der Gesetzesform.

IV. Zwischenergebnis

Demnach wäre nach der Stendal-Entscheidung das Gesetz auch im Hinblick auf die Rechtsschutzgarantie nicht zu beanstanden.

C. Ergebnis

Der Antrag ist zulässig, aber unbegründet.

JURIQ-Klausurtipp

Selbstverständlich ist hier jede Meinung vertretbar, wenn sie gut begründet ist.

29 *BVerfGE* 24, 367, 402 f.
30 *BVerfGE* 70, 35, 56 f.
31 *BVerfGE* 95, 1, 22.

D. Der Erlass von Rechtsverordnungen

I. Die Zulässigkeit von Rechtsverordnungen

Durch Gesetz können nach Art. 80 Abs. 1 S. 1 GG die **Bundesregierung**, ein **Bundesminister** 228
oder die **Landesregierungen** – also Organe der Exekutive – ermächtigt werden, abstrakte und generelle Normen als Rechtsverordnungen zu erlassen. Dabei müssen jedoch gem. Art. 80 Abs. 1 S. 2 GG **Inhalt, Zweck** und **Ausmaß** der erteilten Ermächtigung im Gesetze bestimmt werden. Nach Ansicht des **BVerfG**[32] verlangt dies, dass

- der Gesetzgeber den sachlichen Regelungsbereich der Verordnung umgrenzt,
- den Zweck der Verordnung festlegt und
- die möglichen Rechtsfolgen hinreichend vorherbestimmt.

Die Ermächtigungsgrundlage ist nach Art. 80 Abs. 1 S. 3 GG in der Verordnung anzugeben 229
(Zitiergebot).

II. Zuständigkeit

Die Zuständigkeit für den Erlass einer Rechtsverordnung folgt aus dem ermächtigenden 230
Gesetz. Mögliche Adressaten einer **Verordnungsermächtigung** sind gem. Art. 80 Abs. 1 GG die Bundesregierung, einzelne Bundesminister oder auch die Landesregierungen. Das Gesetz kann die Landesregierung dazu ermächtigen, die Verordnungsbefugnis an einen Landesminister weiter zu übertragen (Art. 80 Abs. 1 S. 4 GG).

Soweit **Landesregierungen** ermächtigt werden, Rechtsverordnungen zu erlassen, sind die Länder nach Art. 80 Abs. 4 GG zu einer Regelung auch durch Gesetz befugt. Macht ein Landesparlament von dieser Befugnis Gebrauch, entfällt die Zuständigkeit der Landesregierung für den Erlass der Verordnung.

III. Verfahren

Die in Art. 80 Abs. 2 und 109 Abs. 4 GG aufgeführten Rechtsverordnungen bedürfen grund- 231
sätzlich der **Zustimmung des Bundesrates**. Der Bundesgesetzgeber kann das Mitwirkungsrecht des Bundesrates auch auf weitere Fälle erstrecken.

Der Bundestag ist am Verfahren im Fall des Art. 109 Abs. 4 S. 4 GG beteiligt: Rechtsverordnungen über Höchstbeträge, Bedingungen und Zeitfolge der Aufnahme von Krediten durch Gebietskörperschaften und Zweckverbände sowie über eine Verpflichtung von Bund und Ländern, bei der Deutschen Bundesbank Konjunkturausgleichsrücklagen zu unterhalten, sind aufzuheben, soweit es der Bundestag verlangt.

Beispiel Die Bundesregierung möchte aus der friedlichen Nutzung der Kernenergie aussteigen. Sie erarbeitet einen Gesetzentwurf, der den Bundesumweltminister ermächtigt, per Verordnung aus der Kernenergienutzung zu einem von ihm für richtig gehaltenen Zeitpunkt auszusteigen.

---

32 *BVerfGE* 58, 257 ff.

Das Gesetz könnte wegen Verstoßes gegen Art. 80 GG materiell verfassungswidrig sein, denn es ermächtigt den Bundesumweltminister per Verordnung aus der Kernenergienutzung zu einem von ihm für richtig gehaltenen Zeitpunkt auszusteigen. Adressat des Gesetzes ist der Bundesumweltminister, was gem. Art. 80 Abs. 1 S. 1 GG zulässig ist. Ferner müsste die Ermächtigung bzgl. **Zweck, Inhalt und Ausmaß** bestimmt sein, Art. 80 Abs. 1 S. 2 GG. Das bedeutet, dass die Ermächtigung so präzise gefasst sein muss, dass schon aus ihr und nicht erst aus der auf sie gestützten Verordnung im Grundsatz **erkennbar und voraussehbar** ist, was der Inhalt der zu erlassenden Verordnung ist. In einer Verordnungsermächtigung kann dem Adressaten grundsätzlich Ermessen in der Frage eingeräumt werden, ob er von der Ermächtigung Gebrauch machen will. Dieses Ermessen darf jedoch nicht soweit gehen, dass der Verordnungsgeber darüber entscheidet, ob das Gesetz überhaupt zur Anwendung kommt. In der vorliegenden Form stellt der Gesetzgeber dem Verordnungsgeber einen „Blankoscheck" aus. Aufgrund der Ermächtigung ist nicht vorhersehbar, wann der Zeitpunkt des Ausstiegs aus der Kernenergienutzung sein wird. Dies ist nach Art. 80 Abs. 1 S. 2 GG verfassungsrechtlich unzulässig. In grundrechtswesentlichen Bereichen wie dem vorliegenden, ergibt sich die Notwendigkeit einer gesetzlichen Regelung, die die Frage der Nutzung der Kernenergie in ihren Grundzügen regelt, auch aus dem Wesentlichkeitsvorbehalt. Folglich ist ein solches Gesetz, das den Bundesumweltminister ermächtigt, per Verordnung aus der Kernenergienutzung zu einem von ihm für richtig gehaltenen Zeitpunkt auszusteigen, im Ergebnis nicht verfassungsgemäß. ■

Online-Wissens-Check

Prüfen Sie sich selbst: Haben Sie alle in diesem Abschnitt genannten Definitionen im Kopf? Haben Sie die Zusammenhänge verstanden? Unter **http://skripte.juriq.de/login** steht Ihnen ein Online-Wissens-Check speziell zu diesem Skript zur Verfügung, den Sie mit Hilfe des in diesem Skript auf der letzten Seite enthaltenen **Zugangscodes** kostenlos nutzen können.

Sachverzeichnis

Die Zahlen verweisen auf die Randnummern.

C.F. Müller

CFM

JURIQ Erfolgstraining – die neue Skriptenreihe von C.F. Müller mit Online-Wissens-Check

Beim Kauf eines Skriptes aus der Reihe „**JURIQ Erfolgstraining**“ erwerben Sie gleichzeitig eine Zugangsberechtigung für den Online-Wissens-Check – ohne weiteres Entgelt. Die Nutzung ist freiwillig und unverbindlich.

Was bieten wir Ihnen im Online-Wissens-Check an?

- Sie erhalten einen individuellen Zugriff auf **Testfragen zur Wiederholung und Überprüfung des im Skript vermittelten Stoffes**, passend zu jedem Kapitel Ihres Skripts.
- Eine individuelle **Lernfortschrittskontrolle** zeigt Ihren eigenen Wissensstand durch Auswertung Ihrer persönlichen Testergebnisse.

Wie nutzen Sie diese Möglichkeit?

Registrieren Sie sich einfach für Ihren **persönlichen und kostenfreien Zugang** auf **http://skripte.juriq.de/login** und schalten sich dann mit Hilfe des nachstehenden Codes für Ihren persönlichen Online-Wissens-Check frei.

user code:

Nach Freirubbeln des Codes ist eine Rückgabe des Skripts an den Verlag ausgeschlossen.

Für den technischen Betrieb des Online-Wissens-Checks ist die JURIQ GmbH, Bachemer Str. 33, 50931 Köln zuständig. Bei Fragen oder Problemen können Sie sich jederzeit an das JURIQ-Team wenden, und zwar per E-Mail an: info@juriq.de

Der Online-Wissens-Check und die Lernfortschrittskontrolle stehen Ihnen für die **Dauer von 6 Monaten** zur Verfügung. Die Frist beginnt erst, wenn Sie sich mit Hilfe des Zugangscodes in den Online-Wissens-Check zu diesem Skript eingeloggt haben. Den Starttermin haben Sie also selbst in der Hand.